创新金融

如何为公共利益融资

[美]乔治亚·列文森·基欧汉
（Georgia Levenson Keohane）◎著

张翎　陈露◎译

新 华 出 版 社

图书在版编目（CIP）数据

创新金融：如何为公共利益融资 /（美）乔治亚·列文森·基欧汉著；
张翎，陈露译. -- 北京：新华出版社，2018.4
书名原文: Capital and the Common Good: How Innovative Finance Is
Tackling the World's Most Urgent Problems
ISBN 978-7-5166-3943-6

Ⅰ. ①创⋯ Ⅱ. ①乔⋯ ②张⋯ ③陈⋯ Ⅲ. ①融资模式-研究 Ⅳ. ①F830.45

中国版本图书馆CIP数据核字(2018)第056502号

著作权合同登记号：01-2017-2446

创新金融：如何为公共利益融资

作　　者：[美] 乔治亚·列文森·基欧汉　　译　　者：张翎　陈露

选题策划：江文军　　　　　　　　　　　责任编辑：江文军
特约编辑：张　彦　　　　　　　　　　　责任印制：廖成华
责任校对：刘保利　　　　　　　　　　　封面设计：李尘工作室

出版发行：新华出版社
地　　址：北京石景山区京原路8号　　　邮　　编：100040
网　　址：http://www.xinhuapub.com
经　　销：新华书店、新华出版社天猫旗舰店、京东旗舰店及各大网店
购书热线：010－63077122　　　　　　中国新闻书店购书热线：010－63072012

照　　排：臻美书装
印　　刷：北京君旺印务有限公司

成品尺寸：145mm×210mm　1/32
印　　张：11.125　　　　　　　　　　字　　数：242千字
版　　次：2018年9月第一版　　　　　　印　　次：2018年9月第一次印刷

书　　号：ISBN 978-7-5166-3943-6
定　　价：62.00元

目　录 | CONTENTS

致　谢

　　首先，请允许我感谢我的家人、朋友和同事们，正是因为他们坚定不移的支持，我才写出了这本书，我才拥有了现在的一切。

　　谈到《创新金融：如何为公共利益融资》这本书的由来，还得从我与洛克菲勒基金会的两位高管的谈话说起。当时，洛伦佐·贝尔纳斯科尼（Lorenzo Bernasconi）和萨阿迪亚·麦兹伯格（Saadia Madsbjerg）正在洛克菲勒基金会负责一项开创性的创新金融工作，其中恰好包括"零距离"融资组合。于是乎，我得到了他们的慷慨资助。而这，仅仅是一个开端而已。在位于纽约的基金会办公室中，我们召开了项目的初期规划会议，许多创新金融领域的专家们都出席了这次会议，其中包括：康塞普西翁·艾萨－奥汀（Concepcion Aisa-Otin）、贝丝·巴福德（Beth Bafford）、麦克·贝林斯基（Mike Belinsky）、布尔布尔·古普塔（Bulbul Gupta）、基尔斯廷·希尔（Kirstin Hill）、艾琳·尼利（Eileen Neely）、马克·里德（Mark Reed）、奥米德·萨特（Ommeed Sathe）、杰森·斯科特（Jason Scott）、艾比·乔·西加尔（Abby Jo Sigal）以及贝丝·希拉尔（Beth Sirull），我要感谢他们，他们让我受益匪浅。随后，在令人心旷神怡的意大利贝拉焦基金会中心，我遇到了尼克·阿什本（Nick Ashburn）、莎丽·贝伦巴赫（Shari Berenbach）、大卫·布雷施（David Bresch）、亚当·康纳克（Adam Connaker）、克里斯托弗·"埃奇"·埃杰顿－沃伯顿（Christopher "Edge" Egerton-Warburton）、罗伯特·菲利普（Robert Filipp）、布林达·甘古利（Brinda Ganguly）、阿比德·卡玛里（Abyd Karmali）、凯瑟琳·克莱恩（Katherine Klein）、肯·莱（Ken

Lay）、约翰·麦克阿瑟（John McArthur）、苏卡利塔·穆克吉（Sucharita Mukherjee）、杰瑞米·罗杰斯（Jeremy Rogers）、拉克什米·万卡塔查兰（Lakshmi Venkatachalam）、理查德·威尔科克斯（Richard Wilcox）、大卫·伍德（David Wood）和格伦·亚戈（Glenn Yago），我也要感谢他们，从他们身上，我同样受益良多。我还要向简·休斯（Jane Hughes）表达由衷的谢意，她既是学术专家，又是金融从业者，在项目的起步阶段，她的帮忙至关重要。

说起这本书的诞生之地，我想象不出，还有哪里能比今天的美国更好。感谢安妮·玛丽·斯劳特（Anne Marie Slaughter），对于本项目而言，她的领导和鼓励缺一不可；项目利润越做越大，目标越来越明确，发展越来越好，这当中她居功至伟。乔纳森·索罗斯（Jonathan）和珍妮佛·艾伦·索罗斯（Jennifer Allan Soros），感谢你们与我一路同行，事无巨细，给我一如既往的帮助与友情。同时，我还要衷心地感激来自许许多多美国人的善意和祝福，感谢华盛顿特区的马克·施密特（Mark Schmitt）、瑞德·克莱默（Reid Cramer）、福兹·霍根（Fuzz Hogan）、托米卡·蒂勒曼（Tomicah Tillemann），以及美国纽约的泰勒·巴格（Tyler Bugg）和贝丝·丹比泽尔（Beth Dembitzer）。

接下来，我要感谢哥伦比亚商学院塔玛社会企业研究中心，它一直是我灵感的源泉。毫无疑问，我从学生们身上所学到的东西，远远比他们从我这里学到的要多。感谢我在哥伦比亚大学的同事们，布鲁斯·阿什尔（Bruce Usher）、雷·菲斯曼（Ray

Fisman）、桑德拉·纳瓦里（Sandra Navalli）、萨拉·米纳德（Sara Minard）以及莎拉·霍洛威（Sarah Holloway），我们之间情义无价。

倘若没有哥伦比亚大学出版社明星团队的支持，我们的研究永远都不会有著书立传的可能。我很幸运，得到了迈尔斯·汤普森（Myles Thompson）对本书独具慧眼的赏识，也得到了史蒂芬·卫斯理（Stephen Wesley）一丝不苟的细心校阅。感谢梅瑞狄斯·霍华德（Meredith Howard）、本·科尔斯塔（Ben Kolstad）和克里斯蒂安·珀迪（Christian Purdy）的深入浅出的翻译和坚持不懈的努力。

在金融与慈善、投资和公共政策的学科交界处，奋斗着一群锐意进取、兢兢业业的有识之士。我斗胆冒着可能遗漏姓名的风险，向那些为本书奉献了时间和见地的人们表达我的特别谢意：弗兰克·奥特曼（Frank Altman）、宾杜·阿南特（Bindu Ananth）、塔米·阿诺德（Tammi Arnold）、凯瑟琳·巴纳特（Catherine Banat）、安得烈·比约（Andrew Billo）、乔什·科恩（Josh Cohen）、罗纳德·科恩（Ronald Cohen）、谢丽尔·多尔西（Cheryl Dorsey）、迈克尔·费伊（Michael Faye）、保拉·戈德曼（Paula Goldman）、乔纳森·格林布莱特（Jonathan Greenblatt）、马特·格林菲尔德（Matt Greenfield）、艾米丽·古斯塔夫森－赖特（Emily Gustafsson−Wright）、基比·约瑟夫（Kippy Joseph）、马特·克莱因（Matt Klein）、苏里亚·卡鲁里（Surya Kolluri）、约翰·麦金托什（John MacIntosh）、裘德·奥赖利（Jude O'Reilley）、埃德温·欧（Edwin Ou）、安迪·菲利普斯（Andi Phillips）、詹·普赖斯（Jenn Pryce）、海克·赖歇尔特（Heike Reichelt）、凯特·斯塔尔（Kate Starr）、罗宾·斯蒂芬（Robynn Steffen）、勒诺拉·苏基（Lenora Suki）、乔-安娜·斯洛卡（Joanna Syroka）、布瑞恩·特雷斯塔（Brian Trelstad）、达伦·沃克（Darren Walker）、杰夫·沃克（Jeff Walker）、布赖恩·沃尔什（Brian Walsh）、弗洛里·威尔逊（Flory Wilson）、亚当·沃尔芬森（Adam Wolfensohn）以及贾斯汀·金肯（Justine Zinkin）。尤其要感谢的是奥德丽·崔（Audrey Choi）、丽兹·勒基特（Liz Luckett）、特雷西·帕兰疆（Tracy Palandjian）和索纳尔·沙赫（Sonal Shah），感谢你们令我自愧不如的专业能力和对我的慷慨相助。

比尔·德雷顿（Bill Drayton）、乔希·戈特鲍姆（Josh Gotbaum）、艾伦·琼斯（Alan Jones）还有比尔·米汗（Bill Meehan），请让我向你们表达一直以来的感激之情。感谢艾伦·琼斯和诺亚·戈特德伊纳（Noah Gottdiener）在起草初稿时的全力以赴。不知不觉间，这本书的字里行间都洒下了博·卡特（Bo Cutter）的辛勤汗水。这些年来，无论在正式或非正式场合，我们就美国经济和全球经济指引的未来反复讨论过多次，这也让我"利用创新金融、解决现实难题"的想法日渐成熟。

在日常工作之余，我十分有幸地出任了多家创新金融前沿机构的董事，包括海洋变化资本银行（SeaChange Capital）和速学早教机构（Acelero Learning）等。同时，我还要感谢布卢明代尔家庭领先早教计划（Bloomingdale

Family Head Start Program）董事会的各位理事，以及布里尔利学校。通过与你们一起工作，我学到了很多很多，各家机构的领导们娴熟的运营技巧及孜孜不倦的奉献精神，都是我学习的榜样。

当然，没有家人的爱心、耐心、幽默及支持，我将一事无成。感谢我的爱人纳特（Nat），在过去的25年中，你与我形影不离，陪伴我完成了本次及之前的历次冒险旅程。感谢弗朗西斯（Frances）和埃利诺（Eleanor），你们给爸爸妈妈带来了灵感。感谢我们的长辈，楠（Nan）和鲍勃·基欧汉（Bob Keohane），伊莎贝拉·列文森（Isabella Levenson）和鲍勃·夏皮罗（Bob Shapiro），还有康拉德·列文森（Conrad Levenson）和艾米·辛格（Amy Singer），感谢你们的帮助和智慧——是你们教会我们，如何将工作做好。

老妈，还是那句话，您永远都是我要特别感谢的那个人。

创新金融与看得见的手

2002 年的一个夏日，在白金汉宫大街上，克里斯托弗（"埃奇"）·埃杰顿－沃伯顿踩下了他的脚踏车，链条开始转动起来。作为高盛银行的一名高级雇员，埃奇正在思考英国财政大臣向他提出的投资问题，称其为一个难题也不为过：如何帮助英国兑现其在联合国千年发展目标（MDGs）中所做的承诺？雄心勃勃的千年发展目标汇聚多国之力，旨在联手解决全球的贫困、饥饿、母婴健康、疾病防御及教育等各个层面的问题。埃奇想搞明白，倘若对社会经济发展进行投资的效益成本比如此之高，为什么从前没人这样做？是否有可能，通过高盛的结构融资产品，把政府将在未来兑现的援助承诺变成现钱，为当前的社会发展进行投资呢？要知道，投资当下才最具价值嘛。

有了这次思索，也就有了后来的国际免疫筹资基金（IFFIm）的推出和世界上第一批疫苗债券的问世。数十亿美元的巨资从资本市场投向了治病救人的药品研发，通过全球卫生和发展、公私合作、潜在融资工具等方式多管齐下，帮助解决了当前全球迫在眉睫的问题，也彻底改变了我们的思维方式。

彼时，英国政府对实现千年发展目标跃跃欲试，却苦于缺乏公共资金而束手无策，在高盛的研发支持之下，在那个夏天的初次遐想之后，国际免疫筹资机构便应运而生了。英国财政部与埃奇的高盛团队，联手打造了一个全新的国际筹资基金（IFF），并将免疫投资定为国际筹资基金的第一个试点项目。他们相信，疫苗所带来的社会效益和经济效益都是很高的，而且，在疫苗领域，存在着普遍的市场失灵。治病救人与全球穷人息息相关，然而这一需求存在风险，因此私人资本是不会自发地流入该行业当中的。消费者需要药品，然而，他们支付的药费远远不够让医药公司收回投资成本。医药行业关乎公众需求和大众福祉，只可惜亚当·斯密（Adam Smith）的看不见的手——需求供给规律——在这个领域却不起作用。为了应对这种市场失灵，国际免疫筹资基金从资本市场入手，采取了经过时间验证的变通策略：将未来的现金流与未来对投资人支付回报的承诺捆绑起来，以获得今天的现金。在这种情况下，该策略意味着将资金前置，换句话说，就是将政府的援助承诺转化为债券，而债券交易所筹集的资金，就可以反过来支持疫苗的开发。在提供融资服务的同时，国际免疫筹资基金还与全球疫苗免疫联盟（GAVI）开展了合作。全球疫苗免疫联盟是一家奋斗在全球卫生前沿、专门负责免疫接种工作的机构。

国际免疫筹资基金的债券代表着一种创新的融资方法，它是一只富有创意的"看得见的手"，可以对市场失灵妙"手"回春，为大众造福，为我们提供更多资源，来解决各种刻不容缓的问题：消除贫困、改善健康、减缓气候变化、打造强大而包容的社会。[1]当我们的愿望很多，而传统公共资金或慈善资金对此投资不足，令我们囊中羞涩时，创新金融可以起到特殊的关键作用。创新金融意味着更多和更好：为了解决上述问题，可以通过创新金融吸引额外的资金来源，国际免疫筹资基金就是一个例证；此外，创新金融还可以提高现有资金的使用效率。实际上，创新金融既关系到钱，也关系到那些鼓励健全决策的激励机制，关于这一点，我们会在后文中展开论述。创新金融与金融创新有所不同，创新金融的目的在于：寻求解决问题的方法，克服市场失灵，满足那些一贫如洗又缺医少药的人们的需要。它的创新之处并非融资产品的结构，而是其应用。以国际免疫筹资基金为例，它利用了跨界思维，围魏救赵，用A领域的解决方案去克服B领域中的市场失灵。这种因地制宜的解决方法是创新金融的标志，带来了21世纪为公众造福的资本。

不论以何种衡量标准，我都生活在一个了不起的时代。21世纪的头十年间，人类的集体福利得到了前所未有的提高——最值得一提的是，我们在消除极端贫困、改善母婴健康以及预防疟疾和肺结核[2]等方面取得的进步，以及在普惠金融等发展领域取得的进展，这让更多的人得以接触到基本的银行与金融服务。尽管发展带来的进步大部分都集中发生在经济快速增长的地区，比如印度、巴西和中国；但是，对于那些长期以来物质匮乏的地区，发展同样也带来了好处。例如，在过去的十年中，非洲的整体GDP每年都增长5%，然而不同国家之间、不同产业之间的发展情况却大不相同。

社会福利的提升在很大程度上取决于经济的发展，但是，市场的发展是由所谓的"看不见的手"来主导的，如果不对市场加以干预，单靠市场，未必会带来更大的繁荣，记住这一点至关重要。[3]市场的结构是依靠法律和规则构建而成的。当市场无法依靠自身为公众带来根基广泛的可持续福利时，我们就需要另一只手，一只更加清晰可见的"手"：为了满足需求，为了解决问题，政府、多边机构、慈善团体以及越来越多心系社会的投资人群策群力，采取具体行动，对市场进行干预。这些措施和行动并不一定是指政府的直接监管或干预。往往，它会以合作金融的新形式出现，国际免疫筹资基金就是一个典型例子。在本书中，我们将仔细研究，在市场失灵的情况之下，如何通过对非营利机构、商业机构和公共单位进行创意组合，对市场力量加以利用。当我们通过这类合作，得到了新的、更好的方法，可以为公众利益进行投资，为社会和经济发展提供资金支持时，我们则称之为"创新金融"。

现在，我们最迫切需要的就是公私部门之间的这种跨部门合作。尽管我们取得了成绩，但是，疾病和贫穷问题在许多地方依然顽固，甚至因气候变化和地区冲突而愈发恶化：在全球最贫困人口中，有95%的人要么生活在环境恶劣的地区，要么生活在政治动荡的地区，要么二者兼而有之。[4] 为了躲避灾难，许多人不得不选择背井离乡。今天，全球共有6000万难民，其中半数皆为儿童。种种难题盘根错节、千头万绪，因此，无论是为了处理短期危机，还是为了预防及恢复进行长期投资，政府往往都会因资源不足或能力不济而无法大展拳脚。死亡数字触目惊心，不论从任何角度看，这都消耗了巨大的社会成本，包括受到拖累的GDP增长。贫穷问题与环境恶化问题，依旧是实现社会兴旺、经济发展及人民共同富裕的宿敌。

2015年是政府下大力气解决这些难题的一年，也是一个重要的里程碑。联合国（UN）制定了可持续发展目标（SDGs），其中包含了17个须在2030年之前实现的目标。这些目标主要集中在消除极端贫困、促进经济福祉共享、社会发展及环境保护等问题，它们的基础是 21 世纪初的千年发展目标，但是更具雄心壮志。[5] 2015 年 12 月，在巴黎召开了第 21 届联合国气候变化大会（COP21），世界各国首次就建立全球框架达成一致意见，力图共同遏制气候变化问题。然而，有动力并不等于有财力。无论是这些多边承诺中正式提出的目标，还是世界各国提出的、范围更加广泛的发展目标，要想实现全球的、包容的、可持续的经济发展，必然要投入大量资金。据联合国估算，要想实现可持续发展目标，每年所需的花费高达 3.9 万亿美元；而按照目前的公私资金水平，仅能覆盖其中的 1.4 万亿。姑且不说这些具体的目标和预测是否正确，显而易见的事实是，仅靠国内支出及国外资助为形式的政府财政资金，是远远不够的。虽然慈善资金在发展计划中也起到了重要作用，但是在整个资金需求中，慈善资金所占比重很小。在美国，每年的慈善捐助资金量约为 3500 亿美元。通过创新金融填补缺口，是唯一的希望。

2015 年 7 月，在埃塞俄比亚首都亚的斯亚贝巴（Addis Ababa）召开的第三届发展筹资问题国际会议上，该资金缺口问题最近一次被提上议事日程。资金短缺问题已经困扰了国际社会几十年了。[6] 实际上，"创新金融"这种说法最早出现于 2002 年。当时，公共资金已经明显不足以支撑千年发展目标的实现了。人们寄希望于通过创新金融，确定新的尤其是来自私营部门的资金来源，用于应对诸如气候变化及全球卫生等公共挑战——国际免疫筹资基金就是个类似的案例。在随后的数年当中，创新金融一词集中出现在两方面，一是从现有的公共资金来源以及新的私人资金来源中，增加新的可用资金；二是改善这些资金的利用率。[7]

这是一种更为开阔的眼界：面对市场失灵的现实，创新金融通过利用新的资金来源，改善现有资金的利用效率，为解决当前的燃眉之急提供担保。在本书中，我们对近期"有形之手"的一些实验进行了研究，更好地去了解什么行得通，什么行不通，以及为什么会这样。本书的目的在于，通过阐明这些新型工具的不足之处，为我们提供一张复制、适应并放大这种成功的路线图，从而启发新的创新生力军。从长远来看，我们希望可以改进筹资方式，让金融带来持久的变化，在世界各地建设健康、包容、稳定和有活力的社会。

立足过去融资未来

经济繁荣、社会福利与政治稳定是相互促进的，这种观点早已存在。为了顺应和平与合作的需求，重建饱受二战摧残的各国经济——尤其是德国与日本经济，在 20 世纪成立了最早的布雷顿森林体系，包括世界银行和国际货币基金组织（IMF）等机构。除了这些元老级机构（随着国际开发协会、国际金融公司等机构的成立，后期逐步扩大），在全球的新兴国家中，也涌现出各种地区发展金融机构，并且形成了体系。[8] 从主权层面看，主要的发展金融机构（DFIs）包括：英国的 CDC 集团（全球最早的发展金融机构）、德国复兴信贷银行（简称 KFW，是马歇尔计划的一部分，成立于 1948 年）以及美国的海外私人投资公司（成立于 1971 年，旨在调动民间资本，应对全球发展挑战）等。这些机构为基本金融工具提供了相关支持，包括市场利率及低于市场利率的贷款、拨款、担保、保险及股权投资，目的是为了巩固经济发展。中国最近提议成立的亚洲基础设施投资银行（亚投行，Asian Infrastructure Investment Bank），就是此类发展金融机构的最新标志。亚投行注册资本高达 1000 亿美元，它标志着地缘政治和经济格局的重大转变。

发展援助方式的演变

当然，并非所有的发展援助资金都需要流经金融机构。双边发展援助机构就是通过拨款及援助款等无须偿还的资金，来与贫困作斗争，终结人类痛苦，并促进政治稳定的。这些机构已遍布世界各地，包括美国国际开发署（USAID）、英国国际发展部（DFID），以及近期成立的挪威国际合作开发署（NORAD）、瑞典国际发展合作署（SIDA）和加拿大国际开发署（CIDA）。在一般人的概念中，它们所做的事业叫作国际发展，几十年来，国际发展所花费的绝大部分资金，全部来自于这些机构的官方发展援助（ODA）预算。2014 年，官方发展捐助总额接近 1350 亿美元，与此同时，双边发展银行还发放了将近 1000 亿美元的新贷款。值得一提的是，紧急人道援助和官方发展援助是有区别的，至少从历史角度看，是存在区别的，本书也将针对紧急人道援助展开讨论。当全球各国都灾难频发——无论是自然灾害或是人为灾难——联合国呼吁各界伸出援手，通过联合国世界粮食计划署、难民事务高级专员办事处等机构之间的协调合作，减轻灾难带来的痛苦。然而，正如我们所见，随着人道主义危机愈发旷日持久，危机应急处理与长期发展援助这两种援助方式开始了相互融合，它们都需要通过资金注入，来实现复苏。同样会相互融合的，或许还有我们的注资方式。

关于官方发展援助的规模、范围及有效性的争论，已经持续了好几十年了。从20世纪70年代以来，全球最富有的国家达成了共识，原则上，拿出富裕国家国民生产总值的0.7%作为官方发展援助（相当于数千亿美元的额外资助），可以在很长时间内满足贫穷国家的需要。[9]在2013年和2014年，官方发展援助金额均创下新的纪录，达到了1350亿美元。近年来，尽管某些国家的援助已经出现了明显增加，但大部分国家的援助都没有达到0.7%的目标。（作为最大经济体，尽管美国的援助低于这个百分比，但是其发展援助数额是最大的。）由于国内的财政限制会长期存在，富裕国家在短期内上调其官方发展援助金额的可能性并不大。而且，即便富国的援助接近0.7%的目标，通过官方发展援助，仍旧无法填补全球发展所需的资金缺口。

尽管官方发展援助的美元数额没有发生重大变化，但是，关于如何使用这部分资金的理念却发生了变化。变化产生的基础有很多：各国对参与海外援助的意愿不强，对慷慨解囊尤其不感兴趣；各国对援助资金是否用在实处存在担忧，因为管理不善及腐败问题，发展援助资金常常不知去向，最终并没到预期受益人的手中，类似的揣测和现实并存；越来越多的人相信，市场模型可以带来纪律、效率及发展责任，而这些，恰恰都是传统拨款所缺乏的；除此之外，还存在另一种认识，那就是在规划自我发展需求和命运时，发展中国家想要，也需要更多的自治。因此，近年来，美国以及其他众多国家更多地采取了基于市场的方法，进行发展援助。这些援助方法并非拨款那么简单，而是包括了以某种活动作为交换条件的资金援助，这些活动启动之后的后续资金援助以及扩大投入资金的用途等。[10] 简言之，无论从形式或感觉上看，官方发展援助都越来越像发展金融了。在富国的经济发展中，也存在着对市场模式的越来越多的青睐，在后文中，我们将专门就此展开研究。例如，美国就拥有充满活力的社会发展金融产业，作为政府信用和私人资金的结合，发展金融在全美各个社区中生根发芽，为本地企业、房地产及平价房等项目提供资金支持。

创新金融势在必行

不论我们是要想办法填补资金缺口，还是要想办法加强资金的有效交付，都需要寻找新的资金来源，来支持我们发展目标的实现。这意味着，我们需要更多的融资手段。那么，那种融资手段的创新之处究竟是什么呢？

金融并不是新鲜事物。在金融活动中，最基本的产品是钱；早在公元前 9000 年的易货贸易中，钱就以牲口的形式出现了。首枚铸币产生于公元前 7 世纪。而在北宋时期，中国发明了纸币。金融当中的一些最基本的功能，例如促进交换、降低风险以及允许跨期转移等，从本质上讲，就是人们向未来的自己借钱。古人如是，今人亦如是。反过来，一些有用的金融工具慢慢兴起了，比如股权、贷款及最初的金融衍生品等。以抵押贷款为例，它代表着一种提前支配的能力，利用未来的资源，服务于今天的我们，并且允许我们在一段时期内，以小额、可控的增量形式对我们的债务进行偿还，允许我们将资产与债务进行匹配，让各种各样的投资与机会成为可能，而如果没有抵押贷款，这一切都将无从谈起。抵押贷款所借出的资金，形成了某些证券化工具的雏形——对不同种类的、多样化的收益源进行集中利用，流入同一个有价证券当中——这有助于从资本市场中筹集更多的投资资金，国际免疫筹资基金就是这样运作的。创新金融不等于金融创新，让这种融资方式具备创新性的，并非该融资工具本身，而在于其全新的应用。

市场的概念及市场的支配作用也不是什么新话题了。市场很好地发挥了匹配作用，令大量商品及服务的供给与需求达到平衡，这也是经济建设和繁荣兴旺的基础。然而，面对我们所有的需求，市场并不一定会个个满足。当市场无法满足人们的需求时，为了提供必要的商品及服务，各国政府，尤其是发达国家的政府，已经开始该出手时就出手了。只可惜，事到如今，这些公共资源也不再够用了。

市场失灵和解决方案

倘若市场无法提供最佳结果，会发生什么呢？空气污染的治理问题就是一个典型的市场失灵案例。在这个案例中，付出了治理成本和行动的人，并非那些始作俑者。一个人在享受吸烟的同时，可能并不清楚或并不关心二手烟让人感到厌恶，而且对健康有危害。同样地，对于一个家庭而言，开车或许是最方便的出行方式了，但是，他们花了私家车的油钱和保养费用，却并没有为他们排放的尾气买单。一间工厂的污染废气也许会直冲云霄，影响附近几公里居民的生活品质，甚至还会污染周边国家。某个地区所排放的二氧化碳会影响全球的气候变化，温度的升高带来的灾难会降临到每个人的头上。[11] 在上述的每个事例中，市场都没有为污染标出成本或注明价格，让污染制造者来买单。正如第一章中所提到的，有时候，这种负面的外部效应被称为"公共悲剧"。为了纠正这种市场失灵，我们需要更好地分摊成本，让个人意愿向集体福祉看齐。

外部效应也可以通过公共品的形式体现出来，比如干净的空气。在本质上，它们属于正面的外部效应：让人们无须花钱，就可以受益。国防是一种教科书式的、保护公共利益的例子——所有生活在这个国家中的居民都将受益，每个人享受的安全都不会因为他人享受的安全而削弱或减损。但是，公众利益也有其他的形式。公众利益不是一成不变的，我们可以，也正在决定这些利益究竟是什么。公共健康和人类其他各种基本需求，从金融安全到大规模基建投资，都属于公共利益。

在负面外部效应和公共利益的案例中，从社会和经济的角度来讲，资源的流向并未达到最佳状态。倘若不加以管制，资本市场会将资源过多地投入到产生负面后果的活动当中,例如直接导致全球变暖的碳密集型发展;而对产生巨大社会效应的活动,反而会投资不足,比方说为穷人提供疫苗,或帮助他们加强营养,提供普惠金融服务,以及加强灾难管理等。

在本书中,我们从头到尾都可以看到,创新金融是如何有助于应对市场失灵的:决策者、投资人、慈善家、发展银行、金融机构以及他们的非营利合作伙伴们是如何群策群力,制订激励方案,让投资流向这些解决问题的公共事业当中的。有时候,这意味着通过降低公共事业投资风险或确保对负面外部效应违法必究的方式,来克服市场失灵。通常的做法是,在新的市场当中引入新的融资工具或方法。想当年,国际免疫筹资基金发行了一只疫苗债券,把提前预支的现金流与未来兑现的政府援助承诺进行捆绑,出售给投资人,利用其收入为全球疫苗免疫联盟的疫苗接种工作进行投资。将融到的资金投入公共卫生事业,这就出现了金融工具在应用领域中的创新;而在以往,企业债务和房屋按揭才是融资工具的典型用途。当然,单靠市场的解决方案并不一定足够。通常,制度监管、政府支持以及慈善捐款也是必不可少的。然而,如果能够通过一种高效的、负责任的方式去利用市场,创新金融就可以发挥其作用。在后文中,我们将了解到,为了解决全球最棘手的难题,"看得见的手"是如何通过创新金融筹集资金,用于减缓气候变化、为穷人提供药品、救灾赈灾、为没有银行账户家庭和小型公司提供资金以及发展富有活力的包容社会的。

更广阔的创新前景：技术和思想

创新金融并非横空出世的。它的发展，伴随着大千世界中一系列彼此关联、相互作用的变化和突破——尤其是技术和思想上的创新，或价值观规范的改变。革新的思想、技术和金融彼此结合，常常可以制造出完美风暴——或许是一场金融危机——但也可能是在解决持久社会或环境问题方面取得的非凡成就。

技术的作用

曾几何时，技术创新给市场经济带来的改变，足以让各种产业焕然一新。在媒体、通信及医药行业，我们都曾经见识过这样的革新——金融行业亦是如此。著名经济学家、美联储前主席保罗·沃尔克（Paul Volcker）曾经有句名言：唯一有价值的金融创新当属自动提款机（ATM）。确实，这些提款机彻底改变了消费金融的经济学，让银行服务普及到新地区的新群体当中。但是，我们并不同意沃尔克的观点。

正如本书将具体讨论的，互联网和移动技术不仅改进了通信条件，而且也让金融服务发生了翻天覆地的变化。当移动设备变成了数字钱包时，人们不仅能够用手机存钱和转账，还可以用手机收款、付款、向他人汇款、支付账单、交学费，简直无所不能。反过来，数字支付技术也为一大批金融新产品提供了可能性，比如为消费者设计的"即用即付"融资功能，可以用来购买太阳能、饮用水、健康保险、以及打折公交车票等。在其他方面，数据挖据（利用支付交易收集到的数据）还提高了对信用评分、风险评估的预测和分析水平，同时降低了交易成本，并让发放特定的贷款和保险成为可能。通过各种不同的技术组合，例如移动技术与卫星成像技术，为开发天气和农业保险提供了可能性——在从前，该险种的开发成本及售价都相当之高。

从更宽泛的角度看，网络筹资平台可以让金融更加民主化。通过为借款人改进筹资渠道、为潜在投资人提供更多投资机会，这些网络平台让更多人能够参与到金融中来。最初，网络筹资平台是靠 P2P 金融和众筹起家的。而今，它已经发展成为一个更大的市场信贷行业了。面对网络平台的这种架空（借款人和贷款人直接联系，绕开了银行及其手续费），银行已经开始着手应对，并推出了在线贷款服务。支撑市场信贷的技术革新正在重塑金融服务业的格局，形成了一套完整体系。而我们最关心的问题是创新。不论是在技术领域，还是在金融领域，创新均可以满足穷人的需要，克服市场失灵；而市场失灵，也是让穷人的需求难以得到满足的根本原因。金融创新，指的是一系列新产品和新服务，其中很多都是由于技术进步而带来的。而创新金融，则是指明确地、有意地通过市场力量，来解决社会及环境问题的一种新方式。这就是两者的区别之所在，也是本书的主题定位。

技术只是一个起点。创新金融的成功往往还需要好的菲特组合（FITT, Finance, Technology and Trust）——金融、技术和信任感之间的默契搭配。这涉及个人体验及人际互动，必须让新产品和新服务看上去不那么复杂、令人发怵或心生疑虑。在许多行业中，我们都可以观察到此类金融、技术和信任感的组合。

不断改变的想法、态度及规范

同技术领域一样，我们通常把金融领域中的智能创新理解为一种科学突破，这种突破可能是确定当前价值的更好方法，也可能是更加复杂的定价模型，还有可能是对冲基金投资背后的量化管理。然而，说到创新金融，在近年来涌现出的各种观点中，最具变革性的是那些与不断变化的态度和价值观相关的观点，它们不仅形成了更加健全的世界观，还在解决顽疾方面，让金融发挥了其可以也应当发挥的作用。

首先，正如我们所看到的，在社会发展方面，大家对市场模式的喜爱不言而喻。经济的必要性和财政的现状，都是促成这一局面的动因。即便是在经济大萧条之前，像美国这样的发达国家，就已经对海外援助和快速增长的相关预算加以限制了。资源如此稀缺，政府连出钱投资国内社会建设及基建项目的意愿都不足，更别提拿钱进行海外援助了。

然而，将援助演变成投资，牵涉到的就不光是做多做少的问题了。尽管几十年来，我们已经在发展援助上投入了几十亿美元的资金，但是，全球贫困问题至今仍旧存在，这不禁让人产生了疑问，究竟应该如何把钱花在刀刃上？在本书中我们将会看到，新的金融模型对经济学家们口中的机构进行了改进，通过调整激励方式，鼓励个人和决策者在决策时，从自身利益和社会利益这两个角度来考虑问题。这往往会涉及新的所有权形式。在公司当中，私人股票投资人会要求其客户经理持有相当多的股票。无独有偶，上市公司经常用公司股票回馈高管。这么做的道理在于，当你在为自己的东西奋斗时，你的行动会有所不同。（有一句老话是这样说的：租来的车子何必洗。）可以看出，从援助到投资的创新也遵循了这样一个原则，通过补贴，污染变成了一种可以拿来交易的资产，温室气体也被标上了价格，这样一来，就可以抑制人们去消费传统能源，而鼓励大家去对替代能源进行投资；无论是用于健康干预、防灾规划，还是避免灾害反复发生，任何"只为成功买单"的捐助、债务减免、保险及投资等措施都是有条件的，都是建立在已论证的结果之上的。

各种创新金融方法中的激励方式，不仅改进了成本－效益分析，还促进了早期干预。进行疫苗接种比治疗已暴发的疾病花钱更少；防御疫病比战胜疫情花钱更少；培训员工比养活罪犯花钱更少；气候变化带来的灾难后果无法控制，但减少污染却可以控制。如果我们没有做到上述中的任何一条，都可能付出大得惊人的代价。一分预防胜过十分治疗。

除了缓和捐助者和投资人对治理问题的担忧，更好的决策和代理服务还有着其他的影响。所有权同样与过程有关。多少年来，北半球和南半球的（换言之，富裕的和贫穷的）国家已经意识到了，自主权在发展当中的重要性——通过确认需求、规划需求，并在可能的情况下为自身需求筹资等方式，新兴国家也可以自己来主宰自身的发展命运。在我们研究的许多创新金融的成功案例中，从气候变化到全球健康及普惠金融等，都试图在发展的过程中，给这些国家和地区更多的话语权。发展控制权的核心——谁来决策，以及资源从哪里来——也在随着地缘政治的结构变化不断发生着演变。从波斯湾沿岸石油产出国的崛起，到巴西、印度、中国等国的经济快速发展，我们可以看出，发展中国家正在给其自身及彼此的经济增长注入越来越多的动力。

这些地缘政治的重大变动以及诸多不确定性看起来令人望而生畏，但实际上，这些变化有助于将全球经济发展问题从传统决策者手中推而广之。创新金融已经成功了，而且将会继续成功，因为，有越来越多的人和组织都在为全球的繁荣进行投资。这些年来，或许最引人注目的转变就是以社会发展或可持续发展为目的的金融和经济的出现，当越来越多的投资人、生意人和消费者意识到了公共利益的重要性时，他们的资金与价值观便融入到了这种新型金融当中。从踌躇满志的创业公司到大型企业，人们越来越相信，公司应该在社会效益和社会变化中发挥核心作用和积极作用，这一观念影响着公司的操作决策。[12] 不论是公司的核心业务决策开始考虑社会或环境目标，还是经理人开始明白长期财务状况与业务的可持续开展息息相关，因此在广泛的业务活动中采取了严格的环境、社会和治理措施，这都是个不争的事实。当公司的风险和成本效益分析发生变化时，往往会促进这些决策的产生，或许是一次对健康优质客户的基础优势评估，或许是一支兢兢业业、心无旁骛的劳动力队伍，或许是类似气候变化这样的长期风险。那么，当消费者看到商品和服务的产出方式与其个人价值观保持一致时，也会去迫不及待地购买，这同样激发了新的市场动力。当这些消费者成为投资人时，金融服务公司会为他们提供进行影响力投资的产品与机遇，来满足这类需求。[13] 尽管关于"影响力投资之构成"的定义尚无定论——包括投资回报的本质以及总体市场的规模及程度等——但是毫无疑问的是，一场规模宏大、影响深远的变革正在积聚能量，而且正在改变投资格局。影响力投资并不是一个比创新金融更宽泛的代名词，而是创新金融的一个重要组成部分。

创新金融 vs 金融创新：金融可以造福人类吗？

金融不是解决全球各种问题的万能灵药，这一点无须多言。我们在本书中所讨论的绝对多数问题，都同时受到政治约束和市场失灵的双重影响。而且，对于金融造福人类的承诺持怀疑态度的人也不在少数。在 20 世纪灾难性的金融危机中，这种不信任被放大，已经不再是金融的一般易错性问题了。它的枪口对准的是经济家和诺贝尔奖获得者保罗·克鲁格曼（Paul Krugman）口中的"破坏性创造力"，也就是金融衍生品及其他所谓的金融创新的"破坏性创造力"。[14] 确实，抵押贷款证券化、信用违约掉期以及其他金融衍生品及结构性投资工具造成了市场的崩塌，也导致了其他市场的大规模灾变。即便在刚开始时，次级贷款的确扩大了信用（以及房屋产权）的可利用范围，但它们所带来的经济冲击和经济衰退最终也削弱了家庭信用及小型公司信用的可用性。可是，问题在于，到底是此类型的金融工具本身就属于一种必然导致危机爆发的结构性风险，还是我们在金融危机中所见到的那些市场失灵是与其他缺陷有关的，比如一系列信息问题和激励问题等。我们会在本书中，对许多更宽泛的问题进行讨论，并探寻金融是否能够带来有价值的社会效用，且何时才能实现。

大家所关心的这些问题与沃尔克对自动取款机的调侃彼此印证，再一次强调了金融创新与创新金融之间的区别。金融创新是一种金融工程；而创新金融，则是一种寻求解决问题的方法，用于克服市场失灵和政府失灵，满足穷人的需求，为他们提供改善生活水平的产品及服务。虚拟货币、市场信贷、高频交易、次级抵押贷款、发薪日贷款，这些都属于金融创新。为贫穷农民提供的小微农业保险，提供"即用即付"融资服务，让人们可以负担得起肯尼亚电网覆盖范围之外的太阳能电力，买得起纽约优惠地铁月票，这些均属于创新金融。

可惜的是，人们要么对金融表示怀疑，担心我们的经济和社会已经被"金融化"[15]发展压垮，要么信奉市场原教旨主义，两种极端的中间地带却缺失了。然而，真理是折中的：如果有开明的监管来预防金融陷阱，那么，在解决根深蒂固的难题时，金融解决方案是可以发挥其作用的。在某些市场失灵的情况下，亦可以通过市场解决方案和创新金融，来实现更远大的社会目标。

本书不是要为金融进行辩解，也不是要给金融正名。相反，它是对全球发展进程中的一个片段进行洞察，通过对一些精选案例的研究，本书阐明了当我们把金融作为工具，用于实现更广大的公共利益时，会发生哪些深刻的教训，出现哪些紧张关系，体现哪些道理。我希望，本书可以进一步激发出人们的创造力，来解决全球最棘手、最具挑战性的那些问题。

创新金融的线路图

气候变化

本书首先谈到的是气候变化问题，因为它不仅迫在眉睫，还与全球变暖有着固有的内在联系，同时也与我们即将要解决的每一个社会问题和经济问题都息息相关。此外，先对自然资源领域的问题进行充分说明，然后再对市场失灵、公共利益及外部效应等问题进行阐述，并把这些概念转化为创新的、有效的基于市场的解决方案，这更便于为下文中的每一个章节打下基础。我们需要首先研究的是：污染成本定价的影响以及排污权交易计划的构成和影响。然后，我们将研究气候金融中的两个创新案例，即便全球碳市场的发展滞后，气候金融还是缓慢地发展起来了。减少毁林和森林退化所致排放量 (REDD) 显示了，在减少雨林破坏和二氧化碳排放等方面，尽管目前"只为成功买单"(pay foy success) 型合作的规模并不大，但是它具备相当的潜力。相比之下，绿色债券（green bonds）经历了较长时间的发展，但是，对于所谓的"绿色"，目前并没有严谨的定义。在本书中，市场会碰到这种数量和质量上的难题。

健　康

在第二章中，我们探索了近年来不断涌现的、为全球健康事业筹资而产生的各种金融创新，范围比较宽泛。这些创新各不相同，其中包括：国际药品采购机制（UNITAID）和国际儿童营养筹资机制（UNITLIFE）等小微捐款；奖励、质疑以及全球疫苗免疫联盟的先期市场承诺在内的一系列举措；各种与贷款相关的创新，包括通过全球基金（Global Fund）、联合国健康保障承诺基金（Pledge Guarantee for Health）以及国际免疫筹资基金的疫苗债券等单位进行监管的贷款豁免和债权互换等各种创新；还有股权投资，例如全球健康投资基金（Global Health Investment Fund）这样的影响力投资工具，将慈善款项和商业资金相结合，用于药品研究与开发及其他健康干预项目。

普惠金融和资金渠道

在第三章中我们将看到，为什么说在发展进程中，资金渠道及金融服务是决定成败的重要组成部分：这是帮助困难家庭脱贫，帮助中小型企业（SMEs）在物资匮乏地区提供产品、服务及就业机会的一条路。为此，我们追溯了小微金融的演变过程，从一开始的非盈利性质到一个完全商业化的产业，从以信用产品为主到开始提供更广泛的金融服务种类，包括储蓄和保险。通过小微金融机构印度金融管理研究学院信托公司（IFMR Trust）的案例，我们对这些创新进行了阐释。

此外，本章还探讨了技术与金融的结合，即移动货币。随着支付工具及客户融资新工具的增多，反过来，也带动了更多的人去投资针对穷人的产品及服务——从太阳能电力到电子书等。我们调查了创新金融能否满足穷人的需求，能否满足那些缺医少药的妇女和农民的需求，以及如何满足的问题。最后，我们着重研究了几项举措，这些措施加强了本地资本市场对本地中小型企业投资的能力。例如，MFX 货币风险解决方案公司为新兴市场的金融机构提供了金融衍生品及其他对冲策略；非洲贷款货币债券基金（African Loan Currency Bond Fund）为非洲的中小企业提供了机会，让他们可以用自己的本国货币进行拆借并发行债券；上升市场金融担保公司（Ascending Markets Financial Guarantee Corporation）也令本币债券的发行成为可能。

救灾、赈灾及灾后重建

第四章着重对灾难金融进行了考察，首先谈到的，就是缺乏金融包容性的保险行业。尽管我们承认，灾害与前几章中所谈到的气候变化、健康、贫困及普惠金融等问题确有关联，但是，在保险行业中，自然灾害和人为灾难的处理方式是有所不同的。我们将会了解，如何对极端的天气灾害建立模型、进行估价并实现其风险转移。此外，我们还将从宏观角度考察非洲风险控制机构（African Risk Capacity）如何在各非洲国家之间集中控制风险、提供旱灾保险，并分析这种创新金融机制是如何有助于解决一系列的全球治理难题的。我们还将研究，非洲风险控制机构及其他机构是如何利用灾害债券，为更多的私人资本放行，使他们得以为飓风、流行病等各种灾难隐患提供保险服务的。在发展的过程中，存在着一个迫在眉睫的问题，那就是这种类型的保险及其提供的担保是否可以且如何能够为更广大的家庭服务。为了寻找答案，我们将对一些创新小微保险案例进行个案剖析。

本章还考察了复杂的人为灾难。在某些方面，人为灾难比自然灾害还要棘手，因为单靠自身，人为灾害是无法实现风险转移的。比方说，在难民冲突中发生的各种混乱是政治失策和市场失灵造成的。即便如此，我们还是想要探寻，人道主义救援善款的筹集方式和运用方式是否可以改进，特别是当人为突发事件演变成了长期发展挑战的时候。本章对中东地区采取的"为和平投资"举措进行了分析，其提出的结论将我们带回到了布雷顿森林体系最初的主旨，即经济发展和政治稳定是相辅相成的。

美国社会和经济发展

从表面看，本书的最后一章似乎与其他章节关系不大，因为它主要关注的是美国面临的一些投资问题，而并未关注如何满足全世界穷人的需求。这些显著区别确实存在，但并不代表二者之间全无关系。由于在财政和政治方面存在约束，发达国家为国际及本国公共利益的投资能力受到了限制，这无疑增加了在全美各个社区中推广创新金融的迫切性。本章所讲的不是美国国内投资的普遍进程。相反，我们对创新金融在社区经济发展中的一些成功经验进行了阐述，帮助我们的下一代去更好地了解公共财政所面对的各种挑战和机遇。

具体来说，我们考察了一些地方性投资策略，比如《社区再投资法案》（Community Reinvestment Act, CRA）以及"低收入住房税收抵免计划"（Low Income Housing Tax Credit）等。

通过这些投资策略，数十亿美元的私人资本被释放到了房地产、平价房及企业发展当中，化身为更加以人为本的金融服务。我们研究了在普惠金融和资产建设方面的创新，这些方法旨在为穷人创造财富，其采取的形式往往很简单，目的就是要让穷人接触到他们已经具备资格的那些金融资源，例如所得税减免（Earned Income Tax Credit）等。此外，我们还评估了美国其他的创新金融尝试，比如社会影响力债券（SIBs），地方政府、非营利服务机构及私人投资人之间签署的"只为成功买单"合约等；这种种资金为各类未雨绸缪的服务提供了担保。这种想法的根本在于，一旦干预行为成功了，投资人就可以从纳税人那里获得投资回报。在美国，社会影响力债券仍属于新兴行业，其业绩记录好坏参半。然而，在美国的社区创新金融领域中，我们在良好治理、循证决策、混合资本等方面收获的经验更多，专门针对某个地区或某个人群的投资金额越来越大，例如，某些平价房开发项目还与社区健康中心、零售业及公共交通等配套设施进行了结合。在这种新模式下，资金流动性对于经济发展机遇而言至关重要，而基础设施建设的投资与巩固社会基础的投资也是相辅相成、彼此促进的。

为明天融资

在本书中，我们对创新金融带给我们的种种经验教训进行了回顾；我们对前景光明的新领域进行了初步探索，包括教育投资和基础设施投资等；并为创新金融的未来发展提供了路线图，通过个人和集体的合力，共同开创未来的繁荣。

影响力投资

影响力投资是指由企业、金融机构和基金公司等单位共同进行的一种投资行为，旨在通过投资形成社会效益，扩大环境保护影响，同时获得经济效益。该话题与主动性有关，值得仔细讨论。尽管影响力投资属于创新金融的一部分，也与创新金融关联颇深，但是，两者的含义并不相同。从更宽泛的角度看待创新金融，它不仅包含了私人资金和政府资金，还包含了多种成分的资金，这种资金是在政府、商业投资人、慈善家、非盈利及盈利捐客以及资金需求者之间的合作过程中所形成的。影响力投资是创新金融领域中的一个重要分支。

影响力投资人彼此之间存在很大差异。首先是身份差异。他们当中有大大小小的慈善人士、高净值个人家族理财公司、社区发展机构、捐赠者顾问基金以及商业投资人等；其次，他们追求收益的本质不同，从优惠利率（低于市场价格）到风险调节后的市场回报等，不一而足。有一些影响力投资人可以通过上述特征进行分辨，而其他的投资人，则是一边应用影响力理论，一边将他们的投资行为以主流投资的语言和形式呈现出来。由于影响力投资在定义上尚待明确，因此很难去对这部分市场的规模和范围进行量化。但是，可以肯定，影响力投资市场是一个全球化的市场，而且正处在逐步发展的过程当中。近年来，摩根大通和全球影响力投资网络平台（Global Impact Investing Network）两家单位一直在该领域中摸爬滚打；2015 年，他们对影响力投资市场的估值为 600 亿美元，其中接近半数的资金流向了包括美国在内的发达市场，而另一半则流向了新兴国家。而短短一年前，他们对影响力投资市场的估值仅为 450 亿美元。影响力投资在公私部门皆可进行，从健康医疗到平价房，从可替代能源到金融服务，其投资范围包含了两种部门所涵盖的任何方面。

在影响力投资领域存在着许许多多的争论，远远超出了本书的范围。但有一点不存在争议，那就是有越来越多的、心系社会的投资人正在寻找一种聚合的方法，将资金、社会效益、关注社会发展的投资人、寻找资金的企业以及应运而生的、对影响力资源与机遇进行匹配的中间商们拧成一股绳。

"影响力投资"一词首次出现于 2007 年，它描述的是一系列广泛的金融活动，包括对投资项目进行的评估与管理等，这些活动以投资的经济效益、社会效益和环境效益为基础，通过拨款、贷款和股权等多种金融形式进行实施。许多业内人士认为，影响力投资是一种主动投资，主动将资金调拨到那些有意愿创造社会价值的公司中去，这些公司则通过直接提供产品和服务，或是在某些情况下通过社会及环保实践，来实现社会效益和环境效益。与影响力投资的实现形式相比，范围更加广泛的社会责任投资（据估算，该领域的投资规模约为 3 万亿美元）则有所不同，后者会检查出哪些公司的行为满足基本环境、社会与治理要求，而哪些公司不满足这些要求，并在从事不利于公众利益的生产行为（例如烟草或枪支生产）或在危险地区开展业务（例如达尔富尔）。

许多人觉得影响力投资并不是什么新套路，所有单位形成了一种社会、环境和经济效益的混合体——只是在程度和比例上，和以往投资有所区别罢了。通过善款和投资等方式，慈善界早就开始有目的地进行着影响力投资了。早在 20 世纪 60 年代，福特、洛克菲勒和麦克阿瑟基金会就拿出了其善款预算中的一部分资金，在美国进行相关的项目投资。尽管这些都是典型的低息贷款（本书将对此展开论述），但是随着相关的项目投资在规模和创造力方面不断发展，它们已经演变为贷款担保或股权投资了。［从这个角度看，本地倡议支持公司（LISC）、恩特普利斯公司（Enterprise）、城市生活计划（Living Cities）、卡尔弗特基金会（Calvert Foundation）、社区再投资基金（Community Reinvestment Fund）、波士顿社区资本（Boston Community Capital）、再投资基金（Reinvestment Fund）等社区发展中介机构，都已经投身于影响力投资领域很长时间了。］2014 年，美国慈善人士捐出了共计 3580 亿美元的善款，其中，540 亿美元由各类基金会负责支配。但是，相关政策规定，基金会每年只能使用总资产的 5%。这意味着，这些慈善基金会的实际资本还要庞大得多——据估算，美国各类基金会的总资本金接近 8000 亿美元。许多支持影响力投资的人认为，应该解冻这部分资金，来进行更多的影响力投资。在美国，赫伦基金会（Heron Foundation）是慈善影响力投资领域中的领军者，它表示要将其资产 100% 投入到相关的项目投资当中。对此，其他各家基金会表示将密切关注。同样地，在过去几年中，我们发现了一种趋势，多家基金会出于社会目的，开始对盈利公司进行投资，例如：比尔及梅琳达·盖茨基金会（Bill and Melinda Gates）、斯科尔基金会（Skoll）、索伦森基金会（Sorenson）、潘兴广场基金会（Pershing Square）及奥米迪亚网络基金会（Omidyar Network）等等，而且，其投资往往是和主流投资人一道进行的［正是因为这个原因，"陈－扎克伯格倡议"基金会（Chan Zuckerberg Initiative）才会以有限责任公司的形式成立］。在关于健康和金融服务的章节中，我们将会看到这种影响力投资的具体案例。

一旦慈善基金铺平了道路，在影响力投资领域，新增资金的绝大部分都属于私人资金，包括家族理财公司、精品投资基金以及大型商业银行等。尽管在刚开始，只有几家大型投资银行涉足这个领域，并进行了社区发展和小微金融投资，但是现在，几乎所有的主流金融机构都设置了单独的部门，专门负责社会投资或可持续发展投资等业务，例如：摩根士丹利、高盛集团、花旗银行、摩根大通、保诚集团、汇丰银行、德意志银行、瑞士联合银行、美国银行、巴克莱银行、黑石和贝恩资本等。队伍规模还在不断发展壮大。在某些情况下，这些部门被包含在本机构的社会再投资部门当中；还有些情况下，它们被设在资产管理部门，负责处理客户对影响力产品的需求。

此外，无论是从参与部门看，还是从地理布局来看，影响力投资领域的专业性都在不断增强。部分投资人在中小企业发展方面进行了广泛的思考，例如：索罗斯企业发展基金（Soros Enterprise Development Fund）、荷兰特里多斯银行（Triodos）、奥吉奥公司（Okio）、艾利瓦股权基金（Elevar Equity）、社会企业家基金（the Social Entrepreneurs Fund）以及狮头资本（Lion's Head Capital）等单位。其他单位则将研究方向投向了某些特定行业，例如：曾经以小额信贷业务著称的灰色幽灵合资公司（Gray Ghost Ventures）、尤尼图斯社区信贷联盟（Unitus）、瑞士蓝色果园基金（Blue Orchard）、奥米迪亚网络（Omidyar Network）及蛙跳早教玩具公司（Leap Frog）等单位；而今，这些单位也涉足了其他种类的金融及技术服务领域。全球健康投资基金还是依然关注着健康的研发；反思教育集团（Rethink Education）仍旧关注着教育问题；世代投资管理公司（Generation Investment Management）、鼓励资本公司（Encourage Capital）、平衡资本（Equilibrium）以及 SJF 风投公司（SJF Ventures）等单位则通过不同方式，专注于可替代能源问题、环境可持续发展等问题的研究。有越来越多的基金公司、投资组合公司以及像帕克斯－艾莉薇特全球女性指数基金（Pax Ellevate）这样的专业公司在影响力投资中加入了性别偏好，将投资焦点放在女性身上。还有一些基金——例如城市之光资本（City Light Capital）、影响美国基金（the Impact America Fund）以及英国布里奇斯公司美国分公司（Bridges Ventures U.S.）等——则把投资的地域范围聚焦在美国。此外，有些非营利或营利中介公司也应运而生了，比如商业银行、顾问公司及能力建设单位等，它们共同促进着投资业务的发展。

在影响力投资行业中，绝大多数的焦点都放在了金融机构及高净值个人的身上，与此同时，部分公司则希望，通过范围更广的零售方式，将投资与收益结合起来。比方说，1995 年问世的卡尔弗特基金会社区投资券（Calvert Foundation Community Investment Note），让人们可以通过购买低至 20 美元的小额投资券，来获得利息收益，这些投资券募得的资金将用于美国及发展中国家的各种发展项目。最近，卡尔弗特基金会已累计向 1.5 万投资人出售了投资券，总投资额刚刚突破了 10 亿美元的大关。2015 年，卡尔弗特基金会向全美 50 个州以及 100 多个国家的 250 个社区机构共计投资了 2.29 亿美元。"建设自己的家园"是该基金会的一项最新举措，该项目允许人们对自己的社区进行直接投资。随着众筹和点对点借贷的兴起，影响力投资的零售机会也在逐渐增加。

将目光着眼老百姓身上的不只是卡尔弗特基金会一家，有许多公司都在努力将影响力投资转变为主流投资；它们从 200 万亿美元的全球资本市场中释放出一部分资金来进行影响力投资，尤其是机构资产，比如捐赠基金、养老基金以及保险金等，因为部分资金的投资期限往往更长。在此项工作中，有一个重要关注点，那就是提高数据质量，比如，共享相同的尺度及标准等；如此一来，在对社会影响、环境影响以及投资行为的社会效益进行评估时，就可以使用一致的表述和评估框架。影响力报告和投资标准（the Impact Reporting and Investment Standards）以及全球影响力投资评级体系（Global Impact Investing Rating System）是为影响力投资而设计的第一代评估体系。最新的相关体系是由可持续发展会计准则委员会（Sustainability Accounting Standards

Board）制定的，上市公司很快就可以在彭博终端上启用该评估体系了，目前在彭博终端上，环境、社会与治理的相关数据正在被广泛使用中。

还有一些措施关注的是政策杠杆。2013 年，八国集团社会影响力投资工作小组（G8 Social Impact Investment Task Force）正式成立，主席是大家公认的影响力投资之父、英国影响力投资第一人——罗纳德·科恩爵士（Sir Ronald Cohen）。在他的带领下，影响力投资发展成为一种全球运动。在 2014 年工作小组报告《影响力投资：市场看得见的心脏》中，就如何在每个成员国及全世界推动影响力投资向前发展的问题，提出了具体建议。[16] 2015 年 8 月，该工作小组改名为全球社会投资领导小组（Global Social Investment Steering Group），其成员扩大至 13 个，欧盟也是其成员之一。

在上文中，我们探讨了八国任务小组美国国家顾问委员会在其 2014 年报告中谈到的一些政策改革，包括加强并推广社区再投资及其他有价值的税务减免项目，"只为成功买单"筹资方式以及诸如海外私人投资公司（OPIC）和美国国际开发署在内的投资机构。该报告也重点强调了对《雇员退休收入保障法案》（ERISA）及扩大投资会议进行改革，这些会议虽然不形成法律文件，但是可以对投资的信托责任规范进行指引。《雇员退休收入保障法案》的改革已经取得了新的重要成果。

影响力投资和创新金融有着公共性的终极目标：打造一个更加公正合理的世界，让每个人都拥有自己的角色和自己的利益。

在大多数情况下，影响力投资是在用私人资金投资社会公益活动。创新金融将成为对更广泛的资源和机遇进行配置的一种手段，也是更好地利用资源解决最迫切问题的一座桥梁。

众筹及点对点市场信贷

近年来，众筹作为一种新的筹资模式逐渐兴起，它允许小额投资人对处于成立初期的各个机构进行投资，尤其是那些一旦资金不足就举步维艰的机构。点对点（P2P）筹资实验首先出现在非营利机构当中。然而，随着金融危机的爆发，信贷市场对小型企业和初创公司的贷款进行了实质性收紧，众筹模式——贷款和股权——也逐渐被那些以盈利为目的的合资公司所采纳。[17] 众筹的支持者们将其称为金融民主化的一种方法，不光对于寻找资金的企业家是如此，对于寻找投资机会的潜在投资人而言亦是如此。[18] 而反对派则辩驳道，一旦众筹继续发展，从慈善事业发展成为更大、更有利可图的产业，那么，许许多多针对借款人和贷款人的陷阱也将应运而生——财经记者菲利克斯·萨尔蒙（Felix Salmon）称之为"一个有机会将白痴的钱骗进自己腰包的新世界"。[19]

实际上，对于一个市场规模高达数十亿美元的信贷行业而言，用点对点来形容多少有些用词不当。2014 年，市场信贷发生额约为 162 亿美元，比 2013 年上涨 167%，预计 2015 年将实现翻番，达到 340 亿美元。[20] 许多人认为，随着互联网和移动技术被应用到消费信贷行业中来，在接下来的十年中，点对点贷款交易额将达到 1 万亿美元。[21] 在这样的预期之下，投资人已经不再是一个个的点了；在贷款俱乐部（Lending Club）、繁荣信贷（Prosper）这样对借款人和贷款人直接进行匹配的信贷平台上，目前，平台的主要匹配对象是寻找消费者的人，以及大型机构投资者提供的中小企业贷款。社会公益事业在市场中所占份额不到 20%。市场信贷普及所带来的结果，丝毫不亚于我们所熟知的传统银行业的大规模革新与转型。[22] 当贷款俱乐部、繁荣信贷以及甲板网贷平台（OnDeck）这样的公司发现，可以绕开银行这个中介机构，通过对客户直接放贷来赚钱，银行就开始采取行动，提供自己的在线服务和数据产品了。例如，2015 年，高盛宣布它正在组建一个在线消费者贷款部门及线上产品，用户可以通过手机应用来进行操作。[23]

正如我们所见，创新金融并不是金融创新。在本书中，我们最关心的，就是为了满足未尽需求并解决市场失灵的那些金融创新，尤其是针对穷人需求的创新。在第三章和第五章中，我们将了解，为家庭及小型公司寻找资金渠道，是符合公共利益的。以众筹为例，我们需要考虑这些更广阔的市场能否且何时让脆弱的家庭过上好日子。

这种初衷就是众筹市场的出发点。比如，2005 年成立的吉瓦公司（Kiva）就是一家非营利小额信贷平台，截至 2015 年 8 月，它已经通过小微金融中介公司，向 83 个国家发放了 7.42 亿美元的贷款了。这其中既包括低息贷款，又包括像全新的"吉瓦拉链行动"（Kiva Zip）中的那种无息贷款。当贷款人进行还款时，出资的借款人可以决定，是将回款入账，还是允许吉瓦进行再贷款。就目前情况看，后者是更为常见的选择。吉瓦和其他公司一道，为更大的众筹市场铺平了道路。该市场包括了敲门砖众筹平台（Kickstarter）和印迪购众筹平台（Indiegogo）等。尽管它们都是营利机构——从筹集资金中，它们会为自己抽成——但它们仍然在用捐赠或奖金，来进行投资活动。捐赠者并不会因其投资而获得收益。近年来，在医疗健康[24]、小微金融及其他社会经济发展领域当中，越来越多的非政府机构对众筹机制进行了尝试，以此为渠道，获得针对个人及项目的捐赠。这些尝试也包括了一些民间的众筹平台，例如城市投资众筹（Citizinvestor）、空间蜂巢众筹（Spacehive）、IOB 众筹（IOB）、Y 众筹（Y）以及邻人众筹（Neighborly）等。通过这些公司，社区居民可以对本地的基础设施项目进行投资，建设新的操场和图书馆，设置覆盖全城的免费 WiFi。[25] 在大多数情况下，这并不属于普通的投资资金，而是为建设特定项目而筹集的定向捐款。

近期，随着产业的不断发展，原来区分传统银行业、众筹、电子钱包、消费金融的界限已日渐模糊。尽管贷款业务依然是最大的市场类别，但股权投资也有望拔得头筹［参见安格利斯股权众筹（AngeList）、众筹魔方（Crowdcube）、希德尔斯股权众筹（Seedrs）、众筹投资人平台（Crowdfunder）以及资金宝众筹平台（Fundable）等公司］。不过，根据美国证券交易委员会（SEC）的规定，只有经过认证的投资人才能开展股权投资的众筹业务，因为监管者希望在保护消费者（这里就是指小型投资人）的同时，在消费需要和中小企业资金需求之间找到平衡。毫不意外的是，产业的逐渐成熟促进了专业化发展，包括在技术、健康、房地产、保险和高等教育融资和再融资服务等领域出现的各类众筹网站和公司［例如，佩斯众筹（Pace）、新贵众筹（Upstart）、索菲众筹（Sofi）以及共同债券众筹（CommonBond）］。[26] 随着电子商务消费金融和社会媒体数字支付系统的兴起，产业之间的界限出现了进一步的瓦解。[27]

问题在于，这些改变到底属于金融创新，还是创新金融。这些新的产品和服务是否通过一种更新、更好的方式，满足了穷人或缺医少药人群的需求？在第三章中，我们探讨了在发展中国家迅速发展的数字支付和金融革命。在美国，我们也开始逐步见证了金融技术的发展，见证了以缺医少药人群和弱势群体的需要为目标的各类公司及服务的发展。例如，兰德阿普众筹公司（LendUp）是一家以社会责任为己任的发薪日贷款机构，它向客户提供短期低息贷款，帮助他们重新建立信用评分。明智汇款（Transferwise）提供了一种低成本且透明的付款方式。2015 年，花旗集团与贷款俱乐部、巴拉德罗资本（Veradero Capital）一道，大力推广社区再投资在线贷款服务——给缺医少药的贷款人和社区提供了他们负担得起的贷款。[28] 在第五章中，我们讨论了在传统社区发展方式中，借款人在缺医少药的社区中开展的、以企业资金需求为目标的贷款业务，他们担心一旦开通在线服务，恐怕会举步维艰。比起经验丰富的投资人，他们更担心没有经验的投资人，担心他们有可能在使用新的贷款平台时，出现不当操作，从而增加交易成本。

目前看来，众筹和市场信贷的现象主要发生在发达国家。但是，在新兴国家中，通过点对点信贷为非营利企业或中小型企业进行融资，也越来越受到更多人的关注。2013年，世界银行发布了一组乐观的预测，称众筹市场的规模将在2025年达到960亿美元，并成为发展中国家的一种早期风险资金来源（仅供参考，相当于现有风险资本市场规模的两倍）。[29] 这个乐观的数字并没有考虑全球慈善事业的因素，甚至没有考虑那些在新兴市场寻找投资机会的富有的投资人；相反，它是基于本地投资潜力而进行的预测，也就是说，发展中国家不断涌现的消费者阶层和中产阶层成为投资人，成为发展本地企业和自身市场的潜在资金来源。[30] 简言之，这就叫发展金融中的自治性。

注　释

1. The term "visible hand" was popularized by Alfred D. Chandler in 1977 with the publication of his Pulitzer–work, *The Visible Hand: The Managerial Revolution in American Business* (Cambridge, MA: Harvard University Press, 1977). We use it here not in that corporate management sense, but instead simply in juxtaposition to Adam Smith's free market "invisible hand." When the free market, alone, fails to produce optimal social outcomes, we use the phrase "visible hand" to refer to partnerships between the public, private and nonprofit sectors to meet needs and solve problems.

2. "The Millennium Development Goals Report: 2015," United Nations, July 2015, http://www.un.org/millenniumgoals/2015_MDG_Report/pdf/MDG%202015%20 rev%20(July%201).pdf.

3. Moreover, it is important not to conflate GDP growth with comprehensive social development or progress. GDP alone is necessary, but not sufficient, to reach our

broader development objectives. See, for example, Georgia Levenson Keohane, "GDP Is a Bad Measure of Our Economy; Here's a Better One," *Time*, April 19, 2015, http:// time .com/3826731/is-gdp-dead/. See also "Social Progress in 2030: Developing Beyond Eco- nomic Growth," Deloitte, September 2015, http://www2.deloitte.com/global/en/ pages/ about-deloitte/articles/social-progress-in-2030.html.

4. "Global Humanitarian Assistance Report 2015," Global Humanitarian Assis- tance, 2015, http://www.globalhumanitarianassistance.org/report/gha-report-2015.

5. "Transforming Our World: The 2030 Agenda for Sustainable Development," United Nations, adopted September 25, 2015, https://sustainabledevelopment.un.org/content/ documents/7891TRANSFORMING%20OUR%20WORLD.pdf.

6. See "Outcome Document of the Third International Conference on Financing for Development: Addis Ababa Action Agenda," United Nations, July 15, 2015, http:// www.un.org/africarenewal/sites/www.un.org.africarenewal/files/N1521991.pdf.

7. For more on the evolution of the innovative finance field, see "Innovative Financing for Development: Scalable Business Models That Produce Economic, Social and Environmental Outcomes," Global Development Incubator, September 2014, http:// www.globaldevincubator.org/wp-content/uploads/2014/09/Innovative-Financing-for-Development.pdf; DevFin Advisors and SIDA, "Innovative Finance: Gap Analysis," DevFin Advisors and SIDA (2014); Philippe Douste-Blazy, "Innovative Financing Can Put the World's Wealth to Work for All People," International Institute for Sustainable Development, October 14, 2014, http://sd.iisd.org/guest-articles/innovative-financing-can-put-the-worlds-wealth-to-work-for-all-people/; Eytan Bensoussan, Radha Ruparell, and Lynn Taliento, "Innovative Development Financing," McKinsey and Company, August 2013, http://www.mckinsey.com/insights/social_sector/innovative_ development_financing; "Innovative Financing for Development: A New Model for DevelopmentFinance," United Nations Development Program, January 2012, http:// www.undp.org/content/dam/undp/library/Poverty%20Reduction/Development%20 Cooperation%20 and%20Finance/InnovativeFinancing_Web%20ver.pdf; and The I-8 Group Leading Innovative Finance for Equity, "Innovative Financing for Development," United Nations, December 2009, http://www.un.org/esa/ffd/documents/ InnovativeFinForDev.pdf.

8. Among them are the European Bank for Reconstruction and Development, Inter-American Development Bank, CAF Development Bank of Latin America, Islamic Development Bank, Asian Development Bank, and African Development Bank.

9. Gross national product (GNP) and gross domestic product (GDP) both reflect the national output and income of an economy. The primary difference is that GNP takes into account net income receipts from abroad, meaning the value of goods and services produced by nationals—including dividends, interest, and profit—whether or not they are in the country. It is worth noting that even if donor countries each hit the 0.7 percent ODA targets it would still not be enough to close the funding gap.

10. For example, in 1999, USAID launched the Development Credit Authority, which provides loan guarantees to banks in poor countries.

11. The problems of externalities and public goods are the mainstay of most eco- nomics textbooks. Perhaps the best textbook on environmental and natural resource economics is Nathaniel O. Keohane and Sheila M. Olmstead, *Markets and the Envi- ronment* (Washington, DC: Island Press, 2007). For more recent work on climate change as a global negative externality, see Gernot Wagner and Martin L. Weitzman, *Climate Shock: The Economic Consequences of a Hotter Planet* (Princeton, NJ: Princ- eton University, 2015). For a powerful and accessible discussion of natural capital and the value inherent in a number of natural resources, including public goods like bio- diversity, see Mark R. Tercek and Jonathan S. Adams, *Nature's Fortune* (New York: Basic Books, 2013).

12. Consider, for example, the B Corp movement. See Georgia Levenson Keohane, *Social Entrepreneurship for the 21st Century* (New York: McGraw-Hill, 2013).

13. See, for example, "Sustainable Signals: The Individual Investor Perspective," Morgan Stanley Institute for Sustainable Investing, February 2015; and "2014 U.S. Trust Insights on Wealth and Worth Survey," U.S. Trust, 2014.

14. See, for example, Paul Krugman, "Destructive Creativity," *New York Times*, January 18, 2010. In 2009, Ben Bernanke, then chair of the Federal Reserve, remarked on finance's standing: "Indeed, innovation, once held up as the solution, is now more often than not perceived as the problem." Ben S. Bernanke, "Financial Innovation and Consumer Protection" (speech delivered at the Federal Reserve System's Sixth Bien- nial Community Affairs Research Conference, Washington, DC, April 17, 2009), http://www.federalreserve.gov/newsevents/speech/bernanke20090417a.htm.

15. See, for example, Nell Abernathy and Mike Konczal, "Defining Financializa- tion," The Roosevelt Institute July 27th, 2015. http://rooseveltinstitute.org/sites/all/files/ Defining_Financialization_Web.pdf

16. "Impact Investment: The Invisible Heart of Markets" Report of the Social Impact Investment Task Force 15 September 2014 http://www.socialimpactinvestment.org/ reports/Impact%20Investment%20Report%20FINAL[3].pdf

17. See, for example, Georgia Levenson Keohane, "Will Crowdfunding Kickstart an Investment Revolution? Policy and Political Implications of Peer-to-Peer Financ- ing," Roosevelt Institute, September 2013, http://rooseveltinstitute.org/sites/all/files/ Keohane_Crowdfunding_09_04_13.pdf.

18. Danae Ringelmann, "The Innovator's New Crystal Ball: Crowdfunding," Fast Company, March 26, 2015, http://www.fastcoexist.com/3043848/techsocial/the- innovators-new-crystal-ball-crowdfunding.

19. Felix Salmon, "The Idiocy of Crowds," Reuters, September 23, 2013.

20. Massolution, "2015 CF: The Crowdfunding Industry Report," crowdsourcing.org, April 2015.

21. Charles Maldow, "A Trillion Dollar Market, by the People, for the People: How Marketplace Lending Will Remake Banking As We Know It," Foundation Capital, May 2014. For reference, even at $16 billion, crowdfunding, including lending, is still only a fraction of the total $840 billion consumer-lending business.

22. Ryan M. Nash and Eric Beardsley, "The Future of Finance:Part 1—The Rise of the New Shadow Bank," Goldman Sachs Equity Research March 3, 2015 ; "The Future of Finance: Part 2—Redefining 'The Way We Pay' in the Next Decade," Goldman Sachs Equity Research, March 10, 2015; "The Future of Finance: Part 3—The Socialization of Finance," Goldman Sachs Equity Research, March 13, 2015.

23. Michael Corkery and Nathaniel Popper, "Goldman Sachs Plans to Offer Con- sumer Loans Online, Adopting Start-Ups' Tactics," New York Times, June 15, 2015.

24. Some have suggested that crowdfunding may offer a promising channel of new and additional funding for health. At present, funds remain relatively small and phil- anthropic. Not surprisingly, when it comes to health, Kickstarter and other platforms have needed to tighten restrictions on the types of health products that can be funded, particularly those that are heavily regulated or claim to cure or prevent illnesses, for

obvious liability and consumer protection reasons. In recent years, a number of health-specific online platforms have emerged, mostly in the developed world, including those like MedStartr and Kangu, charitable or donation platforms for small health projects—such as free surgeries, health facilities, and prenatal and childbirth assistance—around the world. In contrast, sites like Healthfundr connect health start-ups with for-profit, accredited investors. Relative to finance need, particularly for developing-country health, these channels remain small.

25. See, for example, Georgia Levenson Keohane, "Will Crowdfunding Kickstart an Investment Revolution?"

26. These are not uncontroversial. They are potentially a very valuable workaround for untenable levels of student debt. However, critics have argued that they could poten- tially become a kind of indentured servitude. See, for example, Douglas Belkin, "More College Students Selling Stock in Themselves," *Wall Street Journal*, August 5, 2015, http:// www.wsj.com/articles/more-college-students-selling-stockin-themselves-1438791977.

27. Amazon and Ebay offer financing options for consumers (Paypal) and short- term working-capital loans for vendors (Paypal Working Capital, OnDeck, and Kab- bage). Facebook, Google, and Apple are pioneering wallet-to-wallet or digital payment systems to rival the popular Venmo, Squarecash, and others.

28. Matt Levine, "Citigroup Joins the Lending Club," Bloomberg View, April 14, 2015.

29. infoDev, "Crowdfunding's Potential for the Developing World," World Bank,

30. It is estimated there are "up to 344 million households in the developing world that are able to make small crowdfund investments in community businesses," says the report. "These households have an income of at least $10,000 a year, and at least three months' savings or three months' savings in equity holdings. Together they have the ability to deploy up to $96 billion by 2025 in crowdfunding investments."

第一章

护林减排、绿色债券及排污权价格

一张照片能抵过千言万语——有时候也价值千万美金。巴西亚马逊雨林的卫星图片显示，森林砍伐已经大幅减少，当挪威看到照片后，就是这样想的。砍伐森林是碳排放的主要来源——也是导致气候变化的原因。在 2008 年，石油资源丰富的挪威政府做出了一个非同寻常的保证，承诺会支付高达 10 亿美元的奖金，来寻找巴西在减少热带森林砍伐方面的确凿证据。挪威希望通过这个激励措施——也就是人们熟知的"只为成功买单"——鼓励可持续发展：生产更多的农作物，制造更少的碳排放。在 2015 年末，手持郁郁葱葱的森林图片，挪威政府为环保事业支付了 10 亿美元奖金中的最后一批款项。这算是援助？还是贿赂？这属于创新金融的案例吗？这对于气候变化和我们共同的未来意味着什么？

尽管全球气温升高的后果难以量化，但是，我们都清楚，如果不加以遏制，其影响将是毁灭性的：海平面上升，淹没沿海和低洼的地区；海水升温、水质恶化，威胁到海洋生物和渔民的生计；极端天气事件如火灾、飓风、洪水和干旱，扰乱农业生产、造成饥荒和健康危机、令移民问题雪上加霜。贫穷与经济复苏之间的关系错综复杂——全世界绝大多数人口的生活区域要么环境不稳，要么政治动荡，或者二者兼而有之——气候变化威胁着我们在繁荣和稳定中所取得的来之不易的发展成果。正如方济各教皇在他的第一份关于管理工作的教皇通喻《赞美上帝》中所说："我们面临的环境危机和社会危机并非相互独立的两个危机，而是社会与环境问题交织而成的一个复杂危机。"[1]

不过，由于气候变化是人为造成的，我们是可以缓解并改善这一问题的。全球变暖的首要原因是来自工业生产的副产品气体排放，例如二氧化碳、甲烷、一氧化氮等。这些气体阻碍了热量穿过地球大气，散发到太空中去，从而产生了温室效应（这正是地球起初变得宜居的原因；但是当我们提升这些气体在大气中的浓度、扩大温室效应时，问题就出现了）[2]。另外，人们对减少温室气体的排放数量已达成基本共识，力争将全球气温的增幅控制在2℃以下（华氏3.6度），许多科学家认为，要想避免气候变化产生最具灾难性的后果，气温的增加必须控制在该范围之内。

然而，经济学比科学更具挑战性。不遏制气候变化就会带来大规模混乱，我们能够明确这些后果的代价吗？无论是减少温室气体排放还是其他的办法，遏制气候变化要付出多大代价？我们如何在继续帮助人们摆脱贫困的同时，不去危害环境——或者是不损害我们的共同福祉？我们怎样开始生产、消费那些低耗能产品和服务？我们如何鼓励发展大量经济实惠的替代能源？（我们都知道，这个过程需要投入数万亿美元的资金。）[3]

尽管向低碳经济转变，要求我们付出惊人的经济和政治代价，但是，有充足的证据表明，如果我们不作为，就相当于坐以待毙，等待不可逆转的毁灭的到来（海平面上升、极端天气、更加严重的农业、健康和移民危机），而付出的代价也会远远超过从现在起减少温室气体排放的代价。[4] 事实上，如果我们考虑真实灾害所带来的潜在威胁（例如极端天气和气温升高所带来的"秋后算账"风险），在我们现有的模型当中，对这种真实灾害掌握的数据并不充分，而这种不确定性，恰恰会让我们的行动更坚决。[5]
从金融的角度看，有人将这些事件比作环境领域的"黑天鹅事件"
（就好比 2008 年金融危机爆发那样的出乎意料但却极具破坏性
的灾难性事件）。[6] 从这个意义上说，干预气候变化是一种保险
政策，可以用来避免规模更广、灾难性更大的社会和经济后果。[7]

但是，干预的资金从何而来？

在最近的几年，我们已经看到了气候金融的出现：人们使用
各种革新、创新手段来释放新的资金来源，促进低碳发展、替代
性能源的投资以及可持续的发展方式。在自然资源管理领域，第
一代创新金融基本上是依靠政策驱动，通常都是由政府出资或安
排，通过对外部影响进行内化，提高我们的资金利用率，促进更
广泛的市场行为的发展，挪威和巴西的案例就是如此。无论投入
资金的形式是污染贷款还是开发贷款，抑或是有条件资助（例如，
在获得没有砍伐森林的确切证据之后，给予资金支持），这些都
属于"只为成功买单"的主要投资案例。正如我们将要看到的那样，
尽管新型的金融工具和资金配置仍然属于"看得见的手"，例如
绿色债券、绿色股票以及其他的混合型配置和投资行为等，但是，
它们已经越来越由资本市场主导并受其影响。这些融资手段有效
吗？如果有效，那是为什么呢？

针对负面外部效应的市场解决方案

为了理解这些新的融资工具是如何工作的，我们需要一些理
论支撑。人为的气候变化，尤其是，不受控制的、二氧化碳等污

染物的排放，可以说是世界上最大的负面外部效应了。这意味着，行为的代价并不是由应该负责的人承担的。负面外部效应是一种市场失灵，是激励机制和资源配置出了错。问题是我们如何修正激励机制以减少碳排放，引导低碳技术的投资。这就涉及确定正确的成本，而这样做，反过来也有助于确定正确的价格。由于排污权没有明确定价，虽然我们明知这是气候变化的首要人为因素，但是由于这样做没有成本，所以个人、公司和国家依旧持续地将碳排放到大气中。我们如何解决这个问题呢？首先让我们从简单的经济学开始吧。

在1968年，生态学家加勒特·哈丁（Garret Hardin）在《公地悲剧》（*Tragedy of the Commons*）一书中通过比喻手法介绍了负面外部效应的寓意和内涵，并推动了在那之后的环境运动理论和实践与发展。在哈丁的描述中，羊群在"公共"牧场中吃草，如果每个牧民有更多的羊吃草，即使这使得牧场整体因为过度放牧而萎缩，令整体生产力下降，但个体牧民仍将从中获益。如果每个牧民都去限制他的羊群数量，那么，对于公共利益而言是件好事，但是，没有人会出于个人动机而选择这样做。问题就出在集体行为上，因为个人动机和更广大的、集体的动机发生了矛盾。"悲剧就在于此，"哈丁写道，"由于每个人都被封锁在单一体系中，在一个有限的世界里，他们被迫无限制地扩大羊群。在信奉群体自由的社会中，每个人都会因为追求自身利益，而让群体走向灭亡。群体自由带来的是群体毁灭。"[8] 所以，对于许多（但不是所有）自然资源问题及人类的解决方式而言，公共悲剧的这种模式具有十分重要的意义。虽然有些令人沮丧，但是经济学并不总是悲观的——尤其是当我们想到，还有许多政策以及创新金融的解决办法可以挑战或者解决哈丁提出的难题时，更不应该灰心。

在 20 世纪上半叶，有关自然资源问题的解决办法与亚瑟·庇古（Arthur Pigou）的工作息息相关。作为一名经济学家，他认为政府有必要采取某些干预行为，以税收为典型手段，来修正哈丁所描述的负面外部效应。[9] 后来，罗纳德·科斯（Ronald Coase）挑战了这个观点，他认为，能够解决负面外部效应的手段是私人产权的清晰分配，而非政府的强制收税，并凭借该理论获得了诺贝尔经济学奖。[10]

这些关于私人产权的见解为限额交易等政策手段的设计奠定了基础：当某种资源的所有权有明确归属时，所有的市场行为人都会因此维护该资源的可持续发展。例如，通过对干净的空气确立"所有权"的归属，当公司污染了这种"财产"时，[11] 个人或者居民就可以得到补偿。从广义上讲，明确了所有权，也就产生了一整套激励体制，让参与到经济活动当中的集体和个人去积极主动地发展生产力。

所有权也会产生经济学家所说的价格信号。通过放开所有权的转让，也就是说，赋予其货币价值，决策者就可以出台环境友好型政策，营造出有利的市场环境。如果谁污染环境了就要付出代价，那么每个人都势必会减少污染。例如，价格会激励消费者减少使用高碳能源（例如化石燃料），转而去购买低能耗的产品和服务。反过来，公司也会减少排放，或者投资、研发替代性能源和技术。这种定价机制是许多基于市场的解决方法的核心，不仅是解决环境问题，而且也是解决本书将要提到的许多社会和经济问题的关键。这就是从经济学到金融学的关联，时刻提醒着我们政策在创新金融中的重要作用。

小试身手：所有权、价格及污染问题

在对负面外部效应定价方面，二氧化硫排放配额市场的建立，是最成功的案例之一。

在 20 世纪 60 年代和 70 年代，酸雨对森林和海洋生物造成了严重的伤害，引起了全美社区的高度关注。尽管人们十分清楚酸化作用的主要原因是燃煤发电厂向空气中排放二氧化硫，但是对于如何遏制这些排放仍然有诸多争议。1990 年，在美国环保协会（Environmental Defense Fund）等创新型环保组织的推进和支持下，限额交易被写入 1990 年《洁净空气法修正案》第四条，由国会批准，并由乔治·H.W·布什签署成为法律。这其中的道理是，作为污染的排放额度或者余额，所有权是可以拿来使用或进行交易的。这样一来，就会激励煤炭生产商去减少污染，与规定具体的减排数额相比，这种所有权激励更实惠，也更有效。希望借此办法，能够使全国 3200 个煤炭厂的二氧化硫年度总排放减少到 895 万吨，相当于比 20 世纪 80 年代下降了 50%，或者可以说每年减排了 900 万吨。

为了达到这个目标，限额交易项目给每个燃煤发电厂发放了排污配额，代表了它能排放的二氧化硫的吨数。厂商们就可以自行选择减少二氧化硫排放的最佳办法。如果他们减少了排放，而且没有用尽配额，那么就可以将余额卖给其他没有成功减排的厂家（或者存起来以后再用）。规定排放余额能够出售（交易），有效激励了发电厂去极力避免超额排放。

于是乎，二氧化硫的交易市场和首个大规模排放限额交易体制就此诞生了。由于交易商品是标准化的，市场的交易披露了污染配额的"价格"。随着交易所、经纪人业务等交易"基础设施"的出现，交易成本实现了进一步降低。[12]

二氧化硫的配额市场被公认为是政策和创新金融的一个成功案例。限额交易的好处已经远远超过实施和强制执行的成本。从金融的角度看，二氧化硫项目促进了经纪人业务和其他中介等基础设施的产生，适应了巨大的交易量需求，提供了包括远期交易、掉期交易等丰富的二氧化硫金融衍生产品。研究发现，限额交易确实促进了新型污染治理技术的开发和应用。产品标准化、成本下降、持续创新等成功的实践促使更多的私人资金参与到这个公共市场中，也为其他领域的污染治理树立了典范，其中就包括我们将要在后文中讨论的排污权治理。[13]

从另一个角度看，限额交易代表了"只为成功买单"融资方式的一种早期类型。价格给节省下来的污染配额赋予了货币价值，而公司通过出售配额获得减排的补偿。正如我们在挪威－巴西的例子中看到的，不污染就可以得到补偿。在接下来的章节中，我们将会研究许多"只为成功买单"的例子，尽管它们名称和表现各有不同。

我们没有料到的是，二氧化硫减排还有个更有趣的影响。在1990年，人们主要担心的是酸雨对环境的破坏。然而，二氧化硫减排不仅带来了更加干净的空气，而且极大地减少了疾病和死亡，尤其是在城市地区。事实上，二氧化硫减排最大的好处在于公共健康方面。[14] 这也是一个重要的经验，指导我们思考更大的可持续发展目标，并对其提供融资支持，因为环境、健康和贫困等问题是紧密相连的。

所有权和可持续发展：空气、土地和海洋

我们已经研究了二氧化硫的减排机制，在创新金融领域中，领略了所有权的理论和实践：我们如何利用政策，形成市场的解决方案，来处理市场难题。一旦我们掌握了其中的工作机制和原理，我们就可以在其他领域发现同样的印记，触类旁通，构思更广泛的应用。

确实，空气污染治理并不是限额交易作为传统型"命令和控制"管理之有益补充的唯一领域。如果我们去纽约这样的城市生活或者参观，就会在周围的建筑中发现限额交易的存在。

决策者尝试在发展经济和区域划分之间寻求平衡。他们使用耳熟能详的效率和成本效益理论，研发了开发权转让方案（transferable development right）。相应地，如果建筑物的高度未达到区划规定的上限，那么节省下来的层高就能以空间所有权的形式卖给开发商，用来建造高度超标的建筑。在时代广场，低矮的、地标式剧院毗邻无数新建的摩天大厦，这并不是巧合；

通常，后者已经从前者那里购买了空间所有权。纽约的切尔西区亦是如此，在纽约高线公园以南及以西地区，土地所有者不能够建造垂直的建筑，但是可以将他们的权利卖给那些可以这样做的开发商，以此获得补偿。尤其是在城中，横穿曼哈顿区域，娇小的建筑和摩天大厦并排而立通常表明，它们之间进行过空间所有权的交易。

就在最近，汉斯地产开发公司（the Hines）于 2015 年 8 月开始建造 53W53 建筑。这是个奢华的摩天大厦，之前被称为威尔大厦（Tower Verre）。它毗邻纽约现代艺术博物馆（The Museum of Modern Art，简称 MoMA），这个建筑项目也被称为 MoMA 大厦，它的高度远远超过了当地对区划限高的标准，将会与帝国大厦一决高下。为了达到目标，在过去十年间，汉斯公司一直在收购空间所有权，总共花费了 8500 万美元购买邻近的圣公会圣托马斯教堂、校友俱乐部和现代艺术博物馆未使用的空间所有权。只是最近 MoMA 大厦失去了成为该城最高住宅楼的头衔（这个头衔现在属于 432 公园公寓，又一个空间所有权汇聚的项目）。[15] 这些工程也引起了一些争议。这些房地产开发项目以及其他类似的开发行为已经引起了人们的关注：人们担心城市的天际线遭到破坏，担心中央公园会处于大厦的阴影当中，还担心这种发展方式可能已经扭曲了纽约发展的当务之急。

在开发湿地时，开发商也会寻求开发权的转让。这些湿地通常是沼泽和浅沼地，或者是在一年当中至少有部分时间被水覆盖的泥沼。开发商通常都喜欢湿地，因为它们价格实惠，要知道湿地的环境服务和好处并未体现在地价当中，比如净化水资源、地下水补给、防洪措施以及各种鱼类、鸟类和哺乳动物的栖息地等等。[16] 因此，为了防止湿地流失，决策者们针对湿地开辟了一处市场，但该市场却和湿地的这些环境服务和好处无关。[17] 湿地限额交易，又称"湿地补偿银行"（mitigation banking），要求开发商通过购买配额，在其他地方创造或者保护湿地，以此来作为他们"改造"（建筑）湿地的代价。意料之中的是，湿地补偿配额市场发展迅速，且需求旺盛（可以从中介那里购买）。现在，美国大约有近 2000 家湿地补偿银行，每年的交易额可达到几十亿美元。[18] 历史上最著名的湿地开发商可能是华特·迪士尼。在 20 世纪 60 年代，他为了建造奥兰多主题公园收购了 3 万英亩（40 平方英里）的佛罗里达州的沼泽地。今天，随着迪士尼公司的继续扩张，它仍然购买大规模的湿地份额，并与大自然保护协会（Nature Conservancy）等组织一起合作实施环境保护项目。类似的保护性市场也在发展中，例如属于生物多样性购买服务的濒危物种保护项目，以及用国家循环贷款基金（state revolving loan funds）发展高质量饮用水项目。

在沿海地区，也有一些限额交易极具创新色彩。自从人类社区出现以来，我们就一直依靠海洋获取食物。从人类存在的大部分时间看，海洋的馈赠似乎是无限的。甚至今天，鱼类仍然是 10 亿多人口最主要的蛋白质来源，水产业是全世界沿海经济的引擎。然而，显而易见，人类造成了海洋的悲剧。负面外部效应大量出现：我们逐渐耗尽海洋资源，回报率越来越低，尤其是人口压力大、水产业的工业化最为严重的地区。全世界超过 80% 的捕鱼业处于或者超过可持续发展极限的水平。[19]

人们经常说，捕鱼就像是在银行存钱：你必须保持本金（这里指鱼类资源）不变，依靠利息生存。但是，全球范围内的海洋都在遭受过度捕捞，致使本金（也就是再生的鱼类资源）减少。传统的政府干预和限制手段在许多地区只是使问题更加恶化。限制渔民会激发竞争性的"捕鱼热"，例如限制捕鱼时间或者限制船队，从而进一步耗尽鱼类资源。[20] 即使没有政府干预，许多捕鱼业的管理人员也会设置最大捕鱼量，渔民和渔船会在达到捕鱼限制之前尽可能多地捕鱼。

早在 20 世纪 70 年代以前，新西兰、澳大利亚和冰岛等国家就已经使用了类似限额交易的捕鱼管理手段，称为捕捞配额管理（catch-share management）。在这个项目中，科学家决定每年的最佳捕鱼量——就像二氧化硫的最大排放量——这就是总可捕量（total allowable catch）。然后分配给捕鱼商一个配额，个体渔民可以通过个体捕捞配额（individual fishing quotas）或者个人可转让配额（individual transferable quotas）来交易或者出租配额。正如科斯预料的那样，产权市场应运而生了，在这个例子中，产权以准入许可的形式出现，有了许可，就可以获得一定数量的捕捞配额。

新西兰的个体捕捞配额市场正式形成于 1986 年。该制度不仅杜绝了过度捕捞，恢复了鱼类资源，还增加了每条渔船的利润（有时候甚至能增加 80%），极大地促进了当地捕

鱼业的稳定发展。[21] 在最近几年，类似的限制准入特权制度
（limited access privilege programs）在世界范围内都有
应用，包括大约 15 家美国主要渔业公司。一些与未来捕鱼量
的融资和评估相关的公司合作倡议也获得了慈善家、非营利
机构以及影响力投资人的垂青。[22] 对于创新金融而言，捕鱼
业仍然是一个富有前景的探索领域。

空气污染（例如二氧化硫）的限额交易方案在实施时，至少
在初次许可分配上，是需要政府干预的；不过，许多捕鱼业的限
制准入特权制度却是由社区来设计和管理的。这是个重要的区别。
在 2009 年，政治科学家埃莉诺·奥斯特罗姆（Elinor Ostrom）
凭借其在共享资源方面所做的研究，获得了诺贝尔经济学奖。她
的研究揭示了，农民和渔民这个群体十分清楚地意识到了，自己
的生活对其资源健康的依赖程度有多么深，所以常常会自发地制
订创新方案，来对集体资源加以利用。他们的合作通常很成功，
有赖于清晰的产权界定、彼此信任以及对其生产力和集体资源的
长期社区评估。[23] 奥斯特罗姆的文章中曾这样写到：自然资源管
理的悲剧不是不可避免的。悲剧可以被逆转，而且，通过本地的
社区解决方案，成功应对集体行为问题的例子屡见不鲜。在捕鱼
的案例中，我们发现，与任何联邦决策者或者外部投资人相比，
本地社区比他们更加深刻地认识到当地资源对他们生活的重要
性。在本书中，我们还会再次讨论本地机构和所有权在经济发展
中的重要性。

气候变化重新定价：排污权案例

考虑到各种限额交易模式的成功应用，经济学家和决策者们将价格作为解决排污权和气候变化难题最有希望的手段，这也就不足为奇了。一些人支持征收庇古税（Pigouvian tax，相当于排污税），在欧洲、英国和加拿大的部分地区，已经开始征收庇古税了。通过征税，可以对排污权进行定价，抑制碳密集型消费方式，降低碳排放，同时，在此过程中，产生几十亿美元的经济效益。而支持限额交易的人则认为，在减少二氧化硫排放的案例中，可交易配额比征税的方式更加灵活，它可以利用市场的力量（和公司的力量），引导人们以最低的成本实现减排。此外，还有些人认为，可以双管齐下，限额交易与征税相结合。尽管关于排污税与限额交易哪个相对高效不在本书的讨论范围内，但是人们普遍认为对排污权进行定价是有必要的，这样有利于减少碳消费、释放必要的投资力量，实现低碳经济的发展。

然而，在价格信号背后的政治博弈，又是另外一回事儿了。正如大家所了解的那样（相关资料也如此记述）[24]，参照二氧化硫排放管理，美国对排污权进行限额交易管理并不是一帆风顺的。在 2009 年，美国与成功失之交臂。众议院通过了涉及可交易排放计划的"维克斯曼－马基议案"（Waxman-Markey climate change bill），但是参议院没有通过。公司和投资人期待国家立法的形成，动用了数十亿美元以便于发展并应用减少碳排放的技术、产品和服务，进一步缓和气候变化的影响，让整个体系更具活力。尽管 2009 年全国限额交易项目以失败告终，但是有证据表明，目前，有许多公司和投资人已经将排污权纳入了他们的商业决策当中，采取高效措施，对排污权定价，期待并准备迎接进一步的市场发展机遇（也以此对全球其他地区的排污权交易市场做出回应）。这个现象的重要意义在于，我们可以从中获得风险管理的诸多认识：了解企业领导层对气候变化的认识以及他们自己在减缓气候变化中的角色。例如，微软公司就会对内部单位的碳使用情况收税，然后将税收投入公共基金，用来投资开发可替代能源等项目。据估计，现在有一千多家大型企业对排污权进行定价，包括迪斯尼、沃尔玛、美孚公司和英国石油公司等大型石油公司在内的 450 多个公司都对排污权采取了内部收费或者收税等方法。在接下来的一年，这个数字可能会翻倍。[25] 对于这些公司来说，价格是一种便于对外部影响进行内化的工具。据微软的可持续发展高级主管塔玛拉·迪卡普里奥（Tamara DiCaprio）所言，"当我们用美元而不是吨数来讨论碳排放时，商业人士就可以理解了。现在使用的是同一种语言：我们团队的碳使用成本是多少？"[26]

今天，为了减少温室气体的排放，大约有 40 个国家和 20 多个城市、州和省已经开始使用排污权定价，或者打算给排污权定价。[27] 在 2005 年，欧盟建立了自己的排污权交易系统（emissions trading system），这是世界上第一个，也是最大的一个排污权限额交易系统。从许多方面看，欧盟的排放交易系统还是很成功的：它建立了碳交易市场，为可交易的碳指标规定了合适的价格，还建立了必要的市场基础设施（例如中介和交易所）促进大额交易量的完成。作为世界上最大的碳排放国家，中国有 7 个本地交易所。在 2015 年 9 月，中国宣布，将会在 2017 年尽早建立起一个国家级的碳排放权交易系统。[28] 美国的各州也有类似的行动。加利福尼亚州的排污权交易市场自 2013 年启动以来，涵盖了发电厂、工厂和交通领域的排污权，是世界范围内覆盖范围最复杂的市场。在东北地区，有 9 个州已经通过区域温室气体减排行动（Regional Greenhouse Gas Initiativ），并为电力行业建立了限额交易系统。2015 年，在美国环境保护署公布的清洁能源计划的号召下，估计许多州都将会使用排污权交易系统，来帮助达到规定的减排量。

事实依旧是，如果市场越做越大，交易越来越活跃，价格信号越来越清楚和明确，那么资金就会愈发集中投入到低碳活动、技术和投资上。

当然，限额交易不是没有风险的，对其批评的声音也不绝于耳。例如，依靠市场力量的解决方案，即便是那些可以纠正市场失灵的方案，也仍旧在一定程度上依靠市场动力的作用。有时，因为需求不足，价格也会下跌。如果价格太低，公司就不会放弃煤炭等高碳的燃料，而使用天然气或者其他替代能源，这并不是我们想要的。欧盟的排放交易系统就出现过这种情况。经济衰退降低了生产量，因此能源需求（碳需求）也降低了。人们希望通过减少供应（也就是减少市场上的份额）的方法来提升价格。[29] 此外，长久以来，关于限额交易，总体说来是那些基于市场的解决方案，尤其是围绕着产权问题的解决方案，人们总是会产生有关公平性的担心。有一段时间，在发达国家，批评都是针对这样一个思想：公司可以通过花钱来污染环境，通过化钱来逃避减排的责任。像二氧化硫和其他的限额交易案例在减少污染、改善生态系统和公共健康方面，收效都很不错，这基本平息了各国之间的担忧。然而，因为在这种系统中，发达国家可以靠财富购买特权以持续污染，虽然发展中国家也从金钱方面得到了补偿，但这也让发达国家与发展中国家之间的关系紧张。

从绿色债券到护林减排，回顾巴西案例

决策者致力于推出更好的举措，打造富有活力的市场，释放价格信号；而与此同时，其他应对气候变化的创新金融方法也在不断涌现，这些方法对直接政策干预的依赖较小，而更多地依靠公共市场和私有市场之间的转换。

为了更好地理解这点，让我们回顾一下巴西雨林的案例。

我们不难想象雨林被毁将如何破坏生物的多样性。从生物多样性的角度看，雨林的重要性仅次于珊瑚礁，此外，还有 7000 万的人口也依赖雨林生存。仅凭直觉，我们可能并不知晓砍伐森林也是气候变化的一大原因，其实，它在全球二氧化碳总排放量中约占 15%。这相当于所有汽车、卡车、公交车和火车相加的排放总量。与砍伐森林相关的排放主要来自两个地区：亚马逊流域和印度尼西亚。雨林是二氧化碳的吸收地，它吸收并存储二氧化碳使其不能进入大气。减少砍伐森林对于缓解气候变化十分关键，

也是一种更加经济有效的解决方法。

减少森林毁坏所造成的污染排放的"只为成功买单"项目简称为护林减排项目，即减少毁林和森林退化所致排放量。[30] 挪威 - 巴西的案例就是该项目的代表：挪威承诺，如果有确凿证据证明砍伐森林已经减少，将会向巴西支付高达 10 亿美元的奖金——这就是成功的回报。这种奖励意图使国家、农民、大农场工人和林区居民们明白，更加经济可行的做法是去保护森林，而非砍伐森林。

护林减排背后的动机有两个，一是长期的可持续发展，二是保护森林，或者说减排减污。到目前为止，在巴西等国家，发展的主要动力一直是开发商品，例如棕榈油、大豆和牛肉，而这些经常需要砍伐森林，也就是清除树木，种植农作物并饲养家畜。"只为成功买单"的护林减排项目的设计初衷，就是想要促进减少高碳生产；在像巴西这种地方，那就意味着提升经济产出的同时减少碳排放。

护林减排计划最初的设想是：通过给排污权定价的机制，保护森林可以吸引相当多的金融资源，例如贷款或类似开发权转让的补偿，而反过来，这些也可以在排污权交易市场上进行交易。经过一段时间后，这些补偿市场在美国迟来的发展已经表明，到目前为止，护林减排框架已经演变成一种创新金融的发展助力，主要是依靠公共的基金；而私人资本市场尚未被充分利用。

"只为成功买单"确实是金融上的一大创新，即使这种金融产品是以援助的形式呈现的。正如我们已经看到的那样，买单是为了使巴西和巴西的生产商人降低减排成本：保护森林的成本通常比投资可再生能源的要低（比发展碳捕集技术更低），当然，也比适应气候变化灾难性后果的成本更低。预防为主，治疗为辅。自然保护协会的马克·特塞克（Mark Tercek）表示，"这个复杂的政治、经济和科学争论可以用最简单的方式来表达"，"如果你可以在最初的时候防止污染，那么你以后就不用耗费巨资来清理污染"。[31] 因此，护林减排不同于基于基金的传统发展援助，后者从其历史看并没有以可考核的绩效目标为先决条件。护林减排在发展援助的演化中并非孤立的，它是援助者思考如何有效地使用官方发展援助预算的重要组成部分。

护林减排运动的形式不是单一的，它已经促成了许多类似志愿项目和工程的"团体活动"；政府和非政府组织相互合作，尝试各种方法激励国家和当地的土地所有者保护森林。到目前为止，在世界银行的森林碳伙伴基金（Forest Carbon Partnership Facility）、联合国减少毁林和森林退化所致排放量计划（the UN-REDD Program）、全球林冠项目（the Global Canopy Program）等的帮助下，许多国家都在筹备自己的护林减排计划和方案。[32]

有趣的是，除了上述正式机构参与的项目之外，还涌现了许多双边及多边活动，参与者中的一方通常是巴西等亚马逊地区的被援助国，而另一方则是德国、英国和美国等富裕的援助国。最著名的护林减排举措来自挪威。前不久，挪威因为其北海石油变得极为富有，于是，挪威将部分财富用于创新型综合发展援助上

（它在官方发展援助的投入占 GDP 的 1%，是所有国家中比例最高的一个），尤其是关于应对气候变化的倡议方面。在 2008 年，挪威启动了自己的国际气候和森林倡议（International Climate and Forest Initiative）来支持护林减排活动，援助那些愿意对森林砍伐率做出实质性改善的国家。在巴西和印度尼西亚，大面积的珍贵雨林正在消失。挪威承诺，如果这两个国家能证明国内的森林砍伐确实已经减少了，就会提供高达 10 亿美元作为奖励。巴西和印尼两国不同的经历可以使我们更多地了解"只为成功买单"能够援助成功的原因。

2008 年，挪威承诺，将通过巴西亚马逊基金向巴西支付 10 亿美元，条件是巴西能够将它的森林砍伐率降到 1996-2005 年的平均水平之下（也就是每年 19508 平方千米）。亚马逊基金由巴西国家发展银行（BNDES）负责运营，专门用于资助护林项目，促进亚马逊河流域的可持续发展。巴西是挪威最有前途的合作伙伴，不仅因为亚马逊雨林的森林砍伐率之高让人警醒，更是因为巴西已经认识到森林砍伐阻碍了经济的长期发展，而且已经着手去努力应对这个难题。巴西已经制定了国家法律和政策，规定在 2020 年之前，实现森林砍伐率下降 80%（相对于上一个十年的平均数）。自 2005 年以来，巴西已经将其森林砍伐率降低了 75%（相对于 1995—2004 年的基数），提前数年完成了预定目标（见图 1.1）。值得注意的是，在这段时期，巴西的经济年均增长 7.5%，在许多受到合法保护的地区，农业生产和盈利都显著提高。换言之，巴西的生产提高了，而排放也下降了。据估计，

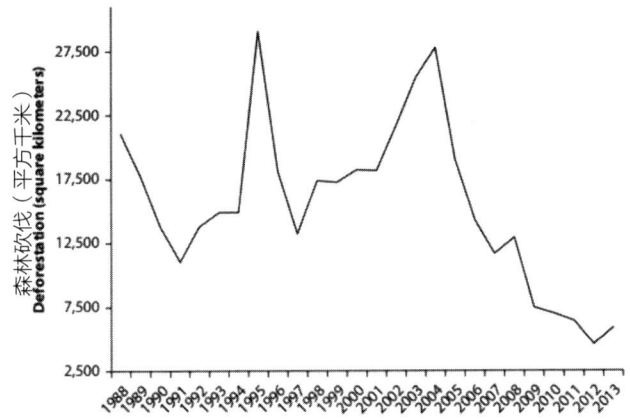

图 1.1 巴西亚马逊地区年度森林砍伐率（1988-2013）

* 来源：所有数据均来自官方的 National Institute of Space Research（INPE）数据。

* 注意：图中的数据仅仅代表巴西的亚马逊流域，该区占整个亚马逊雨林的 60%。

森林砍伐的减少使得巴西的全球变暖污染量减少了近 10 亿吨。[33]
借助于复杂的遥感技术和地面调查而形成的卫星图片显示，亚马
逊的森林砍伐现象确实好转了，挪威已经将全部的 10 亿美元拨
给了亚马逊基金，德国和巴西石油公司现在也步入了支持者的行
列。挪威与巴西之间的协议已经延长至 2021 年。

　　巴西和挪威的护林减排协议虽然也存在局限性，但总体而言
是成功的。"只为成功买单"的创新结构需要进一步优化。全球
发展中心（The Center for Global Development）的南希·博德
塞奥（Nancy Birdsall）、威廉·塞伍得夫（William Savedoff）
和弗朗西斯·塞蒙（Frances Seymour）对护林减排进行了深入
研究。他们认为，巴西政府在挪威的支持下，增强了当地环保人

士的合法地位和力量，促进政府采取更强有力的措施，应对森林砍伐，削弱商品制造商在森林砍伐方面的动机。[34] 同样的，挪威在护林减排方面发挥了冠军和主角的作用，还通过提供"只为成功买单"型发展援助，对融资方式进行了创新，对创新金融做出重要贡献。

有趣的是，与当初构想的不同，挪威－巴西协议最终并没有依赖于可交易补偿这种市场行为，这或许是该协议取得了早期成功的重要原因。同其他发展中国家一样，巴西也反对补偿交易的做法，因为如果允许富国向发展中国家购买污染的权利，而不去减少本国排污，这似乎是放过了富裕的国家。发达国家和发展中国家之间的这种紧张情绪已经酝酿了几十年，在很多领域都是如此。较为富有的国家通过不可持续的发展完成了工业化，但是却不鼓励发展中国家这样做，新兴国家一方面挑战着这一双重标准，另一方面，也开始在它们的自身发展中寻求更多的自主权。在气候变化领域，最近一次提到这一问题是在 2015 巴黎的联合国气候大会上，我们将会看到，这个争论将一直持续，并成为发达国家和发展中国家都需要去优先解决的问题。[35]

得益于和挪威在护林减排方面的合作，巴西实际上已经能够设计并拥有自主的低碳发展模式了，在发展过程中，这是迈向"主权"（主动权）的重要一步。[36] 为了实现这一目标，巴西国家发展银行扮演了一个重要的可信任第三方角色。作为一家巴西的银行，它拥有不受挪威影响的决策权和执行力。同样，它也独立于巴西政府，这使得挪威和其他捐助国能够相信，与向政府直接提供资金的传统援助方式相比，通过巴西国家发展银行运作，政治因素对资金使用的影响程度要小一些。尽管也有存在对巴西国家发展银行的批评之声，尤其是批评它不能迅速地促成、评估和发展一系列与亚马逊基金任务相匹配的项目，但是总体而言，它在创新型金融管理方面培养了所有参与方的相互信任和自身的可信度。[37]

护林减排协议并不是没有任何问题，也并非高枕无忧。对于刚刚涉足该领域的国家而言，监控和评估森林砍伐以及二氧化碳排放量的减少是比较困难的。这要求确立正确的基线或者参考值，还需要利用卫星进行准确验证，确定可测量的既定目标。实际上，项目的成功依靠数据评估的准确性和可信度。这个说得容易做起来难。

对巴西护林减排协议持批评态度的人认为，难以证明护林减排协议与森林砍伐之间的因果关系。确实，巴西的森林砍伐率在2008年之前就已经开始下降；它已经在向低碳发展迈进了。我们很难确定护林减排协议是否，抑或在多大程度上促进了巴西森林砍伐的进一步减少。这一点很重要，因为护林减排资金本身就属于额外的援助，其目的是为了促进森林管理的进步，实现更加可持续的发展，这是所有创新金融的功能。

也有人对经济学家口中的"漏洞"表示担心：在一个地方保护森林却会导致另一个地区森林被砍伐。巴西可能在某一地区推行护林减排项目，致力于减少森林砍伐；但是同时，也可能在其他地区向巴西国家发展银行借款，进行大型的发展项目，例如修建水电站、道路等基础设施等，而这些都会对森林和当地居民造成破坏性影响（为防止漏洞的出现，护林减排的措施通常是全国性的）。问题在于，护林减排怎样融入到更大的国家发展战略中。这也是所有创新金融行动应该思考的问题。

最后，护林减排也提出了"只为成功买单"援助在实际操作中如何起作用的问题，也让人们对其自身优缺点进行了思考。优点之一就是它的不干涉态度——让本地的政府和社区自己设计政策和措施，取得最好的效果。它培育的这种自治是创新金融的标志特点。然而，这种有限的安排意味着，我们几乎难以确定本地政府是否诚心诚意地办事，例如，在林区社区缺乏足够的土地、资源或者其他权利的情况下，政府是否与森林社区开展平等合作。尽管"只为成功买单"的本意是想要通过提供激励，来提升政府的治理水平，然而，并没有办法保证实现这个目标。

这让我们想到了印度尼西亚。在 2009 年，印度尼西亚成为率先树立减少温室气体排放目标的发展中国家之一。在印尼，大部分的温室气体排放都源自于砍伐森林。[38] 印尼的主要出口产品，像棕榈油和用于生产纸浆和纸的木材等都是通过烧掉大面积的林地获得的。燃烧森林产生的浓烟对印度尼西亚人民的健康造成了严重的危害。[39] 在 2010 年，印尼和挪威签订了"只为成功买单"的护林减排援助协定，印尼同意实行一系列的政策，来应对森林砍伐难题，包括暂停发放森林开发新许可。

然而，尽管做出了这些承诺，在 2012 年一整年中，印尼的森林砍伐有增无减，不论是合法的还是非法的，而且相关的碳排放也在增长。因此，挪威并没有给予任何补偿。最近，有证据表明印尼的森林砍伐情况和温室气体排放都有所改善，但是仍远远未达到既定的减排目标，即在 2020 年之前，实现碳排放减少26%。[40] 在 2014 年底上台的印尼新政府，将会有机会和挪威重新协商，讨论森林管理基金的相关问题。[41] 护林减排的批评人士认为，执行力的缺失（这就是自由自治的副作用）是"只为成功买单"援助的一大缺陷。达不到目标就没有奖金，但同时，也没有主动去进行罚款或进行其他惩罚。一些人认为，这相当于"不行动就不付钱"，还有更糟糕的评论，说他们"袖手旁观，等待印尼剩余的森林也被烧毁"。[42]

持续的创新：护林减排的新资本

尽管有这些实际存在的治理缺陷，但人们普遍认为护林减排的前途光明，它将更多的资源给了那些致力于可持续发展的国家。然而，虽然护林减排在巴西的发展援助是个令人振奋的成功案例，但是挪威的 10 亿美元仍然是不够的。从某种程度看，这证明了护林减排的成功：护林减排等倡议预计可产生的减排总"供给"（为施行护林减排项目做好准备的国家已经排成了长队）是总投资"需求"（即挪威那样提供的项目资金）的 39 倍。[43]

那么，我们如何筹集资金，促使护林减排实现规模化发展呢？

挪威和斯堪的纳维亚半岛的国家（甚至可以包括北欧的国家）是政府发展援助和缓解气候变化的领导者。然而，像挪威这样的特殊国情是可不复制的。挪威通过北海的石油资源积累了大量财富，而且，挪威人口结构单一、数量较少，挪威人民也支持政府使用一部分的财富在领土之外对抗气候变化和贫困问题。据世界银行和联合国估计，缓解和适应气候变化所需的投资远远超过所有官方发展援助和其他精心设计的可使用的项目投资。这意味着，需要扩展排污权交易市场，因为这是发展护林减排的前提。尽管一些发展中国家最初并不欢迎排污权的抵消和交易办法，但是现在有很多国家认为，直接进入资本市场是一个相对自主的方式，方便获得资金以缓解并适应气候变化[44]，这当然也是护林减排规模化的一种途径。此外，随着许多创新措施尝试将护林减排项目引入更广阔的资本市场当中，创新金融的发展也因此大有希望。

有人提议将这种资金——巴西和印度尼西亚最初可以多种方式融资——用于创造一种全球的主权财富基金来遏制森林砍伐。资金的年度支出或者收益就可以投入护林减排行动中。

还有人想将巴西等地的护林减排项目与其他管辖地区（例如加利福尼亚州）的限额交易项目结合起来。他们认为，解决全球变暖需要减少全球的二氧化碳排量；这并不是说只要求加利福尼亚州减少排放，而是需要其他国家，例如巴西，一起遏制森林砍伐。[45] 加利福尼亚州利用排污权限额交易市场，有望引导更多的资金流向护林减排，这也促成了许多创新联盟的产生。例如，美国环保基金会和关注经济效益、社会效益和环境效益的鼓励资本（Encourage Capital）正在发展一个护林减排助力基金（REDD Acceleration Fund），为私人资金提供渠道，投资护林减排升级版的信贷产品。[46] 巴西的阿克里州（Acre）是一个很有前途的信贷伙伴。自2005年以来，该州已经减少了70%的森林砍伐率，它的目标是希望通过护林项目，恢复87%的森林覆盖率，该覆盖面积相当于纽约州的大小。[47]可以通过"混合的"创新资金来源，为护林减排助力基金筹集启动资金，例如寻求合规性补偿的企业，提供补贴及第一损失担保的慈善家，以及影响力投资人等。加利福尼亚州决定允许护林减排升级版信贷产品进入资本市场，然而，护林减排助力基金希望能够进一步促进该领域的市场发展，通过向决策者发出信号，告诉决策者，投资人已经做好准备，去购买补偿类信贷产品（需求），而相关的减少碳排放项目也已准备就绪了。

绿色债券和规模化发展

正如我们在护林减排项目中看到的，当我们吸引额外的私人资本来投资可持续发展项目时，扩大投资规模的希望基本上取决于两点：一是排污权的价格，二是减排权交易市场的发展。我们在一步一个脚印地朝着目标前进。然而，与此同时，在金融领域常见的固定收益产品却在逐渐扩大规模。当前的债券市场的规模约为100万亿美元。相应地，银行、政府、多边组织和公司都开始通过绿色债券来进行筹资，投入发展环境友好型的项目。这种新型的资本类型可以在创新金融上给我们什么启示呢？我们可以用它来解决大规模的市场失灵问题吗？

绿色债券确实是人们讨论最多的新型固定收益产品。2014年，绿色债券发行量破了历史纪录，超过了350亿美元，相当于前一年的三倍（见图1.2）。[48] 虽然有人曾期待这种增长势头能够在2015年继续保持（可能会达到1000亿美元），但是，2015年的情况似乎与2014年持平，新发行的债券规模在410亿美元。

"在市场里，趋势决定一切。"气候债券倡议（Climate Bonds Initiative）的首席执行官肖恩·柯德尼（Sean Kidney）如是说。该机构是个非营利性组织，主要业务是追踪绿色债券市场的增长情况。[49]

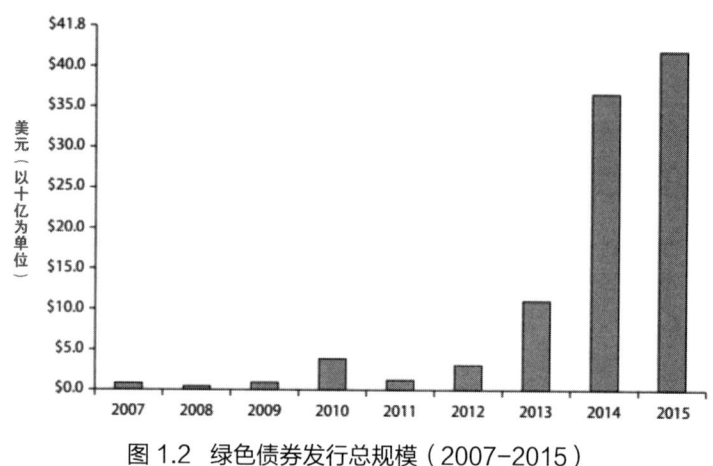

图1.2　绿色债券发行总规模（2007-2015）

* 来源：气候债券倡议

那么，绿色债券到底在朝着哪个方向发展呢？又为什么会这样呢？我们将会寻找这些问题的答案，但是首先，我们需要搞清楚几个定义。

债券，无论是绿色债券还是其他类型，都属于一种负债或贷款，但是有着多方所有者或者出借人，它们是政府或者公司发行的欠条，确保出借人能够在收回成本（即本金）的同时，获得额外（固定）的利息。从投资人的角度，债券比股票更安全，股票会随着公司发展的起伏而涨跌互现。债务相对安全，债券可以交易并且具有流动性，这些都意味着每年有更多的资金流向债券市场，而非股市。2014 年，美国企业发行的债券总量超过了 1.4 万亿美元；而首次公开发行的股票大约有 1000 亿美元。

绿色债券，又称气候债券，是由政府或者企业为了缓解气候变化、适应气候变化等项目筹资而发行的债券，后来也包括其他环境友好型项目的债券。债券持有人可以得到他们所支持的环保项目的收益。

在 2007 年，为了满足一小部分欧洲养老基金投资人的投资偏好和保护环境的需求，世界银行创造了一个新的安全机制，能够限制或者引导资金流向满足其环保需要的项目。于是，绿色债券就这样应运而生了。从那以后，世界银行先后以 18 种货币发行了超过 82 亿美元的绿色债券。迄今为止，数额最大的一笔是 2015 年 1 月发行了 6 亿美元的绿色债券。国际金融公司（International Finance Corporation）已经共计发行了 37 亿美元的绿色债券。两家机构是绿色债券市场的先锋，利用他们的资产负债表和 AAA 评级，来引导资金投向一系列绿色发展项目当中。

事实上，这些绿色债券募集的资金可以有多种用途。世界银行第一笔绿色债券被用于资助开发印度尼西亚的地热能源、秘鲁的农村太阳能、墨西哥的免费节能灯泡和突尼斯的灌溉水资源有效利用。最近几年，世界银行在发行债券的类型方面变得更富创造性。例如，在 2015 年 1 月，在与法国巴黎银行的合作当中，它关闭了针对欧洲零售投资人发行的首只绿色增长债券（Green Growth Bond），而创造性地发行了与股票相关的绿色债券，并由此募得 9100 万美元，用于发展气候友好型项目。[50]

今天，全世界各个国家都在发行绿色债券。在美国，除了马萨诸塞州、夏威夷、纽约和加利福尼亚州的州政府发行了绿色债券之外，还有个别市政府也发行了，包括华盛顿州的斯波坎市、华盛顿特区以及北卡罗莱纳州的阿什维尔市等。纽约市的审计长斯科特·斯特林格（Scott Stringer）鼓励发行绿色债券。[51] 在大西洋的另一边，瑞典、哥德堡和斯德哥尔摩也已经发行了绿色债券。在 2014 年，约翰内斯堡发行了非洲首只市政绿色债券，用于太阳能、发展可持续交通和沼气项目的融资。在 2015 年 4 月，印度耶斯银行（Yes Bank）卖掉了印度的首只绿色债券（《金融时报》称其为首只绿色"玛莎拉债券"），[52] 中国正准备放开融资市场，治理污染问题，人们都期待着它能够极大地改变绿色债券的发展前景。

在 2013 年 6 月，马萨诸塞州成为美国第一个发行绿色债券的州。债券超额认购了 1 亿美元，其中有许多新的机构投资人和个体投资人，这拓展了该州的投资人基础，并加强了投资资金的多样化，这也是该州发行债券的目的之一。事实上，在那些成千上万的认购订单当中，有许多都来自个体投资人，他们很愿意投资绿色债券，以支持当地政府的环境保护工作。从这个意义上讲，我们可以说，绿色债券提供了一种途径，使个体投资人参与到具有社会效益或环境效益的"任务"中来。这些绿色债券广泛存在于超级整治工程、河流复兴、栖息地保护和恢复、能源效率、公共建筑的保存、干净的饮用水和供水系统等各个领域。[53]

在 2014 年，在绿色债券发行人方面，政府和公司逐渐代替了发展金融机构，例如世界银行和国际金融公司等。美国银行（Bank of America）在 2013 年 11 月发行了首只价值 5 亿美元的企业绿色债券，用于投资可再生能源开发项目，包括风能、太阳能和地热资源等，以及各类节能项目，例如照明改造、热电联产，并在居住区、商业区和公共区域建造隔离带等。首只绿色债券被用于投资洛杉矶市的 4000 万美元的 LED 街灯改造项目（这是世界上最大的 LED 街灯改造工程），以及奥克兰的照明改造工程。2015 年 5 月，美国银行发行了第二只价值 6 亿美元的绿色债券，投资可再生能源和节能工程。这是该机构 700 亿美元投资的一部分，用于长年推进低碳经济发展，"通过借贷、投资和促进资本流通等服务，为全世界的客户提供建议和解决方案"。针对每一个融资项目，美国银行都进行了跟踪，通过全球变暖（二氧化碳减排的公吨量）、节省的水资源、节约的能源以及产生的能源等数据，来预测其年度收益。2015 年 6 月，摩根士丹利自主发行了 5 亿美元的绿色债券。虽然这个公司已经认购了无数只来自多边发展银行、企业和自治市的绿色债券（截至 2015 年 6 月，完成了 27 只绿色债券的交易），但这还是它第一次自己发行债券。该债券募得资金将会投向 LED 照明改造等节能工程。[54] 除了金融服务公司，一些能源公司也发行了绿色债券，例如法国 EDF 电力集团，债券募得资金将用于可再生能源工程，例如风能农场、太阳能和沼气。[55]2014 年，丰田发行了首只汽车工业消费者融资绿色债券，所募得的 17.5 亿美元将用于投资混合动力车丰田普锐斯（Prius）等绿色车辆的消费者贷款和租赁。[56] 其他公司在自己的绿色债券上有着更多的创新。例如，美国最大的家用太阳能发电安装公司太阳城（SolarCity），是美国第一家使太阳能"债券化"的公司，还发行了有资产担保的绿色证券。

这些活动为我们带来了哪些关于创新金融的启示呢？绿色债券可否在可再生能源投资方面填补资金缺口呢？它们能吸引额外的资金到投资环保领域吗？它们能帮助降低风险较高的绿色投资的成本吗？它们能根本解决市场失灵吗？

对于新手来说，值得注意的是绿色债券是不打折的。它们并不比传统的债券便宜，投资人并不会损失收益或者回报。对于这些投资人来说，相对于传统债券，他们之所以选择投资绿色债券，更多的是为了环保。[57]绿色债券的购买者经常认为，绿色债券的风险较小，因为他们是用来对冲天气变化或未来监管的，相当于为他们的投资组合提供了一种"减碳"方式。然而，大部分情况下，越来越多的机构投资人希望出资满足企业的环保需要，或者说是出于自愿，或处于合规的目的，展示自身企业在社会或环境方面的影响力，同时，绿色债券的经济回报仍属于可"投资级别"之内（与市场利率相等）。当世界银行第一次发行的绿色债券供不应求，马萨诸塞州的绿色债券被超额认购时，发行机构意识到了，投资人想要一个绿色的标签。因此，在某种程度上说，提供或者拥有了绿色债券，就仿佛签署了《联合国责任投资原则》（UN Principles for Responsible Investment）那样令人期待的协议。这些都是自愿的承诺，不要求或者不需要采取具体的行为。因为对于什么才能够实现"绿色"，并没有清晰的定义。

标准债券有着非常清楚的风险评级（例如 AAA 级和 Aaa 级），但是我们对于债券的"绿色"特性却没有定义及评级。截至目前，绿色债券广泛发行于基础设施和能源工程领域，但是所谓的"绿色"是债券持有人眼中的绿色。以水电为例，在世界银行看来，小型水电站是可再生的，因此是绿色环保的，而大型水电站不是。公司、银行和政府都自愿报告了其债券的环境影响，但是又各执己见。一些人认为应该对环境影响力或者环保价值进行更准确的定义或评级，例如使用浅绿色或者深绿色，或者使用绿色评分来匹配贷款评级；另一方面，有人反对说，这种评价会减慢或者限制供给方，用产业的行话来说，这会降低流动性。那些投资等级普通的债券，正是由于其简便的特性，才容易在市场上进行买卖的。

尽管绿色债券发展迅猛，但是其债券的市场份额只有 2%。提倡更精确定义"绿色"的人声称，标准化和由此产生的可信度是进一步扩展市场的关键。缺乏更为清楚的绿色评级已经使投资人困惑不已，也导致绿色债券最近的发展势头有所减缓。[58] 有许多不同的行业单位正在研究这个难题。气候债券倡议已经为可再生能源、建筑、土地利用、生物燃料和交通制定了标准。

在 2014 年和 2015 年，摩根大通、美国银行、美林证券、花旗银行、法国农业信贷银行、高盛、汇丰银行和瑞典北欧斯安银行（SEB）等投资银行联合起来，与美国环境责任经济联盟（Ceres）合作，制定了自愿准则，通过《绿色债券原则》（Green Bond Principles），来"促进透明、公开和诚信"。[59] 这个指南，就像《联合国责任投资原则》一样，确定了能够广泛应用于市场的项目类别，为发行者提供了指南，给投资人提供了评估工具。不过，这些原则并没有限定或者排除任何类别（2016 年，穆迪评级公司提出了一套新的办法，向发行人发放评分卡，用于管理其绿色债券并上报相关情况）。在大部分情况下，银行认为个体发行人将会决定他们自认为的绿色债券，并且让市场决定，债券究竟绿到何种程度，是否需要进行购买。

相应地，大部分发行人都会主动汇报其绿色债券的影响力，他们引用的指标包括：所生产的可再生能源的兆瓦数、二氧化碳减排的吨数或者再造森林面积。例如，美国银行公布了其首只绿色债券资助的所有项目的信息。其中包括上文所提的洛杉矶市的街灯改造工程，新的街灯节约了 63% 的能源，每年减少了 47583 吨的碳排放。绿色债券还资助了加利福尼亚的安提阿学区（Antioch Unified School District），为 24 个学校购买了太阳能板，安装了节能照明灯，进行了暖通空调系统的升级。这些投资是为了在发电的同时，创造额外的利润，同时节约能源。在其 25 年的使用期限中，该工程预计能够为该地区节省 3440 万美元。据估计，该工程产生的环境效益可能包括：二氧化碳减排 7700 公吨、节约用水 206000 升、避免产生 103 公吨的无害废料、通过提升能源效率从而节约 1700 兆瓦时的能源、太阳能项目能产生 8700 兆瓦时的能源等。[60]

除了关于未来市场增长的问题，还有对"绿色"缺乏严格定义、汇报和影响评估属于自愿性质等问题，这也使我们不得不考虑其附加性的问题：绿色债券是给那些原本不会出现的工程领域投入了新的资本吗？它们能够降低高风险或者替代性低碳技术的投资成本吗？这种降低成本的方法能够像它们的支持者所希望的那样，有可能"资助一场绿色能源革命"吗？[61] 抑或，它们仅仅是为一些重要的基础设施投资筹集资金——就像过去的战争债券或者其他主题债券那样——却并没有从根本上解决负面外部效应、气候变化背后的市场失灵等问题。

批评家指出，许多债券的答案可能是后一种。例如，在 2014 年，麻省理工学院对其所发行的、用于建造节能型建筑的债券进行了再融资，然而，这些新的资金用到了别的地方，也并没有产生新的环境效益，但是，麻省理工学院仍将新发的 3.7 亿美元的债券称作绿色债券。[62] 还有一件事情也引起了争议。马萨诸塞州宣布将使用一部分绿色债券在接近波士顿的塞勒姆大学建造一个拥有 725 个车位的停车场。该州声称这个停车场将会包含电动车充电站；为拼车旅行的人提供停车服务；减少汽车污染，因为现在学生要绕着校园寻找停车位。但是，一些环保主义者仍然对此质疑，因为停车场依然在鼓励人们开车，而开车是温室气体排放的主要来源之一。[63]

我们已经将创新金融定义为以新的或者不同的方式解决问题的资金来源。通常，这意味着，可以降低那些需要额外投资的项目成本。这个方法就像是"看得见的手"，能够引导市场向不同的方向发展。我们将在本书中看到无数这样的案例，就像国际免疫筹资基金的疫苗债券，这个我们在本书的开篇就提过。当谈及气候变化时，我们会希望能借助于低成本资金，来投资低碳技术的创新项目。到目前为止，市场仍然很年轻，我们还没有看到这一切的发生。例如，东京的绿色债券，并没有促使汽车公司投资更多的混合动力车或者是下一批低排放技术。

批评家们肯定地指出，如果绿色债券没有开始吸引额外资金，或从根本上应对市场失灵和负面外部效应等问题，那么，它们就有可能成为一种百万美元的公关活动，以此向公众表示发行者对减缓气候变化所做的承诺，但却不付出任何实际行动。或者委婉一点说，绿色债券有可能成为战争债券最后的化身，或其他主题债券的化身，其实，它是政府和企业长时间以来一直在使用的一种为债务进行融资的方式。支持者则会反驳说，绿色债券是非常重要的环节，它有助于人们意识到可持续发展的重要性，了解低碳投资所起的作用，并在此过程中，实现投资组合管理。

在许多方面，绿色债券的争论都围绕着"数量"和"质量"的得失问题而展开，接下来我们还会重新讨论这个主题。我们所面临的社会和环境的巨大挑战要求对等的投资水平，而这超出了政府和慈善所提供的资源。然而大量涌入的私人资金并不总是能修正我们想要解决的市场失灵问题：在这种情况下，更多的资本需要被真正投入到低碳技术或者其他气候变化缓解和适应的解决手段中。在本章的开篇，我们就谈到了气候变化问题的影响规模异常，尤其是海平面上升、极端天气等问题，还谈到了这些问题将会对全球人口的农业、健康和迁徙问题带来什么样的影响。尽管缓解全球变暖所花费的代价极高，减少温室气体排放所需的投资很高，但是我们非常清楚，不作为的代价将会更高，灾害性将会更强；也就是说，应该预防为主，治疗为辅。创新金融使我们能够在预防问题上下功夫。

环保股权投资

尽管在这里，我们讨论的是绿色债券，但是，当谈到气候变化和资本市场时，不论是公募，还是私募，都是发展创新金融极富前景的领域。

多年以来，当我们说到社会责任投资时，我们本质上谈论的是一个"排查"的问题：通过社会责任投资，从我们的投资组合中剔除那些从事不良活动的上市公司的股票，尤其是烟草、博彩或者军火生意的公司。随着时间的推移，环境、社会和治理等基本指标逐步形成，公司可以通过这些指标来衡量自身表现，投资人也可以以此作为基准进行响应评估：剔除在三个方面得分较低的公司，或者主动选择那些高分公司。更加活跃的环境、社会和治理等措施、完整的指标和可持续性评级以及新的会计制度接踵而至，为投资人带来了更好的数据，通过改进后的新平台进行发送，包括无处不在的彭博终端机。总体看来，美国的社会责任投资的资产规模大约在 3 万亿美元。

不过，环境、社会和治理措施只是整体中的一个方面。近年来，许多投资人已经开始积极地将资本投入到具备环保意识和发展意识的公司和基金当中，因为他们致力于推进环保目标、生产环保产品和支持服务长期的可持续发展。这方面的领导机构包括世代投资管理公司、鼓励资本（前身为 EKO）、平衡资本、SJF 投资公司和摩羯投资（Capricorn），以及世界各地的许多清洁技术和能源领域的投资人和大型慈善机构。

在多数情况下，抛开这些投资人所关注的具体产业，例如能源、水资源、农业、渔业、污染市场等等，每家机构都对"可持续投资"的理念表示认可，也就是说，它们会从发展的眼光去看待成本和收益问题，还会将外部影响进行内化，并重视社会和环境产品。这意味着，它们会产生对风险的不同认识：现在，房产开发商、保险公司、农业和其他工业正面临着海平面上升和极端天气带来的现实风险；排污权定价将会带来监管层的政策风险，令拥有煤或石油"搁浅"资产的成本变得极高，也令维持高耗能的运营方式的成本变得极高；随着公共舆论和投资人偏好的改变，污染还会带来声誉风险。这些基于可持续性发展的计算方式鼓励了更多的捐赠机构、养老基金和其他大型投资机构促进其投资组合的低碳化。例如，在联合国环境计划署融资方案（UN Environment Program's Finance Initiative）以及瑞典养老基金 AP4 的领导下，拥有 12 名会员的投资组合脱碳联盟（Portfolio Decarbonization Coalition），有望很快地将它 450 亿美元的脱碳资严翻一番。而其他的机构，包括投资人联盟，在中介的帮助下，也在清洁能源和技术方面寻找好的投资机会和有前途的公司，来推进低碳投资的发展。* 2015 年，世代投资管理公司发布了人们期待已久的十年业绩报告。报告显示，该机构年收益率平均为 12.1%，比广泛使用的 MSCI 全球指数（MSCI World Index）的标准高出 500 个基点（年收益率为 7%）。换句话说，可持续发展理论赢得了胜利。随着股票和债券逐渐扩展创新金融的工具组合，这种业绩数据只可能进一步推动活跃的投资人运动向前发展。

　　*例如，参见《情况报道：奥巴马政府宣布在私人领域和行政措施方面投入 40 多亿美元以扩大清洁能源创新的投资规模》，白宫新闻秘书办公室，2015 年 6 月 16 日，https://www.whitehouse.gov/the-press-office/2015/06/16/fact-sheet-obama-administration-announces-more-4-billion-private-sector。

　　我们已经审视了早前政策引导的创新金融成果的演变过程：使用基于市场的方法解决市场失灵，基本上是给外部效应定价，然后对某一公共产品赋予货币价值，例如干净的空气、湿地或者是健康的鱼群。通过对该权利进行动机整合、建立财产所有权和支付机制（比如，对不排放二氧化硫或碳给予补贴，或者对不使用拥挤的航空空间给予补贴）。决策者们可以创造出一片市场，在发展和其他长期的社会环境目标之间取得平衡、互相促进。护林减排展示了即使缺乏一个成熟的碳市场，对不污染进行补贴（就像对不砍伐树木的补贴）也可以强化可持续发展。

护林减排也展示了"只为成功买单"的资助的一些较大的优势和局限性：在巴西的案例中，它创造了正确的资本动力来防止砍伐森林，基于确切的成绩表现给予资金支持。另外，它还培养了巴西人的自治精神，他们可以自主决定保护森林的最佳方式。在印度尼西亚的案例中，森林砍伐仍然继续，我们看到这种自由放任方法的局限性："只为成功买单"资助方式只能鼓励，而不是强制实施良好的治理。当面对气候变化缓解和适应时，它仍然是发展创新金融极有前景的一个领域，众多新兴的项目（例如甲烷拍卖设备试点、森林恢复力影响债券等）都表明进一步开发获利颇丰。除了气候变化，我们还会在后面的章节中再次探讨"只为成功买单"资助方式的具体表现。

尽管"只为成功买单"的资助在护林减排方面前途无限，但是一谈到规模化的问题就回到了起点。即使是设计最完善、意图最善良的发展援助也不足以支撑我们更广泛的可持续发展愿景。无论是政策引导，还是出于控制更广泛的资本市场的需要，重启碳市场对创新金融至关重要。我们已经观察了一个很"热"，可能有些过热的方法，即绿色债券。但是仍然有许多其他的方法——包括在股票市场中的方法——可以帮助我们对抗气候变化。在接下来的一章中，在检视全球健康问题的挑战和解决办法中，我们会开始研究这个更大的创新金融工具组合。

注 释

1. "Laudato Si' of the Holy Father Francis on Care for Our Common Home" (encyclical letter), The Vatican, June 18, 2015, http://i2.cdn.turner.com/cnn/2015/images/06/18/ papa-francesco_20150524_enciclica-laudato-si_en.pdf.

2. Intergovernmental Panel on Climate Change, "Climate Change 2007: Synthesis Report: A Summary for Policymakers," http://www.ipcc.ch/pdf/assessment-report/ar4/ syr/ar4_syr_spm.pdf; "Climate Change 2007: Working Group I: The Physical Science Basis," http://www.ipcc.ch/publications_and_data/ar4/wg1/en/spmsspm-understanding-and.html; and "Climate Change 2014: Synthesis Report," http://www.ipcc.ch/report/ar5/ syr/.

3. The International Energy Agency has estimated we need to invest as much as $900 billion to $1 trillion a year above current levels. International Energy Agency, "Energy Technology Perspectives 2014: Harnessing Electricity's Potential," OECD/IEA, http:// www.iea.org/publications/freepublications/publication/EnergyTechnology Perspectives_ ES.pdf. The Copenhagen Accords pledged $100 billion per year for climate finance.

4. See, for example, Nicholas Stern, *The Economics of Climate Change: The Stern Review* (Cambridge: Cambridge University Press, 2007); and "12 State Reports: Cost of Inaction," Environmental Defense Fund, 2008, http://blogs.edf.org/ climate411/2008/07/24/12_states_cost_of_inaction/?_ga=1.258795082.1980583505.143 3452417. See also http://cier.umd.edu/climateadaptation/index.html

5. Tail events—those that come at the far end of the probability distribution curve— are extremely unlikely, but when they occur, powerfully consequential. Economists Martin Weitzman and Gernot Wagner argue that climate change–related tail events would be "profound earth-as-we-know-it altering changes" with massive declines in global GDP (perhaps 30 percent) for starters. They therefore argue for policies that cut off the tail by reducing or eliminating the possibility of these highly catastrophic events (e.g., limiting temperature increase to 2 percent versus, say, 5 or 6 percent). Gernot Wagner and Martin L. Weitzman, *Climate Shock: The Economic Consequences of a Hotter Planet* (Princeton, NJ: Princeton University Press, 2015). See also Martin L. Weitzman, "On Modeling and Interpreting the Economics of Catastrophic Climate Change," *Review of Economics and Statistics* 91, no. 1 (2009), 1-19; for a critique, see William D. Nordhaus, "The

Economics of Tail Events with an Application to Climate Change," *Review of Environmental Economics and Policy* 5, no. 2 (2011), 240-257.

6. Finance and risk management professor Nassim Taleb popularized the term *black swan* to describe the kind of unlikely, unexpected, and highly damaging tail events that led up to the 2008 financial crisis. Nassim Nicholas Taleb, *The Black Swan* (New York: Random House, 2010).

7. The most robust assessment of the risks of climate change and the threats to the economy in the United.States—increased flooding and storm damage, altered crop yields, lost labor productivity, higher crime, reshaped public-health patterns, strained energy systems—appears in Trevor Houser, Solomon Hsiang, Robert Kopp, and Kate Larsen, *Economic Risks of Climate Change: An American Prospectus* (New York: Columbia University Press, 2015).

8. Garrett Hardin, "The Tragedy of the Commons," *Science* 162, no. 3859 (1968): 1244.

9. Arthur Cecil Pigou, *Economics of Welfare* (London: Macmillan, 1932).

10. Formally known as the Sveriges Riksbank Prize in Economic Sciences.

11. See, for example, Ronald Coase, "The Problem of Social Cost," *Journal of Law and Economics* 3 (1960): 1–44.

12. See, for example, Franklin Allen and Glenn Yago, *Financing the Future: Market Based Innovations for Growth* (New Jersey: Prentice Hall 2010), 137.

13. Nathaniel O. Keohane and Sheila M. Olmstead, *Markets and the Environment* (Washington, DC: Island, 2007),185–89.

14. Ibid., 185.

15. Robin Finn, "The Great Air Race," *New York Times*, February 22, 2013.

16. Keohane and Olmstead, *Markets and the Environment*, 202.

17. Ibid.

18. See Regulatory In-Lieu Fee and Bank Information Tracking System, https://ribits.usace.army mil/ribits_apex/f?p=107:2.

19. "The State of World Fisheries and Aquaculture," Food and Agriculture Organization of the United Nations, 2008, ftp://ftp.fao.org/docrep/fao/011/i0250e/i0250e.pdf.

20. See, for example, Franklin and Yago, *Financing the Future*, 139.

21. By some estimates, New Zealand's IFQ markets have halved the collapse rate for

fisheries. Christopher Costello, Steven Gains, and John Lynham, "Can Catch Shares Prevent Fisheries Collapse?" *Science* 321, no. 5896 (2008): 1678–81; Environmental Defense Fund, *Sustaining America's Fisheries and Fishing Communities: An Evaluation of Incentive-Based Management* (New York: Environmental Defense Fund, 2007), 4, 18.

22. See, for example, the case of FISHE, http://www.edf.org/towards-investment-sustainable-fisheries, and also the work of EKO Asset Management Partners (now Encourage Capital), the Rockefeller Foundation, and Bloomberg Philanthropies, among others. See also, for example, David Bank, "Financing Sustainable Fisheries with Impact Investments," *National Geographic* (March 19, 2014); http://voices.nationalgeographic.com/2014/03/19/financing-sustainable-fisheries-with-impact-investments/ and Cristina Rumbaitis Del Rio, "Impact Investors Dive Into Oceans," Rockefeller Foundation, July 24, 2014, https://www.rockefellerfoundation.org/blog/impact-investors-dive-into-oceans/. We see here initiatives to forge fishery loans, investment funds, improvement projects, and efforts to increase allowable catch (and revenues) through long-term purchase agreements.

23. See, for example, Elinor Ostrom, *Governing the Commons: The Evolution of Institutions for Collective Action* (Cambridge: Cambridge University Press, 1990).

24. Eric Pooley, *The Climate War* (New York: Hachette Book Group, 2010); Ryan Lizza, "As the World Burns," *New Yorker*, October 2011 http://www.newyorker.com/magazine/2010/10/11/as-the-world-burns; Theda Skocpol, "Naming the Problem: What It Will Take to Counter Extremism and Engage Americans in the Fight Against Global Warming" (paper delivered at the Symposium of the Politics of America's Fight Against Global Warming, Harvard University, Cambridge, MA, February 2013), http:// www.scholarsstrategynetwork.org/sites/default/files/skocpol_captrade_report_january_2013_0.pdf.

25. "Putting a Price on Risk: Carbon Pricing in the Corporate World," Carbon Disclosure Project, September 2015, https://www.cdp.net/CDPResults/carbon-pricing-in-the-corporate-world.pdf. See also "Why Companies Need Emission Reductions Targets," Carbon Disclosure Project, 2014, https://www.cdp.net/CDPResults/Carbon-action-report-2014.pdf.

26. David Gelles, "Microsoft Leads Movement to Offset Emissions with Internal Carbon

Tax," *New York Times*, September 26, 2015.

27. "State and Trends of Carbon Pricing," World Bank, 2014, http://www-wds. worldbank.org/external/default/WDSContentServer/WDSP/IB/2014/05/27/000456286_ 20140527095323/Rendered/PDF/882840AR0Carbo040Box385232B00OUO090.pdf.

28. "Carbon Pricing Watch 2015: An Advance Brief from the State and Trends of Carbon Pricing 2015 Report, to Be Released Late 2015," World Bank, 2015, http:// documents.worldbank.org/curated/en/2015/05/2452897 7/carbon-pricing-watch-2015- advance-brief-state-trends-carbon-pricing-2015-report-released-late-2015.

29. See, for example, Denny Ellerman and Paul L. Joskow, *The European Union's Emission Trading System in Perspective* (Arlington, VA: Pew Center for Global Climate Change, May 2008); Arthur Nelson, "European Carbon Market Reform Set for 2019," *Guardian*, February 25, 2015, http://www.theguardian.com/environment/2015/feb/24/ european-carbon-emissions-trading-market-reform-set-for-2019.

30. In the climate change community, much of what we explore in these pages has come to be known as REDD+, reflecting a broader set of activities going beyond strictly deforestation and forest degradation to include the role of conservation and sustain-able management of forests and carbon stocks. Whereas REDD originally referred to "reducing emissions from deforestation in developing countries" (UNFCCC Document FCCC/CP/2005/5), REDD+ has been expanded to include a broader range of activities: "reducing emissions from deforestation and forest degradation in developing countries, and the role of conservation, sustainable management of forests, and enhancement of forest carbon stocks in developing countries" (http://unfccc.int/resource/docs/2012 /awglca15/eng/05.pdf). For simplicity and narrative purposes, we refer to all of this as REDD. It is worth noting that REDD is not the first innovative finance effort to try to stem deforestation, not the first to use pay-for-success. The debt-for-conservation swaps of the 1980s attempted to use loan forgiveness as a way to incent countries to reduce deforestation. These kinds of debt instruments are explored further in the chapter on health.

31. Mark R. Tercek and Jonathan S. Adams, *Nature's Fortune* (New York: Basic, 2013), 24.

32. The UN-REDD Program—created in 2007 by the UN Development Program, the UN Environment Program, the UN Food and Agriculture Program, and a multido- nor

trust fund—now includes forty-nine countries, many of which are receiving funds to prepare "readiness" activities.

33. Using a formula that converts deforested land to CO2 emissions, the Union of Concerned Scientists and others estimate that this change in deforestation translates to approximately 1 billion tons of global warming CO2 pollution. "Brazil's Success in Reducing Deforestation," Union of Concerned Scientists, 2011, http://www.ucsusa. org/global_warming/solutions/stop-deforestation/brazils-reduction-deforestation.html#. VlWyVVZPxAI.

34. Nancy Birdsall, William Savedoff, and Frances Seymour, "The Brazil-Norway Agreement with Performance-Based Payments for Forest Conservation: Successes, Challenges, and Lessons," Center for Global Development, August 4, 2014, http://www. cgdev.org/publication/ft/brazil-norway-agreement-performance-based-payments-for-est-conservation-successes.

35. The Green Climate Fund, created to address some of these North-South ten- sions, made its first investment announcements during the lead-up to the 2015 UN Climate Change Conference in Paris. Established in 2010 at the UN Climate Change Conference in Mexico and charged with channeling $100 billion for climate mitiga- tion and adaptation in developing countries, the Korea-based fund has struggled. Even though it is the largest public climate fund, and one that developing countries had hoped would give them more autonomy in sustainable development investment decisions, it has raised only $10 billion to date and has faced concerns about its own decision-making processes and transparency.

36. Tercek and Adams, *Nature's Fortune*, 141. See also Samuel Fankhauser, "What Is Climate Finance and Where Will It Come From?" *Guardian*, April 4, 2013, http://www. theguardian.com/environment/2013/apr/04/climate-change-renewableenergy.

37. Birdsall, Savedoff, and Seymour, "The Brazil-Norway Agreement with Perfor-mance-Based Payments for Forest Conservation."

38. Indonesia committed to reducing deforestation by at least 26 percent by 2020.

39. See, for example, Tim McDonnell, "This Could Be the Worst Climate Crisis in the World Right Now: Indonesia's Deforestation Nightmare Is Choking Thousands and Making Climate Change Worse," Mother Jones, October 27, 2015, http://www. motherjones.com/environment/2015/10/indonesia-climate-change-fires-palm-oil-el-

nino.

40. Jonah Busch, "Is Indonesia's Flagship Forest Policy Lowering Emissions by Enough to Meet National Climate Targets?" Center for Global Development, January 16, 2015, http://www.cgdev.org/blog/indonesias-flagship-forest-policy-lowering-emissions-enough-meet-national-climate-targets. In April 2015, the World Resources Institute's Global Forest Watch released data (satellite imagery and an analysis from the University of Maryland) showing that rates of deforestation in Indonesia had slowed in 2013.

41. See, for example, "Tree Cover Loss Spikes in Russia and Canada, Remains High Globally," World Resources Institute, April 2, 2015, http://www.wri.org/blog/2015/04/tree-cover-loss-spikes-russia-and-canada-remains-high-globally.

42. Chris Lang, "Are Norway's REDD Deals Reducing Deforestation?" 11 March 2014 http://www.redd-monitor.org/2014/03/11/are-norways-redd-deals-reducing-deforestation/

43. Current sources of potential demand include the California Emissions Trading Scheme, the FCPC Carbon Fund, the BioCarbon Fund, the KfW REDD+ Early Movers Program, and the voluntary market. On stimulating "demand," meaning capital deployment, for REDD+, see "Stimulating Interim Demand for REDD+ Emission Reductions: The Need for a Strategic Intervention from 2015 to 2020," Interim Forest Finance Project, 2014, http://www.unepfi.org/fileadmin/documents/IFF_Report_-_Stimulating_Interim_Demand_for_REDD_Emissions_Reductions.pdf.

44. See, for example, Fankhauser, "What Is Climate Finance and Where Will It Come From?"

45. California's law is called the Global Warming Solutions Act (Assembly Bill 32). The EU ETS allows international offsets from different sectors but not deforestation. California's program is the first to do so. Michele de Nevers, "Can California's Carbon Polluters Save Brazil's Rainforests?" Center for Global Development, August 27, 2014, http://www.cgdev.org/blog/can-california's-carbon-polluters-save-brazil's-rainforests.

46. For the differences between REDD and REDD+ see note 30 in this chapter.

47. Stephan Schwartzman, "Acre: Low-Emissions, High-Growth and Sustainable Development in the Amazon," Environmental Defense Fund, April 17, 2015, https://www.edf.org/sites/default/files/acre_sustainable_development_amazon_2015.pdf.

48. "World Bank Group President: This Is the Year of Climate Action," World Bank, January 23, 2014, http://www.worldbank.org/en/news/feature/2014/01/23/davos-world-bank-president-carbon-pricing.

49. As quoted in Marc Gunther, "Can Green Bonds Bankroll a Clean Energy Revolution?" Yale Environment 360, November 24, 2014, http://e360.yale.edu/feature/can_green_bonds_bankroll_a_clean_energy_revolution/2829/.

50. See "World Bank Raises USD 91 Million with Its Pioneering Green Growth Bond" (press release), World Bank, January 8, 2015, http://treasury.worldbank.org/cmd/htm/PioneeringGreenGrowthBond.html.

51. Mara Gay, "Stringer Calls for Green Bonds in New York," *Wall Street Journal*, September 23, 2015. See also "A Green Bond Program for New York City," Office of the Comptroller, September 2014, http://comptroller.nyc.gov/wp-content/uploads/documents/Green_Bond_Program_-September.pdf.

52. Stefania Palma, "Masala Bond to Fuel India's Green Energy Ambitions," *Finan- cial Times*, October 27, 2015, http://www.ft.com/intl/cms/s/3/4dff77c6-7c98-11e5-98fb-5a6d4728f74e.html#axzz3sXNnR400.

53. "MassGreenBonds: Investing in a Greener, Cleaner Commonwealth, 2013 Series D First Quarterly Investor Impact Report, Quarter Ended August 2013," http://www.massbondholder.com/sites/default/files/files/QE percent20August percent202014 percent20Green percent20Report(1).pdf.

54. See, for example, "Morgan Stanley Green Bond Program," June 9, 2015, http://www.morganstanley.com/articles/green-bond-program/.

55. See, for example, "Green Bond," EDF, http://shareholders-and-investors.edf. com/bonds/green-bond/projects-selected-for-green-bond-financing-285530.html.

56. Jim Henry, "Toyota Financial Services Claims the Industry's First 'Green' Bond," *Forbes*, March 31, 2014, http://www.forbes.com/sites/jimhenry/2014/03/31/toyota-financial-services-claims-the-industrys-first-green-bond/.

57. From an issuer perspective, the additional green compliance or reporting requirements add a few basis points in cost. For the most part, however, issuers absorb these costs; they do not pass them along in issuance fees.

58. See, for example, Todd Cort and Cary Krosinsky, " 'Green' Finance Environ- mental Impact Is Hard to Measure," *Financial Times*, November 4, 2015, http://www.ft.com/

intl/cms/s/0/abeb036c-78a8-11e5-a95a-27d368e1ddf7.html#axzz3r0WQmQ7X.

59. "Green Bond Principles," 2014, http://www.ceres.org/resources/reports/green-bond-principles-2014-voluntary-process-guidelines-for-issuing-green-bonds/view; "Green Bond Principles," 2015, http://www.icmagroup.org/Regulatory-Policy-and-Market-Practice/green-bonds/green-bond-principles/. In addition, to further assist investors as they evaluate green bonds, MSCI/Barclays and others have recently launched green bond indices that score issuers and report on their project selection criteria and management of proceeds to support promised uses. See "Barclays and MSCI Announce Launch of Green Bond Index Family" (press release), November 13, 2014, https://www.msci.com/resources/pressreleases/Barclays_and_MSCI_announce_launch_of_Green_Bond_Index_family_Nov2014.pdf.

60. "Bank of America Issues $600 Million 'Green Bond.' " Bank of America, 2015, http:// about.bankofamerica.com/en-us/green-bond-overview.html#fbid=qMFYWrTttjZ. See also Pricewaterhouse Coopers, "Bank of America Corporation Green Bond Issuance: Use of Proceeds Attestation Report of Independent Accountants as of December 31 2014," Bank of America, http://about.bankofamerica.com/assets/pdf/2014-management-assertion.pdf.

61. Gunther, "Can Green Bonds Bankroll a Clean Energy Revolution?"

62. See, for example, Sean Kidney, "MIT Issues Green Property Bonds to Refinance Green Buildings, $370M, 24 Yr, 3.959% Coupon, Aaae. We Like!" *Climate Bonds Blog*, September 27, 2014, http://www.climatebonds.net/2014/09/mit-issues-green-property-bonds-refinance-green-buildings-370m-24-yr-3959-coupon-aaae-we.

63. Mike Cherney, "'Green Bonds' for a Parking Garage?" *Wall Street Journal*, March 12, 2015.

第二章

健康

如果给排污权定价很难，那么，我们如何给人的生命定价？这是全球发展的道德问题，也是经济问题：我们是否对所有生命的价值一视同仁？如果健康是一种公共利益，我们该如何去维护这种利益？

在不到一代人的时间里，我们已经见证了全球健康领域的重大进步：全世界平均寿命得到了延长，尤其是在穷国；儿童死亡率和妇女难产死亡率已经下降了一半。在对抗全球最易流行但可以预防的疾病方面，我们取得了重大成就：疟疾的全球死亡率降低了 45%，在非洲甚至降低了 50%；肺结核的死亡率自 20 世纪 90 年代以来降低了 40%，HIV／艾滋病的比率自 2001 年以来降低了三分之一。[1] 然而，这些成果的取得并非必然。有些是 GDP 增长的自然结果：收入和财富的增加促进了健康、营养和医疗服务的改善。然而，经济增长并不是我们取得这些成就的唯一原因，我们还应该感谢各地卫生人员的辛苦工作，感谢政府、慈善机构和私人部门的合作。反过来说，在本章中我们将了解到，正是因为一只敢于创新的、看得见的手，才让全球健康领域的诸多举措成为可能，而这只手，就是我们所说的创新金融。

为什么健康投资很重要？

就像国防、教育或者干净的空气一样，公共健康也是一种公共利益。疾病损害个人、家庭、社区甚至国家的福祉。防治传染病，投资治疗研究，让更多人能够享受医疗服务，这些举措为更多的人带来了福利,然而,它们的成本之高常常不利于吸引投资。因此,在优化政府资金在公共健康方面的利用,以及吸引新的自认资本投资健康事业方面,创新金融就有了用武之地。

成本、收益和投资回报

由于缺乏更好的衡量标准,我们在描述可预防的疾病和死亡人数时常常会说,对全球各国造成了多少亿美元的损失,牺牲了多少生产力,增加了多少医疗成本等。例如,疟疾频发大约使我们损失了 GDP 的 1%。[2] 在全球疟疾致死的病例中,有 90% 发生在非洲,每年至少导致 120 亿美元的生产力损失。[3] 从 2006 年到 2015 年,在撒哈拉以南的非洲,因肺结核死亡所导致的经济损失高达 5190 亿美元。[4] 虽然宏观经济损失十分严重,但相比之下,无法衡量的损失更为惨重:疾病让一代又一代人失去了生命。

这些数据提醒我们,尽管我们在集体的公共健康目标方面取得了成就,但是我们要走的路还很长。HIV/ 艾滋病、肺结核和疟疾仍然是撒哈拉以南的非洲最危险的疾病。全世界每年大约有 2.07 亿疟疾病例,导致 62.7 万人死亡。[5] 2013 年,210 万人感染艾滋病病毒。[6] 据世界卫生组织(World Health Organization,简称 WHO)统计,每天约有 1.8 万 5 岁以下儿童死亡,每年的死亡总数高达 600 多万。引起这些死亡的大部分原因都是可预防的:肺炎、痢疾、疟疾和难产并发症。这些儿童大部分生活在最为贫穷、生存环境最为恶劣的地区,没有办法接受高质量的医疗卫生服务。

无论我们怎么计算成本，预防疾病几乎总是比治疗要花费更低，而且，倘若我们坐视不管，所付出的代价反而会更大。如果这话听起来很熟悉，那就对了。有时，从本质上看，预防疾病所带来的公共利益是属于全世界的。传染病像气候变化一样，不受国界的限制。传染性极高的疾病会跨国传播，例如埃博拉或者非典，以及常见的脑膜炎、麻疹等，都是如此。最后两种疾病每年都会夺走成千上万名儿童的生命。

恰恰是因为这些疾病的治疗成本很高，所以，对健康卫生进行投资的经济效益，也就是预防疾病的投资回报率也很高。从疾病和医疗体系的层面，有足够多的数据支持这种观点，对于个人、家庭以及社区而言，通过对健康进行投资，可以使人们得以追求教育和就业等各种机会，同时还能够通过其他方式，发挥人的潜力。[7]投资回报是什么，取决于你衡量的东西是什么。以孕产妇和儿童的健康为例，有证据表明，每投资 1 美元，所带来的回报将超过 20 美元。[8]据全球疫苗免疫联盟估算，它能为投资疫苗的国家带来 18% 的投资回报率。[9]每一种疾病，每一种治疗方式，都有自己的计算方法。比尔·盖茨（Bill Gates）是全球医疗事业最大的个人投资者，他解释说："我们投资全球健康，是因为我们知道，当健康改善时，生活的方方面面都会有所改善……在全球医疗事业中，我们每救助一个人，就可以得到 2000 美元的回报。我认为这很值。我会投入更多。"[10]

既然回报率这么高，我们为什么不投资呢？

在公共医疗领域，市场失灵现象广泛存在。在此，通过探讨为什么我们没有对干预项目进行充分投资、创新金融如何帮助我们解决投资难题等问题，我们将对一部分市场失灵的情况加以解决。

意料之中的是，许多市场失灵出现在医疗技术和药品研发领域。在这方面，高额的成本和长期的研发过程意味着，医药公司没有动机来投资研发那些影响全球最贫穷人口的药物，因为这些药品的消费人群没有相应的购买力，医药公司会赔本。例如，据估计，每年所有发展中国家的疫苗市场总额只有 5 亿美元。[11] 在某种程度上，这也解释了，为什么疟疾每年都会夺走数十万人的生命，而其中大部分都是 5 岁以下的儿童，我们却还没有一种有效的疫苗来对抗像疟疾这种疾病。这同样也是为什么许多疾病夺走了人的生命、肆虐了各个社区、阻碍了经济发展，而我们却没有有效药物的原因。总之，在全球的医疗研发经费中，仅有 10% 投入到了影响全球 90% 人口的疾病研究中。然而，应对全球健康挑战，所需要的不仅仅是诸如药品或者疫苗这样的新技术。这些问题往往还牵涉到和就医等渠道有关的其他阻碍，因为贫穷与幸福生活之间，总是存在着千丝万缕的联系。

为什么选择创新金融？

创新金融非常重要，因为它可以改善我们的融资方式，更好地利用现有资金，并通过克服以往的市场失灵，来释放新的资金来源。最近，公共医疗领域取得的成就很多都是由于政府加大了投入力度，而这在很大程度上得益于联合国千年发展目标的医疗卫生日程安排。在过去的 15 年里，全世界已经投资了 2000 多亿美元来提升低收入国家人民的健康水平。[12] 据估计，从 1990 到 2014 年，全球医疗卫生方面的年度支出从不到 60 亿美元增长到 360 亿美元。[13] 自 2000 年以来，全球共计投入了 2280 亿美元（占所有发展援助资金的 60% 以上），为孕产妇和儿童健康，艾滋病、肺结核和疟疾等疾病问题谋求出路。这些资金主要来自官方发展援助（图 2.1）[14] 以及慈善机构的捐助。（盖茨基金会每年投入数 10 亿美元支持医疗事业发展，它不仅是世界上最大的私人基金会，也成为发展领域内部的一个半官方的机构。[15]）然而，值得注意的是，在这些资金中，绝大部分都是来自中低收入国家自身。在全球医疗方面，每花费 1 美元的援助资金，发展中国家就会投入大约 20 美元。这一点我们要牢记在心。因为当谈到发展医疗卫生事业时，就像其他所有的发展事业一样，许多国家都正在自筹资金，寻找出路，它们想要这样做，也需要这样做。[16] 尽管如此，不论资金是来自本地政府预算还是官方发展援助，我们都很清楚，单靠政府资金和慈善机构捐助，并不足以填补医疗卫生投资的资金缺口。

为此，我们探讨了在不同地区以及不同资产类型中，创新金融试点项目所起的作用，包括纳税、征税、重塑市场的举措、贷款以及类似股权的影响力投资等。

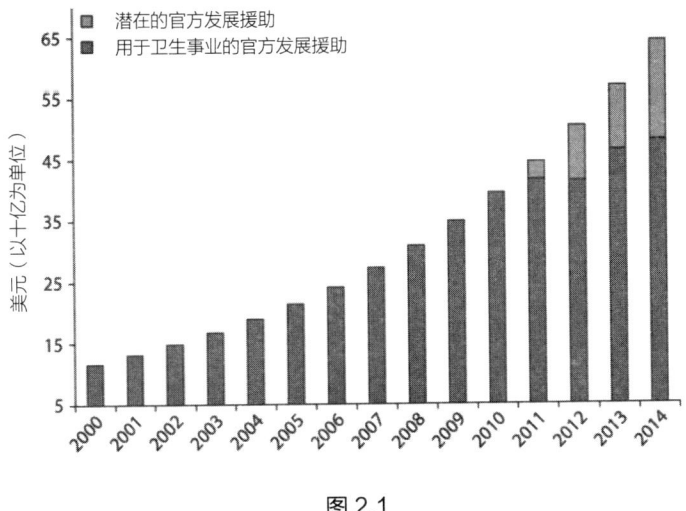

图 2.1

全球健康事业的官方发展援助实际投入与潜在的官方发展援助对比（2000-2014）

★ 来源：健康测量和评估研究所健康发展援助数据库（IHME DAH Database），
2014。

★ 注意：从 2000 到 2010 年，官方发展援助每年的平均增长率稳定在 11.3%。从
2011 年开始，实际的官方发展援助增长幅度比 11.3% 要低得多，这里用浅灰色表示。

全球基金

抗击艾滋病、结核病和疟疾全球基金（The Global Fund to
Fight AIDS，Tuberculosis and Malaria）是应对并资助联合国千
年发展目标的健康项目的首批机构之一。它成立于 2002 年，总
部位于日内瓦。通过公私合作，该基金希望将自己打造成为一家
筹资机构，专门对这三大疾病（每年会夺走 600 万人的生命）的

预防和治疗提供资助。全球基金成立的初衷很简单：社区和国家都知道要想抗击这些疾病，它们需要做些什么，但是往往因为太穷而难以开始。

全球基金成立之后收到了4100多亿美元的援助承诺：其中95%来自政府，其余的来自慈善机构。这说明它与市场解决方案或私人资金无关。这里的创新点在于全球基金如何吸引、汇集、融合慈善资金和公共资金，每年用大约40亿美元，支持150个国家的600多个本地项目。从操作层面看，它的合作模式意味着所有的利益相关方——政府、民间社会团体、技术和研究伙伴、发展机构、慈善机构、受疾病影响的社区——都要在做出决策时发挥作用。全球基金的构建理念就是围绕着鼓励本地自治权来设计的，允许国家因地制宜，结合自身的政治、文化和流行病大环境，采取合适的应对措施。[17]

从一开始，全球基金的资助标准就是"只为成功买单"，这与护林减排的案例十分类似。实际上，这意味着除了启动资金，后续的资金要视之前投资的结果而定。例如，在博茨瓦纳、纳米比亚、南非、斯威士兰、安哥拉、莫桑比克、赞比亚和津巴布韦等国，政府一直都在努力消灭国内的疟疾疫情。2015年秋天，这些国家的卫生部长通力打造了一个全球基金的筹资项目：消除疟疾八国小组（Elimination 8），通过开展区域间协同合作来消灭疟疾。全球基金将出资1800万美元，用于建立区域性疟疾监控系统、一个数据库和一个实验室，以提高当地发现病源和控制疫情扩散的能力。在这笔款项到位之前，全球基金还对这八个国家投入了 2.75 亿美元，支持政府举措，减少疟疾病例。

自成立以来，全球基金已经成为各类抗击艾滋病、肺结核和疟疾项目的最大资金来源。它提供的资金占全球抗击艾滋病基金的四分之一，肺结核基金的三分之二，疟疾基金的四分之三。截至 2014 年，它共计资助了 150 个国家的医疗项目，为 730 万患者进行了艾滋病的抗逆转录病毒治疗，为 1230 万肺结核患者进行了检查和治疗，还分发了 4.5 亿个经杀虫剂处理的蚊帐来保护家庭免受疟疾侵害。由全球基金资助的这些项目正在朝着其 2012—2016 年目标迈进：拯救 1000 万生命，避免 1.8 亿个感染病例。

尽管大部分资金都来自援助承诺，但是全球基金也探索了创新性的方法来筹集并汇聚额外的资金。例如，在 2006 年，它建立了红色产品基金（RED），参与其中的公司会将某些特定产品的一部分销售额捐给基金会。尽管这个倡议的关注度很高，但是红色产品基金总共筹集的 2.95 亿美元在基金的捐助总额中，所占比例不到 1%。[18] 在 2010 年，全球基金和道琼斯指数合作，建立了道琼斯全球基金 50 指数（Dow Jones Global Fund 50 Index[SM]），用于跟踪对基金任务提供资助的公开上市公司。

征收"团结税"

国际药品采购机制、国际儿童营养筹资机制及小微税收的宏观影响

2014 年，全球基金开始和国际药品采购机制（UNITAID）正式开展合作。后者也是健康卫生组织的先驱者，由法国、挪威、英国、巴西和智利等政府于 2006 年建立。就像全球基金一样，国际药品采购机制负责为药品研发、疾病诊断、预防艾滋病、疟疾和肺结核等事业筹集新的资金。国际药品采购机制隶属于世界卫生组织，它开始是一个药品采购组织，该机构代表贫穷的国家谈判，以低价获得药品和诊断费，并且快速追踪相关的发展情况。现在，国际药品采购机制正在寻找更有效率的方法来解决 HIV/艾滋病、肺结核和疟疾的预防、治疗和诊断等问题。[19]

国际药品采购机制自身的融资结构非常特殊，其 65% 的资金是来自创新性的机票税收。具体说来，就是要创造一种"团结税"，利用全球资金支持符合公共利益的项目发展。它起源于法国，收费标准从经济舱的 1 美元到商务舱的 40 美元不等。从法国起飞的每架航班的每张机票都要征收"团结税"，中转的情况除外。法国民用航空管理局（French Civic Aviation Authority）负责具体的收税工作。最初，有人担心这种名义税赋有可能会阻碍经济增长。但是，独立评估结果显示，此举并没有损害航空公司的收入，也没有影响航空交通、旅游业就业机会或旅游业发展等。甚至在金融危机的时候，"团结税"收入仍然保持平稳，维持在每年 1.6 亿欧元左右。[20]"团结税"的设计想法是，税率应该低到让乘客难以注意，不能让他们因为征税而放弃飞行的想法。

除了法国以外，喀麦隆、智利、刚果、马达加斯加、马里、毛里求斯、尼日尔以及刚果共和国等国也开始对机票征收"团结税"，并因此获得了大约 20 亿美元的税收。国际药品采购机制的设计者认为，通过这种收税方式，这些国家有能力为自身及彼此的医疗卫生事业进行融资，从而实现一种"南南合作发展"。[21]

如果想推广或复制这种收税的做法，那么就需要我们去深入探讨这种征税设计的许多特色。第一，税费是由乘客缴纳的，而非航空公司，这样就可以避免航空公司之间的恶性竞争。第二，有许多国家已经依靠航空税收来资助其他发展举措了，所以，征收新税种是有合适的政策基础的。第三，收税完全是自行选择的，参与国可以自行决定征收多少税，怎么来分配税收。尽管法国对经济舱和商务舱采取不同的征税标准，但发展中国家也可以选择仅对国际乘客或者商务舱的乘客征税。[22]

面对迫在眉睫的医疗融资需求，这些税收相对而言金额很小，但是，我们仍旧可以认为国际药品采购机制是一个成功的尝试。因为为了对抗 HIV/ 艾滋病、肺结核等病，它筹集到的医疗资金都是官方发展援助之外的资金。当然，就像任何依赖外部市场力量的税收或者资金来源一样，例如对排污权定价的限额交易系统，需求的减弱会威胁资金的可信度和可预测性。尽管国际药品采购机制声称，税收并没有在经济衰退中减少，但是，如果航空旅行大量减少，就会导致税收减少。[23] 我们也不清楚，这种征税到底能推广到什么地步。许多欧洲国家也已经开始使用"航空团结税"来支持其他的发展项目了；它们可能不太愿意另设名目去征税。

这种"航空团结税"激发了一系列新的创新融资方式。例如，2014 年，在美国环保协会的牵线搭桥下，印度公平气候网络（the Fair Climate Network）和印度最大、发展最快的航空公司印地高航空（IndiGo）进行了合作。在这项合作中，乘客可以自愿捐款，由印地高航空公司将这些捐款用于气候友好型技术的研发，包括印度农村的沼气开发、可替代能源发电和净化水资源等项目。这个合作还有一些创新的合作特色。印地高航空向公平气候网络等碳减排机构购买它们节约出来的碳排放补偿额度，这是双方合作的基础。该案例是基于市场的信贷产品与本地的自主开发项目相结合的最佳例证：印度国内的航空旅行为印度农村的发展提供了资助。[24]

破除诅咒

随着国际药品采购机制的发展，人们开始深入讨论"团结税"在支持全球公共利益方面所发挥的作用，尤其是当我们对于全球富人们所享受的诸如航空旅行等商品和服务进行征税，来满足全球穷人们未被满足的需求时，这些税收所起的作用。这种"团结税"兴许会为我们提供一个打破发展过程中的"资源诅咒"的机会。许多国家虽然自然资源十分丰富——例如钻石或者石油资源——但是却不能利用资源实现包容性增长。相反，因为不同的集团争夺资源的控制权，导致这些国家大多在腐败、武装冲突和极度贫穷的困境中艰难度日。因此，经济学家和决策者正在探讨，是否可以让这些国家利用纳税或者征收"团结税"的方式，从资源开采的利润中抽取一小部分，用于实现发展的目标。换言之，可以将国家的自然资源财富，也就是国家的未来财富资本，转变成更广泛的社会财富，用于满足现在的消费需求。例如，博茨瓦纳的钻石产量处于世界领先地位，大约占本国 GDP 的三分之一。它收取了开采税来资助大部分的市政服务，从而能够比许多撒哈拉以南的非洲邻国投入更多的人均医疗费用。[25]

将自然资源财富转变为社会投资资金的动力促成了国际儿童营养筹资机制（UNITLIFE）的诞生，旨在通过征收"团结税"来解决儿童的营养不良问题。该项目由国际药品采购机制航空收费小组设计并给予支持，小组成员包括联合国创新金融的副秘书长菲利普·道斯特－布拉齐（Philippe Douste-Blazy）和创新金融基金会（the Innovative Finance Foundation）的主席罗伯特·菲利普（Robert Filipp）。国际儿童营养筹资机制将会对采掘行业征收"团结税"，预计每年将产生 3 亿美元的收入。从资源的角度看，国际儿童营养筹资机制将会从石油开采行业着手，同时，也计划对参与国的其他国有资源企业进行征税，例如黄金、磷酸盐、铀等资源。刚果共和国是第一个参与该项目的国家，它承诺将对每桶石油征收 10 美分的"团结税"。

儿童营养不良的代价

一直以来，儿童的慢性营养不良与难以逆转的生理及认知发育迟缓都息息相关，这对于患病儿童来说是个悲剧，而对于这些儿童生活的国家和地区来说，则是经济上的灾难。因为就人的一生而言，处于幼儿时期的前 1000 天，或者说头 3 年内，营养和医疗服务非常重要，倘若得不到这些服务，也就意味着儿童的大脑和身体得不到健康发育。营养不良比饥饿更加普遍，而在头三年中，其影响通常难以察觉，直到长大成人后才会逐渐显现。另外，由于营养不良会影响大脑的发育，所以，这种影响有可能是永久性的。每年，因营养不良导致的儿童死亡人数高达 300 万人，占 5 岁以下儿童死亡人数的 45%。* 幸存儿童据说占撒哈拉以南的非洲和南亚地区儿童数量的 40%，然而，他们常常患有生长萎缩症† 和其他悲惨的疾病。他们通常智力低下，而且更容易辍学。成年之后，他们摆脱贫穷的可能性要比正常人低 30%。营养不良的母亲生出营养不良的孩子，永远陷入灾难性的贫穷循环之中。‡ 对于受影响的那些最贫穷的国家而言，其估算的经济损失大约占 GDP 的 6%。据国际儿童营养筹资机制的报道，在所有患有生长萎缩症的儿童中，90% 都集中在 36 个国家，要想解决这些国家的儿童营养不良问题，每年需要的花费大约为 108 亿美元。然而，投资儿童营养问题的回报率是极为惊人的：投资一份 2 岁以下儿童的营养干预"服务包"需要花费 100 美元，但是，在健康医疗和经济生产方面带来回报却高达 3000 美元。§

营养不良的问题及其预防的投资回报率如此之高，这带来了一些最近的创新金融尝试。例如，一家名为"营养力量"（the Power of Nutrition）的公私合作机构在 2015 年 4 月成立，得到了来自儿童投资基金会（the Children's Investment Fund Foundation）、英国国际发展部（the UK Department for International Development）以及瑞银慈善基金会（the UBS

Optimus Foundation）共 2 亿美元的资助。这些资金将通过一只新的世界银行信托基金以及联合国儿童基金会（UNICEF）的渠道进行调配，实现六比一的资助机制。该信托基金将会至少可以从国际开发协会（International Development Association）以及世界银行对最贫困国家的援助款项中募得 1 亿美元的贷款。这种合作旨在释放 10 亿美元的公私基金，通过大规模的国家项目，来应对这些国家严重的儿童营养不良问题。‖

* 罗伯特·布莱克（Robert Black）等，《中低收入国家的母亲和儿童营养不良及超重问题》，《柳叶刀》第 382 卷，第 9890 期（2013 年 6 月）：427–451 页，http://www.thelancet.com/journals/lancet/article/PIIS0140-6736(13)60937-X/abstract。

† 参见《世界儿童情况报告》，联合国儿童基金会，2015，http://www.data.unicef.org/resources/the-state-of-the-world-s-children-report-2015-statistical-tables。另见世界卫生组织关于儿童成长和营养不良的全球数据库，http://www.who.int/nutgrowthdb/en/。

‡ 苏珊·沃克尔（Susan P. Walker）等，《儿童早期发育不良与下一代儿童发育水平较低相关》，《营养学杂志》145（2015 年 4 月）：823—828 页；《增强儿童营养——为了全球进步，势在必行》，联合国儿童基金会，2013 年 4 月，http://www.unicef.org/publications/index_68661.html。

§ 汤姆·迈尔斯（Tom Miles），《联合国企业家利用非

洲石油资助儿童健康事业》，路透社，2014 年 9 月 19 日，
http://www.reuters.com/article/2014/09/19/us-aid-innovation-
idUSKBN0HE1YM20140919。

‖power of nutrition.org，《营养的力量：新基金投入数十
亿美元增强儿童营养》，儿童投资基金会，2015 年 4 月 16 日，
https://ciff.org/news/power-of-nutrition/。

　　后来，国际儿童营养筹资机制希望更多的国家加入到这个事
业当中，尤其是石油资源丰富的尼日利亚、安哥拉及波斯湾各国，
发展金融领域一直在寻找这些国家的资助。据菲利普预测，如果
可以在全球范围内推广国际儿童营养筹资机制，仅对石油企业的
税收就会高达 16 亿美元。和国际药品采购机制一样，道斯特 -
布拉齐认为这种创新金融是利用财富促发展的一种方式。"我们
的想法很简单，就是从那些因全球化受益最多的经济活动当中，
抽出一小部分收入"用于满足贫穷人口的需求，例如大众航空旅
行、手机、互联网、金融交易、资源采掘等行业。[26] 牛津的互联
网研究所（Oxford's Internet Institute）的研究人员正开始研究，
如何来征收互联网的"团结税"。

　　关于国际儿童营养筹资机制的批评之声并未针对这个事业的
闪光点，而是质疑这种融资策略的效果。例如，在护林减排项目
的"只为成功买单"案例中，并没有强制性的执行机制。如果参
与国摇摆不定，那么这种自愿捐助也就容易发生波动，变得难
以预测。资源开采税的批评者提醒了我们，矿产资源和石油资源

明显是会枯竭的。在短期看来，像石油税或者黄金税这样的资源税，既靠产量，也靠商品的市场价格，而这些都存在波动，难以预测。

国际儿童营养筹资机制的支持者则反驳说，"资源团结税"可以，而且将会成为社会投资的一项重要融资来源。不同的设计特色可以确保税收不受油价波动的影响，比如按照每桶10美分的税率来计算税额，而不是按百分比来计算。他们还主张说，像国际药品采购机制一样，国际儿童营养筹资机制可以成为南南融资的有效来源，给许多国家提供机会，来资助它们本国的优先发展项目。尽管经合组织成员国没有参与到国际儿童营养筹资机制的融资当中，但是，它们给予了政策支持，这些政策可以当作一种非正式的机制来遵照执行。这些新的活动组织工作应当放到一个独立机构中来执行，就像国际药品采购机制一样，这一点具有重要意义。在本案例中，国际儿童营养筹资机制有一个独立的理事会，通过联合国儿童基金会调配资金，并对资金支出进行管理。这种做法对资金管理非常重要：因为令人担心的现实是，在一些发展中国家，政府的腐败和无能已经成为发展的极大障碍，而这通常是那些国家原本就没有对医疗卫生进行投资的原因。"我们必须理解的是，"道斯特－布拉齐说，"国际药品采购机制拨出的资金从来就没有流到政府、部长或者首脑那里。这里的腐败率为零。"[27]

值得注意的是，类似国际药品采购机制和国际儿童营养筹资机制的小微税收与更广泛的税收系统之间是有不同之处的，后者想要在遏制某些行为的同时，增加国家的收入。国际药品采购机制和国际儿童营养筹资机制收取的"团结税"是用于维护公共利益的；其目的不是为了给社会成本定价，或者是像对排污权收税那样，旨在消除负面外部效应。小微税收之所以有效，原因在于其收费金额较小，难以引起人们注意，或者至少不会对征税对象活动的频率产生不利影响，例如航空旅行或者资源开采，因为这些活动是税收的来源。从设计上看，相对于那些通过富人从事的活动或者石油或矿产的开采所带来的收入，"团结税"只不过是九牛一毛。税收的本质和公共利益的本质是互不相关的。为了给国家创收，可以对任何项目进行征税，而利用税收投资什么内容（例如营养不良或者疟疾），则是另外一个问题了。

按照这些原则，目前，在世界各地已经实施了多个新的征税方案。在 2009 年，英国卫生系统国际金融创新工作组（the Taskforce on Innovative International Financing for Health Systems）预测说，如果对航空旅行之类的项目及更广泛的项目开始征税，每年将会新增 100 亿美元的国家收入。[28]

和国际药品采购机制或国际儿童营养筹资机制不同的是，这些新的税费许多都是本土设计、本土管理的。例如，在 1999 年，津巴布韦成为第一个征收艾滋病税的国家，该国以企业员工和政府公职人员每月总收入为基数，加收 3% 的艾滋病税，由国家艾滋病信托基金（the National AIDS Trust Foundation）专门负责管理。这个税种的征收是为了表达该国对抗击 HIV/ 艾滋病的决心，并且减少对外部资金的依赖。尽管对于整个国家在疾病上的支出来说，这笔税费只是一小部分，但是，在抗击艾滋病的资金管理方面，国家艾滋病信托基金是津巴布韦国内一家强有力的组织。这种征税模式也受到了其他非洲邻国的紧密关注。[29]

津巴布韦对居民收入进行收税，还有产品和服务的增值税（VATs）也可以用于维护其他公共利益，例如支持医疗事业的发展。在撒哈拉以南的非洲，增值税在所有税收收入中大约占四分之一，在某些情况下直接用于资助医疗事业。[30]例如，在2004年，加纳为了使群众能普遍负担得起看病费用，建立了国家健康保险计划（National Health Insurance Scheme），其中，一半的项目资金都是来自增值税收入。同对营业收入征收小微税收不同，增值税是典型的递减税，因此，并不是完全属于创新金融。然而，加纳的增值税特意剔除了许多穷人日常需要的产品和服务（如食物），这也提供了一种不同的、前景光明的选择。[31]

许多国家都存在着海外侨胞向祖国亲人汇款的情况。为此，许多国家的政府已经考虑征收海外汇款税，以支持本国的医疗事业。例如，墨西哥已经开始对海外汇款征税，用于资助本国发展和基础设施建设。据世界银行估算，在2014年，国际移民向原籍国的汇款额总计5830亿美元。[32]部分统计数据显示，对于许多发展中国家来说，它们的海外汇款金额是其获得的官方发展援助资金的3倍。[33]尽管这些资金的规模和流通速度十分具有吸引力，但是发展经济学家警告说，尽管对海外汇款征税通常是穷国的重要收入来源，但是，它可能会对长期医疗和发展的目标带来不利影响。[34]

也许在根据这些原则所设置的各种税款当中，最具争议的就是金融交易税了，也就是人们熟知的托宾税（Tobin tax）。这是诺贝尔奖获得者詹姆斯·托宾（James Tobin）首先提出的，对货币兑换交易征收的一种交易税。它旨在减少汇率波动性，遏制投机活动，从而提升宏观经济稳定性。后来，交易税又被当成一种限制货币投资客的所得财富的方式，所得税收来为公共利益项目提供资金（如联合国千年发展目标）。鉴于货币交易的体量庞大，据估计，交易税每年都能够获得数十亿美元的收入。在各国国内，范围更广的金融交易税也很常见；有近 40 个国家已经征收了这种税，通常资助一系列的本地优先发展项目。在金融危机之后，民众对这种税收的支持有所增长。然而，在金融服务等领域，不少人认为这些税收会驱使交易和资金流向免税地区，进而导致经济活动（和税收收入）的减少。法国在 2014 年就开始征收国内的金融交易税，还提议把征收地区扩大到欧盟地区，但是该提议遭到了英国等国的反对。[35] 尽管法国承诺会将金融交易税的 15% 专门用于发展援助，尤其是应对气候变化和流行病，但是，大部分税收收入还是用于资助其他的国内发展优先项目。美国目前并未征收金融交易税，尽管也有人呼吁应该征收，但是，无论是从效率还是从政治基础方面，都不太可能在短期内开始征收交易税，以资助公共医疗事业的发展。[36]

"罪孽税"和公共健康

以上所讨论的税收都是通过获取额外收入来发展公众利益

的，与此不同的是，有些用于发展健康的税收直接指向负面外部效应。换句话说，我们也可能通过对排污权征税的方式，征收"健康税"：通过给某事定价，提升其成本来遏制某些不良行为。对一些危害公共健康的物品及行为征收"罪孽税"，例如酒、烟、糖和赌博等，既利于遏制这些有害行为，也利于对发展项目筹资，应对这些行为的不良后果。

"罪孽税"不是特别新的税种。在美国，财政部长亚历山大·汉密尔顿（Alexander Hamilton）曾经引入了第一个联邦政府征收的"罪孽税"，征收对象为烟草，来偿还独立战争所欠的债务。美国酒精税的历史也可以追溯到19世纪。在1862年，亚伯拉罕·林肯（Abraham Lincoln）开征酒精税，为南北战争筹款。现如今，发达国家已经认识到烟酒等产品对公共健康造成了严重伤害，通过征收"罪孽税"，尤其是烟草税，政府得以支付慢性病如心血管疾病和糖尿病的治疗费用，因为这些疾病通常都是因为抽烟或饮酒而造成的。在新兴经济体中，"罪孽税"也越来越普及，如果某国的中等收入人口既经历过传染病，又经历过慢性病，那么这种税就会格外流行。[37]

尤其是烟草税，世界卫生组织称之为促进健康的"最佳创新"或者"双赢创新"，因为这可以在减少抽烟（尤其是穷人的抽烟）的同时，产生迫切需要的收入。[38]有越来越多的研究证明，如果烟草的零售价格因为加税而提升了10%，其消费量就可以下降2%到8%。在2013年，据《柳叶刀》健康投资委员会（the Lancet Commission on Investing in Health）估计，如果将香烟价格提

升 50%，在 50 年期限中，将可以预防 2000 万中国人口和 400
万印度人口的死亡。[39]

诸如烟草税这样的产品税在不同的国家，征收方法也不尽相
同，有的是针对销售总量，有的是针对产品价值。在较富裕的国
家，烟草税在香烟零售价的平均占比为 63%，然而，在少数国家，
香烟税也可以达到或者超过世界卫生组织推荐的 70% 这一标准。
至于这些税收中，有多少会用于公共健康，各国情况也不一样。
例如，在卢旺达、危地马拉和吉布提等国，烟草税的收入会优先
并且直接用于发展公共医疗；然而，在保加利亚、蒙古国和卡塔尔，
分配给医疗事业的只占一小部分资金，绝大部分的税收都用于发
展其他的经济优先项目了。[40]

由于烟草税与烟草公司的既得利益挂钩，烟草税的征收并非
总是一帆风顺的。在美国，烟草行业每年会花费数百万美元用于
游说政府，反对监管和征税。另外，批评人士认为，烟草税还可
能会促进黑市交易。这并不可取，因为穷人花费在烟草上的钱将
占用其收入中很大一部分。然而，有数据显示，烟草税对促进宏
观经济增长有利，因为烟草导致的疾病要花费巨额的医疗费用，
而当人们戒烟后，这种费用将大大降低。在美国，每年大约有
1400 亿美元的医疗卫生支出都与吸烟有关。[41] 据估计，因消费
烟草而引起的劳动力流失和医疗卫生支出，会使许多发达国家的
GDP 遭受 1% 到 3.5% 的损失。[42]

烟草税为中低收入的国家提供了一个发展创新金融的良好机
会，有些国家已经开始尝试这种选择。[43] 在 2013 年，烟酒使用

率和相关的医疗支出很高的菲律宾，对它的"罪孽税"进行了重大改革，为扩大全民医疗项目提供资金支持。尽管现在，要评估这个项目的整体效力为时过早，但是在实行的头一年，菲律宾就获得了7.5亿美元的收入。菲律宾政府希望，可以通过这些税收，帮助穷人将健康经费预算扩大43%。[44]菲律宾的这个案例值得我们注意，因为其他的发展中国家也同样有全民医疗的目标，也同样希望在资助国内卫生事业发展方面拥有更大的自主权。

重塑市场：转移风险与"只为成功买单"

除了这些资助健康事业的创新税费以外，我们还看到了一批前途光明的、重塑市场的创新项目正在不断涌现。这些创新项目能创造性地对供需情况进行重新匹配，来修正市场失灵。和税收不同，它们寻求利用或者刺激市场力量（比如竞争），来激励创新、减少成本、优化市场信息、减少并转移风险，例如通过奖励、挑战、先期市场承诺等方法。在这样的过程中，可以通过杠杆，吸引新的额外资金来资助公共医疗等符合公共利益的项目。

奖励和挑战

最近这些年，慈善奖励和政府奖励不断涌现，也带来了不少挑战，有人称之为公共利益融资的复兴或革命，展现出重塑市场的热情。当然，奖励不是什么新事物。几个世纪以来，奖励都被当成一种工具，用来促进科技突破，建立基本市场原则，通过竞争推动创新发展。

也许，最著名的案例发生在 1714 年。那时，英国议会的经度奖（Longitudinal Prize）激励了英国钟表匠约翰·哈里森（John Harrison）发明了航海经线仪（chronometer），可以用于在海上进行纬度测量（这对于掌握海上霸权至关重要）。几个世纪以来，奖励已经促进了许多技术的进步，从食品、农业到航海领域［查尔斯·林白（Charles Lindbergh）著名的飞越大西洋行动，为他赢得了奥泰格奖（Orteig Prize）］。直到 20 世纪末，专利和补助成了为了更为常见的创新工具。但是，在 21 世纪早期，奖励和挑战再度在慈善领域和政府部门流行起来。[45] 除了替代性能源、太空旅行、基因组等领域的那些著名的奖项，还有生命科学、数学和物理学领域的突破性大奖，奥巴马政府还在许多领域带头设立了大奖，例如在国防和能源等传统领域，以及教育和公共医疗等人道主义服务领域。[46] 奖项的赞助商之所以这样做，是出于"只为成功买单"的理念：只有在突破已经得到验证时，他们才会颁奖，这样一来，就可以把风险转移到创新者身上，因此，赞助商们总是能够实现最佳成本效益比。同时，由于他们还利用了额外的杠杆资源，因为，创新成果的发明价值及其带来的投资价值，已经远远超过最初的奖金价值。从这个意义上讲，奖项有效地"吸引"创新者来进行研究，而补贴则是通过传统拨款来"促成"解决方案。

当谈到健康问题时，最著名的奖项就是"健康重大挑战奖"（the Grand Challenges for Health）。2003 年，该奖项从盖茨基金会获得了首笔赞助，向 33 个国家的科学家研究项目颁发了共计 4.5 亿美元的奖金，世界各国政府、慈善机构、发展援助机构以及行业组织形成了联盟，携手合作，有目共睹，一起应对这些重大挑战，找到了针对特定健康挑战的、经过论证的、可以量化测算的解决方案。今天，由各国政府和资助机构形成的援助网络已经在水资源、食品、扫盲、能源、农业和卫生领域为 81 个国家颁发了 1741 个奖项，这些援助机构包括加拿大重大挑战奖（Grand Challenges Canada）和重大发展挑战奖（Grand Challenges for Development），它们由美国国际开发署联合瑞典、挪威、英国、澳大利亚以及世界银行等政府和机构共同管理。[47]仅在2015年，在疟疾（在蚊子数量控制和"户外"传播方面取得进展）、肺结核、营养不良、新生儿和婴儿健康、肺炎以及受忽视的热带疾病等健康问题方面，全球就有多项重大研究突破。[48]这些挑战本身都相当严峻，它们促进了创新，将杠杆资金作为一种重要的创新融资手段，在全球健康事业的蓝图中开辟出一块新天地。[49]

市场失灵和孤儿难题

在另一个领域，我们也见证了改变市场的重要创新，那就是疫苗的研发和分配领域。疫苗是公共健康领域最具成本效益的预防措施之一，也是市场失灵的悲惨写照。

在发达国家，人们认为免疫接种是理所当然的事情。但是，在比较贫穷的国家，公共医疗的经济活动呈现出不同的面貌。据估计，大约有2200万儿童并没有接种过预防最常见疾病的疫苗。每年，600 万名 5 岁以下死亡的儿童中有 20% 是死于疫苗可预防的疾病，如白喉、肺炎、痢疾和黄热病等。[50] 另外，有许多人所患的疾病和残疾本来是可以避免的：每年，约有 9 万名儿童因为风疹而患有严重的先天畸形。此外，每年，全球有 27.5 万名妇女死于子宫颈癌，但是人类乳头瘤病毒疫苗（HPV vaccine）可以将患病率降低 70%。在这些死于子宫颈癌的患者中，85% 发生在发展中国家，在那些国家中，妇女压根就没有获得这种保护的途径。[51]

这些情况使得投资疫苗变得更为迫切，因为社会的发展依赖于人的健康。接种过疫苗的儿童会有更强的认知能力，更有可能接受教育，成长为富有生产力的社区成员。通过减少疾病和长期的残疾，疫苗还极大地降低了个人家庭和更大的卫生系统的医疗

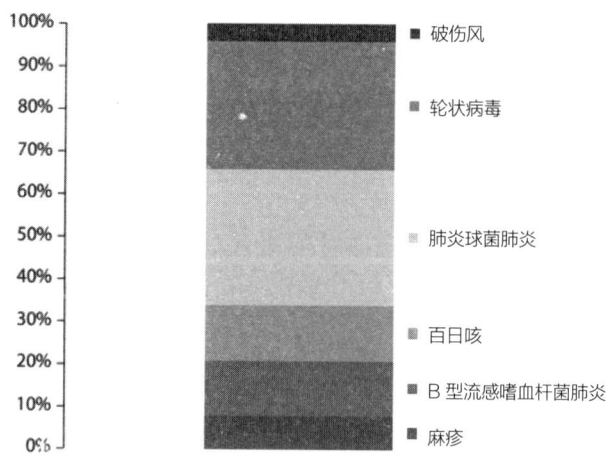

图 2.2 2010 年 150 万可预防的儿童死亡病例死因分布情况

★ 来源：世界卫生组织，2010 年。

成本。据估计，在 2010 年，在 72 个最贫穷国家中，共计有 6 种疫苗（图 2.2）被引入并推广，包括预防肺炎球菌肺炎、B 型流感嗜血杆菌肺炎、脑膜炎、轮状病毒、百日咳、麻疹和疟疾，这些疫苗的接种拯救了 640 万生命，预防了 4.26 亿病例，节约了 62 亿美元的医疗支出，避免了 1450 亿美元的劳动力损失。[52] 就算现在，贫穷国家的疫苗投资回报率大约已达到了 18%，但是这并没有完整地反映出其他一系列更大的宏观经济效益。

同时，由于市场失灵，我们并没能充分地投资疫苗和其他预防性的药物。药品研发需要巨大的投入，承担极高的风险，花费大量的时间。在发达国家的市场中，药品创新就是这样，而对于贫穷国家来说亦是如此。一种药品从最初的研究到投入市场可能要花费 15 年，每个阶段都要承担一系列的新风险。在发达国家，投资者和药品公司像买彩票一样，投资无数的分子和药品研究，他们知道有一些会失败，但是仍然期望，在一个多样化的投资组合中，可能有一个药物在潜在收益和盈利方面能与众不同。在发达国家，通过了检验但是缺乏市场发展潜力的药品被称为孤儿药（orphan drugs），这通常是因为它们治疗的疾病很罕见，患病者较少。需要对孤儿药进行补贴，药品公司才会将它们投入市场；否则它们就会被放弃。穷人所需的药品也是个类似的公共利益难题：这些药品的需求很大，可是买方的支付能力却很有限。发展中国家对疫苗的市场需求总规模为每年 5 亿美元左右，这不足以刺激药品公司对疫苗进行投资。[53] 在一定程度上，这也解释了为什么尽管艾滋病、疟疾每年都会夺走数百万人的生命，但是我们依然没有有效疫苗来预防这些疾病。

全球疫苗免疫联盟的先期市场：购买和力量

现在该谈谈全球疫苗免疫联盟了。它创立于 2000 年，旨在解决作为公共利益的疫苗的短缺问题。成立之时，全球的疫苗分配量正在下降。在盖茨基金会的支持下，该联盟与各国政府、非政府组织、慈善机构、世界银行等多边机构以及医药公司开展合作，推广使用新型疫苗和未充分普及的疫苗，从而扩大疫苗的接种范围。符合其支持条件的国家首先需要确定它们的接种需求，然后申请资金，共同投资药品的生产，最后实施疫苗项目。这个模式旨在利用私有领域的金融资源和专业技术资源，使得疫苗的接种工作变得更实惠、更便利、更持久。其最终目的是为了帮助发展中国家，让它们能够自己负担得起国内的疫苗费用。世界上最贫穷的 73 个国家可以得到全球疫苗免疫联盟的支持，而在支付本国的疫苗方面，这些国家也在承担更多的责任。在 2013 年，60 多个国家共同参与到了该联盟的疫苗筹资当中，其中有 22 个国家预计到 2020 年可以独立支持本国疫苗的发展。

全球疫苗免疫联盟的成功有目共睹。自 2000 年以来，它已经帮助了 5 亿儿童接种疫苗，避免了超过 700 万因乙肝、B 型流感嗜血杆菌（Hib）、麻疹、A 型脑膜炎、肺炎球菌肺炎、轮状病毒腹泻以及黄热病而致死的病例。[54] 它希望能够在 2016 年到 2020 年再给 3 亿儿童接种疫苗，挽救 600 多万患病儿童的生命，通过节省与疾病相关的支出，包括治疗费和劳动力损失，最多可以为各国节省高达 1000 亿美元。[55]

全球疫苗免疫联盟重新塑造了疫苗市场。它最为人所知的事迹，可能就是升拓了先期市场委托的先河，以创新的融资方式，为 1100 万儿童筹集到了肺炎球菌肺炎疫苗的资金。先期市场委托最初是应对医疗研发市场失灵的一种替代选择。从历史上看，政府和慈善机构通过援助资金的方式来应对公共药品的短缺问题，或承包研发费用，或补贴生产成本，从而将药品"推上"生产线。相比之下，先期市场委托则是希望通过改善需求方而非供给方，来"拉动"投资：向药品制造商保证，市场上的消费者是具备支付能力的。这更像奖励而不是补贴，它属于"只为成功买单"的资助。只有当药品已经生产，才可能获得支付的资金。这样一来，风险就转移给了制造商。先期市场承诺不仅能够利用杠杆吸引新的额外资金，还允许更多的私人资金流动，从价格方面为公共利益提供支持。最初，人们把先期市场委托当成是鼓励公司投资研发新产品和药品的一种方法。而通过全球疫苗免疫联盟资助的肺炎球菌疫苗案例，我们看到了，它还能通过较低的价格，扩大现有产品的产量，从而加速向发展中国家引进药品的过程。为已验证疗效的药品提供资金支持，意味着投资人不是在生产之前先"挑选胜利者"。

肺炎球菌疫苗先期市场委托的捐助者有加拿大、意大利、挪威、俄罗斯、英国以及参与其中的发展中国家和盖茨基金会，它们承诺从 2009 年开始，将在 10 年中资助 15 亿美元，用于购买肺炎球菌结合疫苗，购买价格为每支 3.5 美元，购买数量为 20

亿支。这比高收入国家市场的疫苗价格低了90%。从建立之初，葛兰素史克（GSK）以及辉瑞公司（Pfizer）这两大药品供应商已经为24个低收入国家生产并分销了肺炎球菌结合疫苗。

尽管还没有确切的投资回报数据，据独立评估机构估计，这些药品制造商每年的投资回报率在20%左右，与以前的产业表现一致。[56] 此外，先期市场委托还在开发过程中促进了所有权和自主权的发展。所有接受疫苗援助的发展中国家都共同资助了疫苗的生产。

像所有的创新金融一样，我们面临的问题在于，依据这些原则，是否还会有后续的先期市场委托出现。世界卫生组织、全球发展中心等机构一直都在倡议，通过推行先期市场委托，来促进新疫苗（例如疟疾）的研发，目前，有90个疫苗研发项目在等待援助资金，十几种疫苗已经进入了临床试验阶段，其中一个已经进入了最后阶段。[57] 还有一些人在探索，是否可以将先期市场承诺应用于其他领域，促进各领域的技术突破，例如可替代能源等，这些领域也与公共利益有关，而且也存在类似的市场失灵情况。与公共医疗一样，在能源领域，高额的固定成本和不确定的需求都阻碍着公司进行充分的前期投入。在上述两种情况下，捐助者都希望鼓励多元的供应商加入，而不再是由单一的制造商生产单一的技术产品。

这种重塑市场的行为要求对价格、数量、成本和动机等市场因素转化成正确的预测，因此充满了挑战性。先期市场委托十分复杂，要花很长时间来准备。全球疫苗免疫联盟的试验花了几年时间才取得进展。此外，只有不断有捐助者进行投资，项目资金才有可能保持稳定和可预测性。

购买协议（purchase agreement）也是创新金融的一个重要种类，它也许不及成熟的先期市场委托那般复杂，但是，对于全球公共卫生事业的融资而言，它也同样重要。通过这种商议的协定，全球疫苗免疫联盟已经成功地降低了一大批疫苗的价格，包括五联疫苗（比发达市场便宜了40%）和宫颈癌疫苗（比发达市场便宜了三分之二）。在2012年，它和供应合作机构联合国儿童基金会一道，与两大制造商葛兰素史克和默克公司（Merck）签订了轮状病毒疫苗的购买协议，其中包括保证疫苗数量和长期供应的协议。通过预付一部分的疫苗费用，全球疫苗免疫联盟使得这两大制药商能够较早地收回最初的成本，并提供一个极低的价格（比发达国家市场的价格低了67%，节省了6.5亿美元）。全球疫苗免疫联盟希望，这些购买协议将会向潜在药品制造商释放积极而强大的市场信号，包括那些发展中国家的医药公司，从而扩大它们的疫苗供应基础。[58] 其他的市场也可以效仿使用这种协议。例如，全球疫苗免疫联盟的购买协议就好比能源领域的"照付不议"（take or pay）合同（而且可以成为更多协议的模板）：买方同意以特定的价格或者在某个日期之前，购买产品或者服务（以电力为典型），即使买方不需要或者最终没有"取走"产品或服务，也要付款。相应地，这个协议保障了卖方有利可得，还可以作为抵押物申请贷款，投资工厂建设或可再生能源等。[59]

债务的作用

虽然这些重塑市场的金融工具为我们提供了一种崭新的融资方式，但是，医疗机构十分善于创造性地使用传统的融资手段，尤其是谈到债务的时候，更是如此。

债务可以成为一个有力的工具。它实现了经济学家所言的跨期转移（intertemporal transfer），也就是借用将要在未来赚得的钱，来进行今天的投资。预先支配未来的资源来满足当前所需，并且支付可控制的利息偿还债务，保持资产和负债的平衡，这些能力都会提供各种各样的原本不可获得的机遇。然而背上债务是要付出代价的。我们希望的是，现在的投资回报能够超过我们贷款的利息。无论是个人、家庭，还是公司、国家，都是如此。如果我们计算正确，债务就可以赋予我们能力。不过，债务的危险性同样很大。随着利息的累积，债务也会越滚越多，变得更难偿付。由于这些原因，债务在我们的文化和金融环境中，也是个令人苦恼的存在。

债务豁免

当谈到健康问题时，重大的创新金融突破更多地与解决旧债务有关，而与产生新债务的关系并不大。这些创新金融的目的在于，通过改变贷款协议的期限，要么借助债务转换（debt conversion），要么实施债务豁免（debt forgiveness），使各国可以将资金集中于公共医疗支出，而不是拿来还债。

几十年来，发展机构和慈善机构一直在为中等收入和低收入国家提供低息贷款，以支持各国的发展。随着时间的流逝，许多国家累积了大量债务，即便是优惠的利率，却依旧难以偿还，为了偿还贷款，这些国家几乎拿不出钱来对健康进行投资。相应地，债务免除（debt relief）也演变成为一种发展援助工具。在1996年，世界银行和国际货币基金组织发起了"重债穷国减债机制"（the Heavily Indebted Poor Countries）。由波诺（Bono）、教皇（the Pope）和八国集团首脑等共同支持的全球行动"千禧年2000债务减免倡议"（The Jubilee 2000 Debt Relief Initiative）促成了"2005年多边债务减免倡议"的出台。

"2005年多边债务减免倡议"帮助许多国家在努力全面实现千年发展目标的同时，将公共医疗定为优先发展项目。包括彼得·亨利（Peter Henry）在内的经济学家们已经说明了，债务减免并不一定会像我们所期望的或者所想象的那样，促进各国的发展。例如，它并不能够使更多的资本流向世界上最贫穷的地区。对于许多在治理问题上力不从心的国家来说，贫穷既是表征也是根源，消除债务负担并不能增强他们对外资的吸引力，也不能提高国际社会的援助力度。[60] 但是，当问题涉及提升国内资金的使用方式，尤其是可以释放资源用于发展医疗事业，而不是用来偿还债务，"重债穷国减债机制"和"2005年多边债务减免倡议"在许多国家仍然是十分有效的。例如，国际货币基金组织发现，在接受债务减免之前，这些国家在偿还债务方面的支出是投资医疗和教育事业支出的两倍。而在债务减免后，它们的债务支出大幅减少了五分之四。[61]

债务减免的力量就在于,"债务转为健康投资"(Debt2Health)举措的灵活设计。它由全球基金参与并协调,是一种创新的贷款转换倡议。对于参与国来说,因债务减免而释放的资金会投入到全球基金,由全球基金依据自身标准和程序,来帮助管理并发展医疗项目。到目前为止,该机制已经帮助了德国与印度尼西亚、巴基斯坦、科特迪瓦、埃及和埃塞俄比亚等新兴经济体签订了5份协议,还促成了澳大利亚和印度尼西亚之间签订的一份协议,并成功地激励了这些国家将豁免的债务资金转而投向医疗事业的发展当中,尤其是与肺结核、艾滋病和疟疾等疾病的抗争中去。

将债务有条件转成健康投资的成功,某种程度上归功于全球基金中立的第三方中介角色。关于债务豁免,有一个令人感到迟疑的理由颇有几分道理,那就是管理不当。在我们所举的例子中,捐助者需要一再确认,那些曾经导致某国负债累累的问题(管理不善甚至是渎职违法),不会再次影响到对公共利益的投资,例如对医疗发展项目的投资。就像我们在国际药品采购机制和国际儿童营养筹资机制的案例中所看到的那样,随着"债务转为健康投资"举措和全球基金等中介机构的出现,要想打消这些疑虑并处理好治理方面的难题,还有很长的路要走。

与全球医疗发展的需求程度和负债规模相比,有条件地将债务转为健康投资,所发挥的作用并不那么明显。到目前为止,它只促成了大约2亿美元的交易。许多人相信,除非债务减免项目能够帮助解除一大批国家债务,否则债务豁免依然不会产生重大的影响。[62] 然而，这个机制重新引起了人们对债务豁免未来发展的兴趣。最近几年，出现了新的债务"买断"（buy-down）项目。如果政府在公共医疗领域成功推行了一个具体项目，那么，第三方机构就会偿清政府剩余的债务。例如，全球消灭脊髓灰质炎行动（the Global Polio Eradication Initiative）是由世界卫生组织、扶轮国际（Rotary International）、美国疾病控制中心（the Centers for Disease Control）、联合国儿童基金会、盖茨基金会和一些发展银行联合倡议的，旨在为尼日利亚和巴基斯坦等国家提供无息或者低息贷款，用于购买脊髓灰质炎疫苗，或推进其他的消灭脊髓灰质炎的举措。如果确认脊髓灰质炎病例减少了，那么慈善机构则会偿还疫苗的贷款。

拿金融换健康：
蚊帐保障基金和联合国健康保障承诺基金

尽管在过去的几十年里，医疗发展援助出现了显著的增长，但是，这些资金到底何时到位，有多少资金可用，仍然难以预料。即便已经有了提供援助资金的承诺，但是瓶颈依旧存在：承诺的资金可能要花费 6 到 14 个月的时间才能到位。对于贫穷国家的公共医疗问题而言，这种延误对病人来说可能意味着生与死的差别。

对于那些既需要援助，又没有资金填补这段时间差的国家而言，资金到位时间的不确定性给它们造成了严重困难。没有了融资选择，提供关键人道主义服务的政府和非营利性机构就不能合理地预测或制定预算。此外，它们还面临着常规药品和急救药品库存中断、成本升高的难题。据布鲁金斯学会估算，如果捐助资金的可预测性更高、到位速度更快，那么，每花费 1 美元的海外发展援助资金，就可以多发挥 0.28 美元的额外价值。[63] 这意味着，通过完善资金供应链，全球每年可以多获得高达 28 亿美元的额外价值。改善资金流的管理可能对满足短期和长期的医疗需求大有帮助。事实证明，周转资金也成为了一种公共利益。

在这种情况的推动之下，"消灭疟疾"组织（Malaria No More）于 2010 年打造了创新金融工具——蚊帐保障基金（NetGuarantee）。该基金在慈善机构的资助下，通过在援助资金到位之前向蚊帐制造商发放付款担保，将防疟疾蚊帐的配送时间缩短了 6 到 12 个月［蚊帐保障基金的创意来自于美国国际集团（AIG）的一位精通贸易金融的分析师］。有了它的帮助，消灭疟疾组织安排向莫桑比克发放了 5 万顶蚊帐，防止了近 10 万例疟疾病例的发生。

蚊帐保障基金还为 2011 年试行的联合国健康保障承诺基金（Pledge Guarantee for Health）提供了佐证。该融资机构也是将贸易金融的原则应用于全球医疗发展领域，为病人及时地采购平价的蚊帐和医药。在健康保障承诺基金的案例中，政府既是援助人，又是贷款机构的担保人，贷款机构在获得了政府的未来援助承诺作为贷款担保之后，就会发放短期低息商业贷款。在该模式中，参与其中的商业银行会代表捐款的接收方，向商品供货商出具一张信用证。在应收款到期之时，供货商将会收到银行的付款，而当援助人的资金到位之后，银行将获得资金补偿。联合国健康保障承诺基金为银行的贷款做担保，让买卖交易得以发生。尽管这些资金是贷款，而不是捐款，但是，这种做法释放了一部分资金，实现了以更低的价格购买商品，以更低的利息申请商业贷款。此外，这些贷款还让各国能够更快地满足国内的医疗需求。

联合国健康保障承诺基金确实有效，它促成的不少援助举措都极为成功，将救命的商品快速送到病患们的手中。就像蚊帐保障基金和"消灭疟疾"组织一样，它早期也是在预防疟疾方面获得了成功。在 2011 年，健康保障承诺基金的贷款担保让赞比亚政府得以联合世界银行、联合国儿童基金会、联合国疟疾防治特别代表（the UN Special Envoy for Malaria）、赞比亚斯坦比克银行（Stanbic Bank Zambia）等相关方面，赶在雨季到来之前，就向人们分发了 160 万顶防疟疾的蚊帐，如果没有这些机构通力合作，那么，援助物资只怕是要到雨季过后才能到位了。发放蚊帐的时间从 27 周被缩短到 6 周，挽救了成千上万名赞比亚儿童的生命。

在乌克兰，联合国健康保障承诺基金与乌克兰联盟（Alliance Ukraine）、默克公司一起开展合作，让更多的艾滋病患者能够买得起佩乐能（Peg-Intron）来治病。在艾滋病毒呈阳性的乌克兰患者中，佩乐能可以帮助他们降低丙型肝炎病毒（hepatitis C）的感染率。它们成功地使药物的价格降低了一半，让全球基金得以为其他丙型肝炎病毒／艾滋病病毒合并感染率较高的国家购买治疗丙型肝炎病毒的药物。

在 2012 年，联合国健康保障承诺基金和联合国人口活动基金（UN Fund for Population Activities）合作，加快了避孕用品在埃塞俄比亚和菲律宾的发放速度。在菲律宾，这意味着为该国最贫穷的人提供了周转资金，购买避孕用品，这标志着 40 年以来，菲律宾首次为计划而购买计生用品。在埃塞俄比亚，联合国健康保障承诺基金、世界银行、英国国际发展部和默克公司一起合作，快速购买了 60 多万个皮下埋植避孕药。如果没有联合国健康保障承诺基金的参与，实际购买数量至少要减少一半。而它们采购的价格也比较低，300 多万的埃塞俄比亚妇女都可以买得起这款生殖健康用品，消费者也比以前增长了 20%。这种注重前期投资的派发方式有效地将国民健康状况提升了 40%，同时也降低了孕产妇和儿童的死亡率。

在 2013 年，联合国健康保障承诺基金找到了新的机构大本营——发展筹资计划（Financing for Development），并在这里实现了规模发展。在美国国际开发署开发信贷局以及瑞典国际发展合作署的帮助下，该基金可以向商业银行申请贷款融资[64]，其贷款额度每年可达 10 亿美元。到目前为止，已经有 26 个国家使用了这种融资方法。该基金的其他合作伙伴还包括：默克公司、拜耳公司（Bayer）、印度通渠公司（Corporate Channels India）、丘比特公司（Cupid Ltd.）、妊娠国际（Pregna International）以及维斯特加公司（Vestergaard）。在 2014 年，它与卡尔弗特基金会合作，为 126 个国家的非营利性借款机构提供了类似的贷款产品。在泛非经济银行（Pan-African

Ecobank）的帮助下，它还将出资，为 36 个撒哈拉以南的非洲国家的卫生部和财政部提供卫生用品。

作为企业、非营利性机构、政府和资金捐助者的同盟，联合国健康保障承诺基金为它们提供了许多创新金融的经验。其中，最重要的是对时机的把握。据联合国疟疾防治和千年发展目标筹资特使雷·钱伯斯（Ray Chambers）介绍："资金对于我们实现目标至关重要。但是，对融资时机的把握，尤其是流动资金的到位时机，有时候与资金的绝对金额是多少同等重要。时机的把握通常意味着生与死的差别。"

当谈及联合国健康保障承诺基金的模式能否复制时，有些人指出，尽管市场有巨大的短期融资需求，而且现金的需求规模或许高达 1000 亿美元，但是，其交易方式是个性化的，因此，很难实现融资产品的结构化和规模化发展。然而，健康保障承诺基金已经确认了市场需求和市场失灵并存，展现了一种创新的融资方法，并激发人们采取了相关措施。例如，联合国儿童基金会最近发起了过桥基金（Bridges Fund），就是为了解决相同的融资时机难题。[65]

国际免疫筹资基金：公共卫生证券化

现在看看我们的朋友埃奇，他对结构化融资产品了如指掌，必将有助于打造全世界第一支疫苗债券。在前文中，我们已经了解到，国际免疫筹资基金成立于 2003 年，当时英国政府向高盛集团咨询，如何解决千年发展目标的融资缺口问题。在这个行动中，另一个关键合作伙伴是全球疫苗免疫联盟，它不仅是提供疫苗接种的领导机构，而且还对疫苗的支付方式进行了创新。[66] 国际免疫筹资基金是通过将未来的捐助承诺挪为今用的方式来设计债券的。而这些债券筹集的资金，已经全部投入到全球疫苗免疫联盟的疫苗接种事业当中。

像联合国健康保障承诺基金一样，国际免疫筹资基金最关注的也是时机问题。资金前置在这里有着重要的作用，因为全球的医疗事业此时此刻就需要用钱，而并非如援助承诺中所约定的那样，在未来几年以后才需要用钱。而且，使用这笔钱来支付现在的干预行动，例如接种疫苗，要比在未来治疗完全恶化的疾病划算得多。这个债券使得我们能够将节省下来的成本货币化（商业决策），并从资本市场筹集资金以达到该目的（融资决策）。

国际免疫筹资基金的创新并不仅在于发行了债券，它还对政府的长期承诺证券化，将它们转变为全球疫苗免疫联盟可以立即使用的资金，用于购买和分配疫苗。一旦收益源（这里指的是援助承诺）可以预测，就有可能汇集这些收益，并利用它们的多样化优势，来扩大债券的规模。由于不良房贷的恶性发展导致了金融危机，致使"证券化"也变成了一个贬义词。尽管如此，它本身仅仅意味着，将许多产生收入的资产纳入一个收益流、债券或证券当中，形成资金池，就是这么简单。这个收益流的回报前景，在从投资人处筹资的过程中，充当了担保物。

作为第一批证券化融资产品的发源地，按揭市场很好地体现了这个问题。个人按揭包括了跨期转移：我可以向未来的自己借款，用于现在买房，然后慢慢（大部分情况下，需要 30 年的时间）偿还这笔贷款，包括本金和利息。首批证券化融资产品将各种按揭贷款及其可预测的、各种各样的收益流汇集到一起，形成资金池，以便于从资本市场筹集更多的资金，发放更多的按揭贷款。在 1970 年，政府支持的房贷机构吉利美公司（Ginnie Mae）首次推出了抵押贷款支持证券（mortgage-backed securities，MBSs），亦称为债务抵押债券（Collateralized debt obligations，CDOs），通过汇集个人的按揭贷款来构建资金池，并以此为抵押贷款支持证券进行担保；这些抵押贷款支持证券可以在二级资本市场上进行出售。尽管抵押贷款支持证券和不良贷款这种有害组合导致了金融危机，但是，就证券化过程本身而言，其最基本的形式还是不错的。

最近，创新金融将证券融资应用到对药品的投资上。正如我们所见，最近几年，药品投资因为成本高、风险大、药品商业化过程太长等原因，一直难以实现快速发展。在发达国家，成熟的药品会申请专利，由此而产生的专利使用费形成多元资金流，用来打造医药债券，然后出售给投资人。将大量互不相关的风险聚集在一起，形成多元化特征，这是营销这些证券产品并筹集额外资金的关键。生物制药皇家信托基金（the BioPharma Royalty Trust）以及皇家药业信托基金（the Royalty Pharma Trust）是两家最著名的医药债券发行商。还有人在研究，对于其他形式的知识产权而言，应当如何应用这种融资模式。例如，麻省理工学院的安德鲁·罗（Andrew Lo）曾经提议，发行一种为药品研发筹资的巨型基金，来资助药品研发过程。[67]

但是，发展中国家贫穷人口的医疗卫生需求如何才能满足？如果没有典型的可以货币化的知识产权或者畅销药，我们可以用证券来为医疗干预筹集资金吗？这恰恰就是国际免疫筹资基金的尝试方向。它汇集了能产生资金流的资产，例如多个主权政府给予的未来发展援助承诺，然后将这个资金池重新打包并分成不同的资金份额，出售给投资人。

在 2005 年，意大利、西班牙、瑞典、挪威与英法两国一起共同承诺，将要给国际免疫筹资基金提供捐助。在接下来的一年中，该基金通过每年向机构投资人发行债券，筹集了 10 亿美元的资金。在那之后，捐助者名单还在逐渐增加，南非、荷兰和澳大利亚等国也加入到捐助国的行列中。这些国家总计捐助了 63 亿多美元的资金，[68] 都用于偿还国际免疫筹资基金的债券了。世界银行负责国际免疫筹资基金的财务管理，这一点很重要，因为它可以在资本市场上发行 AAA 级债券。这么好的信用让资金成本一直维持在低位。（这是与绿色债券市场一个重要的不同之处。国际免疫筹资基金的债券是世界银行和其他的主权国家支持或者担保的，这就减轻了成本的压力。）从 2006 年到 2013 年，国际免疫筹资基金从机构性和个人投资者那里筹集了超过 45.5 亿美元的资金，平均利率仅为 0.83%。2014 年 11 月，它发行了第一只伊斯兰债券（sukuk），这种债券遵循伊斯兰教教法，禁止索取或者支付利息。传统债券会将债权给到投资人手中，而与此不同的是，伊斯兰债券给予投资人对资产的所有权及相应的资金流，但同时也要承担风险。国际免疫筹资基金的伊斯兰债券为免疫接种筹集了 5 亿美金，[69] 成为伊斯兰资本市场第一只为了社会发展而发行的伊斯兰债券（这为国际免疫筹资基金赢得了《金融时报》的金融转型奖）。国际免疫筹资基金发行的伊斯兰债券的创新性和重要性体现在许多方面，其中之一就是它让发展金融所有权更多地落在区域或当地组织手中。伊斯兰债券的投资者之所以参与进来，是因为在国际免疫筹资基金所资助的疫苗接种工作中，约有半数都是发生在伊斯兰国家。

一些独立评估结果显示，作为一种资金前置的投资机制，国际免疫筹资基金的成本效益极高，它不仅给投资人带来了丰厚的收益，还成功实现了疫苗接种的规模化发展。对于投资人而言，疫苗债券意味着实现投资选择的多样化，在调整风险的同时获得诱人收益，同时，还是为了社会公共利益而进行投资的一个好机会。对于捐助者来说，国际免疫筹资基金已经超出了他们的预期，不仅贷款成本低于捐助者原本所能提供的加权综合利率，还能现在就兑现未来长期的承诺。[70] 对于全球疫苗免疫联盟来说，国际免疫筹资基金的债券融资既具有可预测性，又能长期使用。自 2006 年之后，它的资金已经使得全球疫苗免疫联盟的医疗项目支出翻了一倍，覆盖了各种长期计划、短期需求以及发展特殊疫苗的支出。例如，有了国际免疫筹资基金的资金，全球疫苗免疫联盟得以通过向联合国儿童基金会支付 10 亿美元的（占总份额的 90% 以上）担保付款，签署购买协议，获得第一批前文所提到的五联疫苗。这种特殊的疫苗可以预防五种传染病：白喉、破伤风、百日咳、B 型流感嗜血杆菌病和乙型肝炎。[71]

未来的国际免疫筹资基金

我们想要知道，能否对这些案例研究进行复制推广，这也是在创新金融领域中，我们时常会碰到的问题。与全球疫苗免疫联盟推行先期市场委托类似，国际免疫筹资基金也花费了多年的努力，才取得了现在的成功，它的发展也经历了各种特殊情况，包括千年发展目标之下强大的政治动力，英国前首相戈登·布朗的得力领导，以及盖茨基金会的大力支持等。从这个意义上说，国际免疫筹资基金的成功要归功于其捐助者的竭力推动。此外，它的成功还有赖于捐助者的热情、承诺和信用评级。［穆迪（Moody's）和惠誉（Fitch）在调降了英国和法国的信用等级时，也调降了国际免疫筹资基金的债券评级，但是，这并没有影响筹资情况。[72]］然而，就算捐助者愿意出钱，但是，他们往往没有时间或耐心来促成这些交易。和先期市场委托一样，国际免疫筹资基金并未提供一种可持续的或者可再生的资金来源。资金前置的融资方式对于一次性投资项目更加适合，而如果是经常性支出项目的话，那就不一定了。

所以，今后还会有另一个国际免疫筹资基金吗？尽管十分复杂（这并非只针对疫苗投资领域），我们期待已久的答案似乎是肯定的。2015 年 7 月，在亚的斯亚贝巴第三次发展筹资问题国际会议（Addis Ababa Third International Financing for Development Conference）上，联合国、世界银行、加拿大、挪威、日本及美国等国的政府，以及盖茨基金会联合宣布成立一个新融资机构：全球融资基金（the Global Financing Facility）。它的成立受到了国际免疫筹资基金的启发，旨在提升每一位妇女和每一名儿童的健康。这是一个五年的投资承诺，致力于提高生育、孕产妇、新生儿、儿童和青少年的健康水平。据估算，在这些方面的投资缺口每年高达 333 亿美元。[73] 这个融资机构的特殊之处才初现雏形而已。

健康领域的股权和影响力投资

除了债券投资，在全球医疗研发领域，创新金融在股权和影响力投资方面，也取得了长足的进步。接下来的医疗发展案例将向我们展示，有许多成功的、类似股权投资行为依然要求多种资本进行混合投资，也就是说，这些资金来自于一大批不同投资人，他们或追求社会效益，或追求经济收益。在某些情况下，这也意味着，需要有慈善捐助或者优惠资金来帮助商业投资人降低风险，考虑到资金缺口如此之大，引入商业投资势在必行。

这就是全球健康投资基金的设计理念。该基金成立于 2013 年，是盖茨基金会和摩根大通合作的产物。加拿大重大挑战奖为其提供了种子资金。截至目前，该基金已经从各类投资人那里调动了 1.08 亿美元，这些投资者包括许多高净值的个人和基金会（盖茨基金会、儿童投资基金会）、机构投资人（法国安盛投资管理公司、摩根大通、挪威斯德布兰德金融投资公司）、制药商（葛兰素史克、默克公司、辉瑞公司）、政府支持的基金会（德国复兴信贷银行、瑞典国际发展合作署）以及国际金融公司等。

全球健康投资基金主要关注的是针对疾病初期的研发，力图通过医学突破来推动医疗干预，帮助那些需要帮助的人们。它希望能够吸引专项投资，用于消灭可预防的疾病，救人性命，并减轻医疗系统的压力。从设计上看，与全球疫苗免疫联盟的投资方式不同，全球健康投资基金的投资针对的是疾病的初期阶段，因而它的风险要更大一些。还记得在研发领域，股权投资人所采用的"买彩票方法"吗？到目前为止，几乎没有发展援助资金或者商业资金愿意承担这种新兴市场的"上游风险"。而全球健康投资基金有效地为公司提供了夹层资金（mezzanine funding），帮助它们完成那些平时它们不太会去承担的项目，例如资助药品测试，或者完成那些已经处于研发后期的药品或者技术开发项目。它有望在 5 年之内，获得能够让私募或者机构投资人感到满意的收益，然后继续筹集到更多的资金。（据全球健康投资基金估计，本阶段的研发还需要再投入 10 亿到 20 亿美元。）

全球健康投资基金从盖茨基金会和瑞典国际发展合作署得到的担保虽然只是部分担保，但是却很实用：投资资金的第一损失只要不超过 20%，都可以获得全额资金，而后续产生的任何损失，投资人也会担付其中的一半。这种担保与保险免赔有些类似，它已经成为一种重要杠杆，不仅吸引私人众筹，还以典型的私募方式，来吸引其他投资人做有限责任伙伴。对于某些投资人来说，这种担保还有助于形成激励，确保每个人，包括盖茨基金会，都能分得一杯羹。也就是说，除了做慈善，还可以从投资质量和投资结果中获得经济收益。

全球健康投资基金的投资理论也有创新之处，它同时寻求市场应用和市场机遇，让药品发展在经济上切实可行，帮助最贫穷的人们买药治病，如果不是通过这样的方式，这一切都不可能发生。这意味着，我们需要找到好药，既可以帮助最贫困的人，对于中高收入市场来说，也存在用途，可以得到应用，同时具备市场吸引力。截至 2015 年 7 月，全球健康投资基金已经遵循这些原则进行了三项投资，用不同的方式展示了私人资金的灵活性，为公共资金所不能。

全球健康投资基金的首笔投资投给了艾匹斯腾生物技术公司（Epistem PLC），投资金额为 800 万美元。这家生物技术公司研发了一种新技术，既能诊断肺结核并发现其耐药性，还能诊断丙型肝炎。在发达国家，人们受到丙型肝炎的影响更大一些，这些地方的投资回报率也更高一些。全球健康投资基金的第二笔投资投给了韩国生物制剂公司 EuBiologics，投资金额为 500 万美元。该公司主要研制口服霍乱疫苗，价格对于公共部门的购买者而言相对实惠。全球健康投资基金的投资是一种必要保障，让制药公司能够以较低的价格生产更多药品。这样一来，全球疫苗免疫联盟才有可能买得起疫苗。如果疫苗的生产项目仅仅依靠捐助资金，那么，慈善机构所要求的药价恐怕会太低，不足以吸引制造商继续进行大规模生产。在此，商业的均衡对提供激励起到了促进作用：均衡的价格对各方都有利，全球疫苗免疫联盟能买得起疫苗，生物制剂公司能通过生产疫苗而获利，全球健康投资基金也能获得收益。

全球健康投资基金的第三笔投资投了 1000 万美元，用于莫昔克丁（Moxidectin）的药品注册。莫昔克丁本来是惠氏公司（Wyeth）研发的一种动物药，但是后来发现，它可以用来医治人类的河盲症。尽管该药品已经通过了第三阶段的测试，但是由于它无法在动物医疗市场上实现盈利，因而遭到了实验室的搁置。后来一名澳大利亚的研究员发现，莫昔克丁能够治疗疥疮，这种螨虫引起的皮肤病在较为富裕的国家很常见，因此，美国食品药物管理局（FDA）愿意为其出具一份市场估值庞大的优先审评凭单。尽管该药品不能在河盲症治疗上盈利，但是治疗疥疮是赚钱的。全球健康投资基金为其提供了资助，重启了药品试验，推进了药品的研发，也因此而分享到了优先审评单上庞大市场份额中的一部分。

在快速发展的影响力投资领域，全球健康投资基金并不孤单。其混合资本的投资结构和双重市场投资理论生动地说明了，该如何创造性地利用股权，在全球医疗领域中推动创新金融的发展。其他机构虽然不像全球健康投资基金那样，将投资集中于研发，但是，它们同样进行了创新。例如，非洲医疗市场股权项目（the African Health Markets for Equity）关注的是医疗保健的特许经营，而非洲健康基金（the African Health Fund）则致力于推进各种医疗产品和服务的发展。在其投资组合中，它既投资了内罗毕医院的妇女儿童治疗项目，又投资了在加纳的私人医疗服务项目，还投资了肯尼亚的一家注射器制造商。虽然这些援助资金一般都低于 1 亿美元，但是也不乏大手笔，阿布拉杰资本公司（Abraaj Capital）就筹资了 10 亿美元，用于投资亚非拉的医疗卫生建设。[71] 这里只列举了一两个事例。据估计，在 800 亿美元的影响力投资中，有半数资金都直接投向了医疗健康方面。

当然，这些投资也面临着一些自身的挑战。沙拉·盖尔芬德（Sarah Gelfand）和贝斯·巴福德对非洲和印度医疗发展的私人投资进行了综合评价，他们发现，尽管服务于"中低收入的消费者"的"私人医疗市场非常活跃"，但是，这个市场却经历了无数"成长的痛苦"。他们注意到，这一点对于影响力投资人来说尤为真实，这些投资人希望获得"市场收益率，或近似市场收益率的回报"，但是，在大部分情况下，如果他们只单纯为金字塔最底层的人们服务，虽然能实现"最大的影响"，但却无法实现他们的盈利目标，这是他们不愿意完全接受的现实。总而言之，他们发现了投资者和企业期待之间的错位，而这也是更大的新兴影响力投资产业所面临的问题。[75]

尽管影响力投资是创新金融和医疗讨论的焦点，但是本章中的案例表明，事实上，"看得见的手"可以通过极为强大而灵活的组合方式进行调控。无论是征收"团结税"，奖励与挑战，还是简单老套的贷款，在医疗项目融资中，最厉害的创新进步往往涉及一些新的应用，也就是说，对经过时间检验的实践展开灵活的新应用。国际药品采购机制和国际儿童营养筹资机制表明小微税收的吸引力在于，它们数额微小，不会引起付费者的注意，但是积少成多，又足够给公共医疗带来一些改变。相比而言，"罪孽税"，比如向烟草征税，旨在阻止一些代价高昂的行为，同时筹资来应对这些行为的后果。如果既得利益一致，那么会更容易推行卫生政策和管理制度。因为这时，在底线收益中，公司就会发现健康的劳动力和消费人群的价值。在烟草和化石燃料的案例中，如果维护公共利益，就与短期商业模式发生了冲突，那么，事情也就变得棘手了。

在医疗领域中，加拿大的重大挑战奖向我们展现了，数百年来的融资套路在 21 世纪的真实写照，动员创新者们进行创新，鼓励科技突破。这些奖项体现了新一代市场重塑者的一份功劳。他们扭转了市场失灵，并供给与需求进行匹配：他们懂得转移风险，"只为成功买单"，并在此过程中吸引新的资金。事实的确如此，例如，全球疫苗免疫联盟的先期市场委托和金额更小的购买协议，就是很好的例证。创新金融在医疗事业中还形成了令人激动不已的一些新发展，例如，以自然资源的限额交易模式为基础发展出来的医疗信用交换，就属于重塑市场的投资活动。

在医疗领域的创新金融中，最为硕果累累的恐怕当属对贷款产品的新型应用或重新构思。正如我们所见，这些调整包括：债务豁免和债务减免，医疗产品交易融资的新模式，还有国际免疫筹资基金对证券化创新应用，将未来的援助承诺转变为今天的疫苗资金。这些创新金融机制的成功在于它们利用了额外的资金来源，同时还改善了激励措施，让我们能够做出更好的投资决策。国际免疫筹资基金的前期投资是很重要的，这种跨时转移就是金融的基本作用。它允许全球疫苗免疫联盟来购买疫苗，进行预防性很强因而成本效益也很高的卫生干预行为。这与气候变化中的"预防为主，治疗为辅"是一个道理。这也显示了蚊帐保障基金和联合国健康保障承诺基金的力量所在。它们提供的流动资本使国家购买药品和蚊帐的时间比传统的援助提前好几个月。在贫穷的国家，这几个月可能挽救很多生命。

创新金融能够改善治理、增进信任、提升发展的自主性，这一点在许多案例中大家有目共睹。为了减轻捐助者的担忧，国际药品采购机制和国际儿童营养筹资机制独立于国家机构之外运行（分别在世界卫生组织和联合国儿童基金会），从构想和实际两方面，能最大程度减少小微税收所得资金的误用。同样的，全球基金负责将债务有条件转化成健康投资，将债务豁免转化为卫生支出。可能更重要的是，这些创新金融的方法给予了国家需要且想要的发展自主权。从一开始，全球基金就去资助国家自己确认的需求、设计和实施的项目。同样的，全球疫苗免疫联盟积极响应发展中国家对接种免疫的需求，鼓励它们共同出资，投资疫苗工程。这是创新金融的里程碑，并且将会越来越重要。因为在医疗服务的普及、卫生系统和全民医疗保健覆盖面等方面，各国会进行更多不同的医疗项目和优先发展项目，它们会想要这么做，也需要设计融资产品并筹集资金。

当然，我们之所以在医疗领域看到了那么多融资实验，原因之一是因为需求旺盛。尽管有观点上的突破和重要的证据支撑，但是，许多医疗技术的进步并未有效推广。债务转为健康投资以及联合国健康保障承诺基金就是两个这样的案例，每个案例中，都包含好几个定制交易，而且都非常复杂，难以建构。对于全球疫苗免疫联盟的先期市场委托和国际免疫筹资基金的证券化而言，也是同样的道理，尽管它们的交易量要大得多。数年来，发展中国家一直等待、期盼着这些创新金融的榜样工程能够再度进行。像国际免疫筹资基金的疫苗债券一样，先期市场委托配置费时且极具挑战性。它们都花费了好几年才完成起步，都结合了重要的政治风向和政治主张。当然，它们的资金也不能再生，因此，每轮的投资都需要筹集新的资金。

这些因素解释了，影响力投资背后的动态逻辑：寻求规模发展，从而获得更多收益，补充资本，吸引商业资本投资，让全世界不再只依赖于官方发展援助和慈善机构捐款。尽管这两种资金来源都很慷慨，充满着善意，但是，我们都明白，这些资源也不足以满足全球的医疗需求和目标。创新金融是必然选择。在本章中，我们认识了政府及多边机构的贷款信用如何降低了资金的成本，慈善机构的担保如何对私人资本进行了众筹，投入到有风险但可以改善生活的医疗卫生事业中。这就是"看得见的手"所发挥的作用，通过新的安排，吸引更多更好的资金来源，以应对全球迫在眉睫的挑战。

医疗事业的众筹融资

众筹为医疗事业提供了一种全新的、额外的且富有前景的筹资新渠道。正如我们所见，众筹首先出现于非营利领域，目前，已经发展成为价值数十亿美元的融资产业。世界银行及其他机构对这种融资方式表示乐观，认为这种趋势可能会为医疗事业发展提供额外的慈善资金或者商业资金。现在，众筹资金的规模还相对较小，主要由慈善资金构成。显而易见的是，由于问责制以及保护消费者等原因，敲门砖众筹等众筹平台已经需要加强对可资助的医疗产品类型的限制，包括那些受到严格监管的或者宣称疗效极强的药品。

最近几年，一些专门针对医疗领域的网上众筹平台不断涌现了出来，在发达国家更是如此。这些平台包括MedStartr和Kangu等关注全球医疗问题的小型项目捐助平台，例如与免费外科手术、改善医疗设施、提供产前和生产协助有关的医疗项目。相比而言，像医疗基金（Healthfundr）这样的众筹网站，则是为医疗创业公司与追求利润的合格投资人搭建了一个沟通的平台。然而，从资金需求角度，尤其是从发展中国家医疗项目的资金需求量来看，这些渠道的规模依然有待扩大。

注 释

1. See, for example, "The Millennium Development Goals Report: 2015," United Nations, July 2015, http://www.un.org/millenniumgoals/2015_MDG_Report/pdf/MDG%202015%20rev%20(July%201).pdf.

2. "Economic Costs of Malaria," Roll back Malaria Partnership Factsheet, 2010. http://www.rollbackmalaria.org/files/files/toolbox/RBM%20Economic%20Costs%20of%20Malaria.pdf

3. Dr. Fatoumata Nafo-Traore, "Stretching the Dollar for Global Health: Maximizing the Impact of Investments in Malaria," *Global Health and Diplomacy*, Winter 2014, 13.

4. Ramanan Laxminarayan et al., "Economic Benefit of Tuberculosis Control" (research

paper, No. 4295, World Bank, Washington, DC, 2007).

5. "World Spends More than $200 Million to Make Countries Healthier," Insti- tute for Health Metrics and Evaluation, http://www.healthdata.org/news-release/world-spends-more-200-billion-make-countries-healthier.

6. UNAIDS Factsheet, 2014. http://www.unaids.org/en/resources/campaigns/2014/2014gapreport/factsheet

7. For a much fuller discussion of health investment ROI, see, for example, Sergio Spinaci et al., *Tough Choices: Investing in Health for Development* (Geneva: World Health Organization, 2006).

8. Margaret Chan, head of the WHO, has stated that the estimated cost of reducing the noncommunicable disease (NCD) burden in developing countries from 2011 to 2025 is $11 billion ($1–$3 per capita), compared to $7 trillion in lost economic output associated with the four major NCDs in those countries under a "business as usual" scenario. Margaret Chan, "A Fair World for Health," *Global Health and Diplomacy*, Winter 2014, 64.

9. This is a conservative estimate, as these returns do not capture the net present value associated with things like long-term educational achievement, a healthy child's future economic prospects, or the benefits of stemming a highly contagious disease, all associated with the vaccines.

10. Bill Gates, discussing global health investments at JP Morgan Chase in September 2013. Video published September 27, 2013: https://www.youtube.com/watch?v=M0hyAEijeAg.

11. Ruth Levine, Michael Kremer, and Alice Albright, *Making Markets for Vaccines: Ideas to Action* (Washington, DC: Center for Global Development, 2005). See also Geor- gia Levenson Keohane, *Social Entrepreneurship for the 21st Century* (New York: McGraw Hill, 2013), 58–59.

12. "Financing Global Health 2014: Shifts in Funding As the MDG Era Closes," Institute for Health Metrics and Evaluation, http://www.healthdata.org/policy-report/financing-global-health-2014-shifts-funding-mdg-era-closes.

13. Joseph Dielman and Christopher Murray, "Sources and Focus of Health Devel- opment Assistance, 1990–2014," *Journal of the American Medical Association*, June 2015, http://www.healthdata.org/research-article/sources-and-focus-health-

development-assistance-1990–2014, http://jama.jamanetwork.com/article.aspx?articleid =2320320&resultClick=3.

14. The United States provided $143 billion between 1990 and 2014, including $12.4 billion in 2014, for global health, with particular leadership on HIV/AIDS and malaria. Ibid.

15. N. Ravishankar et al., "Financing of Global Health: Tracking Development Assistance for Health from 1990 to 2007," *Lancet* 373, no. 9681 (June 20, 2009): 2113–2124, doi:10.1016/S0140-6736(09)60881-3.

16. This is particularly true in the push for systemwide universal health coverage in many developing countries. One of the Sustainable Development Goals (SDGs), the postmillennium goals for 2030, concerns universal health coverage, calling for universal access to health without financial burden. This linkage among equity, access, health, and development—what Dr. Margaret Chan, the head of the WHO, calls "the single most powerful concept that public health has to offer" and "one of the most power- ful social equalizers among all policy options"—became a rallying cry and organiz- ing principle for a large coalition of health advocates in the lead-up to the articulation of SDGs. See, for example, Dr. Margaret Chan, "Opening Remarks at a WHO/World Bank Ministerial- Level Meeting on Universal Health Coverage," World Health Orga- nization, February 18, 2013, http://www.who.int/dg/speeches/2013/universal_health_coverage/en/, and "Finding New Financing Is Vital for Sustaining Health in the Post- MDGs World," *Third International Conference on Financing for Development Blog*, June 11, 2015, http://www.un.org/esa/ffd/ffd3/blog/new-financing-vital-for-sustaining-health. html. See also, for example, "Financing Global Health Post-2015," Center for Global Health and Diplomacy, Winter 2014, http://www.cghd.org/index.php/publication/view-issues-of-ghd/32-publication/149-winter-2014-financing-the-future-of-global-health.

17. http://www.theglobalfund.org/en/overview/.

18. See, for example, http://www.theglobalfund.org/en/partners/innovativefinancing/. PRODUCT (RED) partners include, among others, American Express, Apple, Bugaboo International, the Carlos Slim Foundation, Converse, Dell + Microsoft, GAP, Giorgio Armani, Hallmark, Motorola, and Starbucks Coffee. See also http://www.red.org/en/learn/manifesto.

19. "About UNITAID," http://www.unitaid.org/en/who/about-unitaid.

20. "French Contributions to The Global Fund to Fight Aids, Tuberculosis, and Malaria," Evaluation Report Number 126, French Ministère Des Affaires Étrangères 2013, http://www.diplomatie.gouv.fr/en/IMG/pdf/Web-126_UK_cle099bf6.pdf.

21. "Innovative Financing," UNITAID, http://www.unitaid.org/en/how/innovative-financing.

22. See, for example, Brookings Global Health Financing Initiative, "Airline Solidarity Contribution," Brookings Institution, http://www.brookings.edu/~/media/Projects/global-health/airline.PDF.

23. For further discussion, see, for example, Robert Hecht, Amrita Palriwala, and Aarthi Rao, "Innovative Financing for Global Health: A Moment for Expanded U.S. Engagement?" Center for Strategic and International Studies, March 2010, http://csis.org/files/publication/100316_Hecht_InnovativeFinancing_Web.pdf.

24. Richie Ahuja, "Passengers on India's Largest Airline Can Now Invest in Low-Carbon Rural Development," Environmental Defense Fund, February 10, 2014, https://www.edf.org/blog/2014/02/10/passengers-indias-largest-airline-can-now-invest-low-carbon-rural-development.

25. Sharon Nakhimovsky et al., "Domestic Innovative Financing for Health: Learning from Country Experience," USAID, October 2014, 25, http://pdf.usaid.gov/pdf_docs/PA00KF1K.pdf.

26. Miles, "UN Entrepreneur Taps African Oil for Child Health."

27. Ibid.

28. Taskforce on Innovative International Finance for Health Systems, "More Money for Health, and More Health for the Money," International Health Partnership, 2009, http://www.internationalhealthpartnership.net/fileadmin/uploads/ihp/Documents/Results_____ Evidence/HAE_ results_____lessons/Taskforce_report_EN.2009.pdf.

29. See, for example, Nakhimovsky et al., "Domestic Innovative Financing for Health," 14–15.

30. International Monetary Fund Fiscal Affairs Department, "Revenue Mobiliza- tion in Developing Countries" (policy paper, International Monetary Fund, Washington, DC, March 8, 2011, http://www.imf.org/external/np/pp/eng/2011/030811.pdf).

31. The Ghana example is also considered successful in part because of its rela- tively simple design, although it does demonstrate that countries with relatively higher income

levels, economic reforms in place, and some degree of political transparency will have more success with a VAT than others. Nakhimovsky et al., "Domestic Innova- tive Financing for Health," 21.

32. "World Bank Data Migration and Remittances Data," http://econ.worldbank. org/ WBSITE/EXTERNAL/EXTDEC/EXTDECPROSPECTS/0,,contentMDK:22759429~p agePK:64165401~piPK:64165026~theSitePK:476883,00.html.

33. Ibid.

34. Nakhimovsky et al., "Domestic Innovative Financing for Health," 15–16.

35. Jean-Baptiste Vey, "France, Austria Push to Break Deadlock on Transactions Tax," Reuters, January 22, 2015, http://www.reuters.com/article/2015/01/22/eu-tax-idUSL6N0 V117X20150122.

36. The International Monetary Fund has suggested that the lack of a VAT on financial services has led to a larger financial sector than would otherwise be the case, and others, including Nobel laureate James Mirrlees, suggested that there "was no rea- son financial services should be treated any differently from the provision of other ser- vices on which VAT is payable, like having a car repaired or a boiler fixed." Larry Elliot, "Taxing Times: Banks Are the Golden Goose That Won't Hiss Too Much," *Guardian*, April 5, 2015, http://www.theguardian.com/business/economics-blog/2015/apr/05/financial-sector-tobin-tax-vat-bonuses-bankshttp://www.ifs.org.uk/publications/5353. For updates on the European FTT, see http://www.kpmg.com/uk/en/services/tax/corporatetax/pages/european-financial-transaction-tax.aspx.

37. Robert Gillingham, "Fiscal Policy for Health Policy Makers," World Bank, March 2014, http://www-wds.worldbank.org/external/default/WDSContentServer/WDSP/IB /2014/05/12/000456286_20140512104354/Rendered/PDF/879810WP0Fisca00Box 385214B00PUBLIC0.pdf. See also World Health Organization, *Preventing Chronic Dis- eases: A Vital Investment* (Geneva: World Health Organization, 2005).

38. "From Burden to 'Best-Buys': Reducing the Economic Impact of NCDs in Low- and Middle-Income Countries," World Health Organization, 2011, http://www.who.int/ nmh/publications/best_buys_summary/en/.

39. Lancet Commission on Investing in Health, "Global Health 2035: A World Converging Within a Generation," Lancet, December 3, 2013, http://www.thelancet. com/commissions/global-health-2035.

40. See, for example, "WHO Report on the Global Tobacco Epidemic, 2015: Rwanda," http://www.who.int/tobacco/surveillance/policy/country_profile/rwa.pdf. See also Karin Sternberg et al., "Responding to the Challenge of Resource Mobilization: Mechanisms for Raising Additional Domestic Resources for Health," World Health Organization, 2010, http://www.who.int/healthsystems/topics/financing/healthreport/13Innovativedo mfinancing.pdf.

41. http://tobacconomics.org.

42. Nakhimovsky et al., "Domestic Innovative Financing for Health," 27.

43. See, for example, "Report on the Global Tobacco Epidemic," World Health Organization, 2013, http://apps.who.int/iris/bitstream/10665/85380/1/9789241505871_ eng.pdf?ua=1.

44. Danessa O. Rivera, "PHL Exceeds Revenue Goal for Sin Tax in First Year with P34-B Collection," GMA News, January 3, 2014, http://www.gmanetwork.com/news/ story/342322/economy/finance/phl-exceeds-revenue-goal-for-sin-tax-in-first- year-with-p34-b-collection.

45. See, for example, Georgia Levenson Keohane, "The Pull of Prizes," in *Social Entrepreneurship for the 21st Century* (New York: McGraw-Hill, 2013), 55–61. See also Jonathan Bays, *"And the Winner Is …": Capturing the Promise of Philanthropic Prizes* (New York:McKinsey & Company, 2009); Liam Brunt, Josh Lerner, and Tom Nicholas, "Inducement Prizes and Innovation" (discussion paper, No. 6917, Centre for Economic Policy Research, London, 2008); and Thomas Khalil, "Prizes for Technological Inno-vation," Brookings Institution, December 2006, http://www.brookings.edu/~/media/ research/files/papers/2006/12/healthcare-kalil/200612kalil.pdf.

46. See, for example, Challenges.gov. For further exploration, see "The Obama Administration in Theory: Social Innovation Goes to Washington" and "The Obama Administration in Practice: Unleashing the Innovation Mojo," in Keohane, *Social Entre-preneurship for the 21st Century*, 151–172.

47. USAID's Grand Challenges for Development have included, among others, Fighting Ebola, Securing Water for Food (with Sweden), Saving Lives at Birth (with Norway, the UK's Department for International Development, Grand Challenges Canada, the Gates Foundation, and the World Bank), All Children Reading (with Australia), Powering Agriculture, and Making All Voices Count. http://www.usaid.gov/grandchallenges.

48. See http://grandchallenges.org.

49. See, for example, "Innovative Financing for Global Health R&D," Milken Insti- tute, 2012, 13–14, http://assets1c.milkeninstitute.org/assets/Publication/InnovationLab/ PDF/FIL-Global-Health-Report.pdf. See also Defin Advisors, "Innovative Finance: Gap Analysis: Report to SIDA," DevFin Advisors and SIDA, "Innovative Finance: Gap Analysis," DevFin Advisors and SIDA (June 2014).

50. In the poorest countries, pneumonia and diarrhea account for 29 percent—nearly one-third—of child deaths. World Health Organization, "Ending Preventable Deaths from Pneumonia and Diarrhea by 2025," 2013. http://www.who.int/maternal_child_adolescent
/news_events/news/2013/gappd_launch/en/

51. Cynthia Dailard, "HPV in the United States and Developing Nations: A Prob- lem of Public Health or Politics?" *Guttmacher Report on Public Policy* 6, no. 3 (August 2003), http://www.guttmacher.org/pubs/tgr/06/3/gr060304.html.

52. M. L. Stack et al., "Estimated Economic Benefits During the 'Decade of Vac- cines' Include Treatment Savings, Gains in Labor Productivity," *Health Affairs* 30, no. 6 (June 2011): 1021–28.

53. Levine, Kremer, and Albright, *Making Markets for Vaccines*. See also Keohane, *Social Entrepreneurship for the 21st Century* (New York: McGraw Hill, 2013), 58–59.

54. http://www.gavi.org/about/mission/facts-and-figures/.

55. This includes work with the Decade of Vaccines Collaboration. http://www.gavi.org/ about/ghd/dov/. See also M. L. Stack, S. Ozawa, D. M. Bishai, A. Mirelman, Y. Tam, L. Niessen, D. G. Walker, O. S. Levine, "Estimated Economic Benefits During the 'Decade of Vaccines.'" *Health Affairs* June 2011 30:61021–1028.

56. Dalberg Global Development Advisors, "The Advance Market Commitment for Pneumococcal Vaccines: Process and Design Evaluation," GAVI, February 2013, http:// www.gavi.org/Results/Evaluations/Pneumococcal-AMC-process---design-evaluation/.

57. It is estimated that an AMC to encourage two to three manufacturers to work on this would have to be approximately $4.5–$5.0 billion. "Global Health Financing Ini- tiative, Snapshot," Brookings Institution, http://www.brookings.edu/~/media/Projects/global-health/vaccines.PDF.

58. See Center for Accelerating Innovation and Impact, "Healthy Markets for Global

Health: A Market Shaping Primer," USAID, Fall 2014, 36, http://www.usaid.gov/sites/
default/files/documents/1864/healthymarkets_primer.pdf. See also "GAVI Alliance
Secures Lower Price for Rotavirus Vaccine" (press release), GAVI, April 10, 2012,
http://www.gavi.org/library/news/press-releases/2012/gavi-secures-lower-price-
rotavirus-vaccine/#sthash.Y8aVZgbj.dpuf.

59. "Innovative Financing for Development: Scalable Business Models That Pro- duce
Economic, Social and Environmental Outcomes," Global Development Incubator,
September 2014, 12, http://www.globaldevincubator.org/wp-content/uploads/2014/09/
Innovative-Financing-for-Development.pdf.

60. Peter Blair Henry, *Turnaround: Third World Lessons for First World Growth*(New
York: Basic Books, 2013).

61. http://pdf.usaid.gov/pdf_docs/PA00KF1K.pdf; see also International Monetary Fund,
"Debt Relief Under the Heavily Indebted Poor Countries (HIPC) Initiative," 2014.
IMF Fact Sheet: imf.org/external/np/exr/facts/pdf/hipc.pdf. See also Sharon Nakhi-
movsky, John Langenbrunner, James White, Abigail Vogus, Hailu Zelelew, Carlos Avila,
"Domestic Innovative Financing for Health: Learning from Country Experience," US
AID, October 2014, http://pdf.usaid.gov/pdf_docs/PA00KF1K.pdf.

62. See Nakhimovsky et al., "Domestic Innovative Financing for Health," 40; Hecht,
Palriwala, and Rao, "Innovative Financing for Global Health," 16.

63. Amanda Glassman and Chris Lane, "Smooth and Predictable Aid for Health: a
Role for Innovative Financing?" Brookings Global Economy and Development, 2008,
p. 4, http://www.brookings.edu/~/media/research/files/papers/2008/8/global-health-
glassman/08_global_health_glassman.pdf. See also Homi Kharas, "Measuring the
Cost of Aid Volatility." Working paper for the Wolfensohn Center for Development at
Brookings Institution, 2008.

64. Ibid., 45.

65. "U.S. Fund for UNICEF Bridge Fund," UNICEF, http://www.unicefusa.org/unicef-
bridge-fund.

66. The International Finance Facility for Immunisation, Gavi and the World Bank, 3.

67. Lo's drug development mega fund would support drugs in different stages of
development and might target a particular disease (say, cancer) or orphan diseases
(those that reflect random mutations of genes and are therefore not well correlated). Its

research-backed debt obligations could generate attractive returns for institutional investors and would not be highly correlated with the stock market. Jose-Maria Fernandez, Roger M. Stein, and Andrew W. Lo, "Commercializing Biomedical Research Through Securitization Techniques," *Nature Biotechnology* 20 (2012): 964–975, http://www.nature.com/nbt/journal/v30/n10/full/nbt.2374.html; Andrew Lo, "Wall Street's Next Bet: Cures for Rare Diseases," *Fortune*, January 21, 2014, http://fortune.com/2014/01/21/wall-streets-next-bet-cures-for-rare-diseases/?section=magazines_fortune.

68. UK: $2.98 billion over 23 years; France: $1.72 billion over 20 years; Italy: $635 million over 20 years; Norway: $264 million over 15 years; Australia: $256 million over 20 years; Spain: $240 million over 20 years; Netherlands: $114 million over 8 years; Sweden: $38 million over 15 years; South Africa: $20 million over 20 years; Brazil: $20 million over 20 years (pending). See http://www.iffim.org/donors/.

69. The IFFIm *sukuk* was coordinated by Standard Chartered Bank, working with Barwa Bank, CIMB, the National Bank of Abu Dhabi, and NCB Capital Company. http://www.iffim.org/Library/News/Press-releases/2014/International-Finance-Facility-for-Immunisation-issues-first-Sukuk,-raising-US$-500-million/

70. See, for example, Mark Pearson et al., "Evaluation of the International Finance Facility for Immunisation," GAVI, June 2011, http://www.gavi.org/results/evaluations/iffim-evaluation/.

71. IFFIm also funded tactical purchases that helped to prevent 1.4 million deaths from yellow fever, polio, and measles. In addition, dedicated IFFIm funding played a significant role in combating 600,000 cases of meningitis and maternal and neonatal tetanus.

72. In March 2013, Moody's downgraded the IFFIm from Aaa to Aa1, following its downgrade of the UK (IFFIm's largest grantor) from Aaa to Aa1. In December 2014, Fitch also downgraded from AA+ to AA with a stable outlook.

73. "Global Financing Facility Launched with Billions Already Mobilized to End Maternal and Child Mortality by 2030" (press release), World Bank, July 13, 2015, http://www.worldbank.org/en/news/press-release/2015/07/13/global-financing-facility-launched-with-billions-already-mobilized-to-end-maternal-and-child-mortality-by-2030.

74. Daniel Schafer, "Aureos Health Fund Highlights Africa Focus," *Financial Times*, December 11, 2011; see also "Africa Health Fund," Gates Foundation, http://www.

gatesfoundation.org/How-We-Work/Quick-Links/Program-Related-Investments/Africa-Health-Fund. Abraaj Capital has stated that it will look to fund greenfield investments and provide growth capital to health-care companies focused on health- care services, retail pharmacies, and the distribution of medical technologies and medicine.

75. Beth Bafford and Sarah Gelfand, "Impact Investing in Global Health: Let's Get Flexible," Stanford Social Innovation Review, April 16, 2015, http://ssir.org/articles/ entry/impact_investing_in_global_health_lets_get_flexible. See also Sarah Gelfand and Beth Bafford, "Strengthening Health Systems in Developing Countries Through Private Investment: Lessons from the Global Health Investment Landscaping Project (GHILP)," Calvert Foundation, January 2015, http://www.calvertfoundation.org/ storage/documents/GHILP-Final-Deck-Publish-web.pdf. These issues are not unique to health impact investing, but part and parcel of larger industry maturation. See, for example, Matt Bannick and Paula Goldman, "Priming the Pump: The Case for a Sector Based Approach to Impact Investing," Omidyar Network, September 2012, https://www. omidyar.com/insights/priming-pump-case-sector-based-approach-impact-investing; and "From the Margins to the Mainstream: Assessment of the Impact Investment Sector and Opportunities to Engage Mainstream Investors," World Impact Forum, Septem- ber 2013, http://www3.weforum.org/docs/WEF_II_FromMarginsMainstream_ Report_2013.pdf.

第三章

普惠金融与融资渠道

　　首先，让我们来思考这样一件事情：一位二十多岁、生活在印度偏远地区的女士是某个小额信贷组织的客户。近些年来，她用黄金作为抵押物，申请了为数不小的珠宝贷款——这种做法司空见惯。一天，在去务农的路上，她被一辆过路的摩托车撞倒，不幸身亡。悲剧发生后，印度金融管理研究学院信托公司（IFMR Trust）——其小额信贷机构的母公司——了解到她肩负着五个人的生活。她的丈夫离她而去了，她必须努力劳动，养活两个年幼的孩子、一个兄弟（姐妹）和一双父母。"显而易见，她最需要的金融干预是人寿保险，对她来说，这可比珠宝贷款要有用得多。"印度金融管理研究学院信托公司的董事长宾杜·阿南什（Bindu Ananth）哀叹道[1]。

　　这样的洞见不仅使得印度金融管理研究学院信托公司成为金融创新的领导者，更标志着在普惠金融领域中，正在广泛发生一系列重大变革；这些举措让全球的贫困人口、企业和社区得以接触到更多金融服务，并改善了他们的融资渠道。

　　尽管每年脱贫的家庭数以百万计，但是，在面对突发卫生事件、失业、自然灾害以及其他灾难性事故的冲击时，他们仍然十分脆弱。就像人寿保险一样，储蓄、汇款及借款等基本金融工具可以帮助人们管理风险，化解这些冲击。如果没有这些金融工具，来之不易的经济成果将会被轻易破坏。普惠金融确保了所有的人都能够享受到基础金融服务，包括世界上最贫困的那些人；它属于一种公共利益。近年来，我们通过拓展银行服务，改善家庭的经济恢复情况，提高社区的经济活力，取得了不少成绩。

据世界银行估算，从 2011 年到 2014 年，（至少）拥有一个银行账户的人口数量增长了 7 亿。这意味着，全世界已拥有银行账户的成年人人口从 51% 增长到了 62%。我们清楚，这种扩张在很大程度上是由移动技术带动的：全球已有数亿人口可以在自己的手机上使用电子支付服务，在后文中我们将对此进行详细研究。不过，在世界范围内，仍有 20 亿的成年人人口未开设银行账户，而发展中国家的人口中，只有不到半数的人参与到了金融系统当中（图 3.1 表明了世界未开设银行账户的人口分布）。而在贫困地区，女性拥有银行账户的比例则更低[2]。

由于接触不到基础金融服务，绝大多数的贫困家庭都在使用现金，他们依靠牲口、珠宝首饰等实物资产或放贷人的贷款来满足他们的短期融资需求。这种非正规的融资机制既不可靠，又不

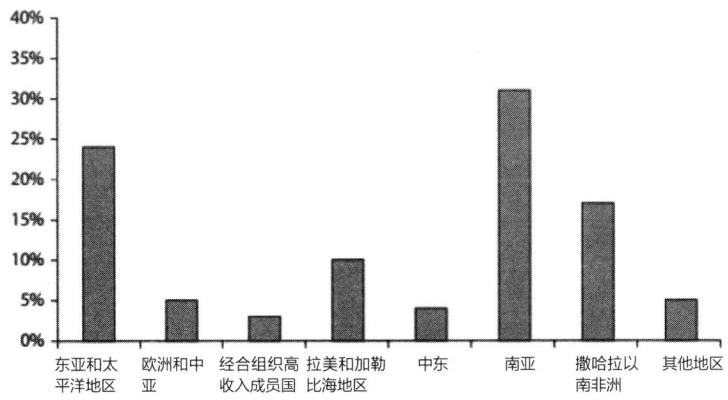

图 3.1　2014 年 20 亿无银行账户成人的全球分布图

★ 来源：2014 全球普惠金融（全球金融包容性指数）数据库。

★ 备注：由于数据取整，所有比重相加结果不是恰好为 100%。

实惠。被排除在主流银行和金融服务之外，不仅给家庭本身带来了损失，还给全社会带来了极高的成本。当家庭无法投资卫生保健和教育时，政府就必须为更加强大的社会保障网络买单。此外，对于任何大型市场体系而言，个人和家庭资产都是基础。假如没有存款和储蓄，正规银行就不能进行生产性投资，例如商业贷款。而失去了这些贷款，小型企业便无法扩张，也无法提供商品、服务和就业机会，如此一来，扩大消费、增加人力资本投资以及刺激经济发展也就无从谈起了。在发展中国家的经济体中，只有三分之一的公司通过银行贷了款，而在发达国家，向银行贷款的公司比例已达半数之多。据这些得不到金融服务的公司反映，融资渠道的匮乏是制约其成长的主要因素。[3]因此，对于家庭和企业来说，普惠金融是一项重大的公共利益，应在越来越多的国家优先发展。[4]

如果说普惠金融可以带来诸多社会效益和经济效益，为什么实现起来却那么困难呢？市场失灵是什么？而进步的标志又有哪些呢？

小微金融 1.0

在研究金融创新的力量时，小微金融常常被当成案例来进行深入研究。小微金融行业关注的是穷人的需求。目前，该行业已经在规模上成功对接上私人资本，解决了商业化带来的挑战，并在新的事实和不断变化的环境面前不断创新。但是，小微金融究竟是什么，我们又能从中学到什么呢？

　　早期的小微金融主要是指贷款。多年以来，"小微金融"（microfinance）和"小额信贷"（microcredit）这两个术语实际上是同义词。以贷款作为融资的有效途径是一项重要的公共利益，但同时，它也是市场失灵的体现。显而易见，通常，贫困人口和小型企业是没有抵押和信用记录的。基于这种风险，放贷人只得给他们发放小额贷款。由于小额贷款的成本极高（在尽职调查、持续监督以及催收方面所花费的成本），银行要么第一时间回避这类业务，要么就提高贷款利率。尽管穷人的信贷需求远未得到满足，但是商业银行向贫穷的借款人发放贷款的经济意义实在不大，所以，穷人们往往会找非正规放贷人（以放高利贷者为主）来满足融资需求。

　　小额信贷带着与生俱来的吸引力，简单而完美：利用市场机会应对市场失灵。[5]小额贷款的先驱——孟加拉格莱珉银行（Grameen Bank）的穆罕默德·尤努斯（Muhammad Yunus）、孟加拉国农村促进委员会（Bangladesh Rural Advancement Committee）的法兹勒·阿比德（Fazcl Abcd）等人证明了，金融机构可以向穷人发放小额平价贷款，同时，穷人也会偿还贷款，从而开启自我补偿信贷市场的"良性循环"。格莱珉银行成立于1976年，尤努斯通过格莱珉银行的案例，说明了向小范围的妇女群体发放连带责任贷款，是如何实现高到惊人的还款率的（接近99%）。[6]格莱珉银行是一家营利性银行，而且是一家借款人所有的银行，它向借款人收取足够的贷款利息，用于银行投资及新贷款的发放当中。孟加拉国是小额信贷的试验田，但它并非是唯一的小额信贷中心。从巴西到印度尼西亚，全世界的示范项目都证明了，穷人不仅可以偿还贷款，而且还愿意偿还贷款。

要想扩大小额信贷规模，构建实验模型是必要的，但并不足够。在慈善组织和公共部门的支持下，小额信贷的基本框架应运而生，各种组织和体系纷纷成立，其中包括致力于妇女普惠金融的世界妇女银行（Women's World Banking）和世界银行扶贫协商小组（Consultative Group to Assist the Poor）。通过调查研究、评级系统和咨询服务等形式，这些机构为全球越来越多的小微金融机构（microfinance institutions）以及潜在投资人提供各种各样的服务。这些发展进步对扩大小额信贷规模意义重大，它们所提供的数据、信息、证据点和标准化模式，对于吸引商业贷款人参与到小额信贷行业而言缺一不可。现在，全世界每年有1亿借款人获得超过800亿美元的小额贷款，在很大程度上，这都得归功于私人资本的介入。

尽管小额贷款模式为人接受并受到称赞（尤努斯因此而荣获2006年诺贝尔和平奖，就是对其的最大肯定之一），但是，小额信贷业的实际发展情况也并非一帆风顺，其中不乏关于商业化和持续创新的重要教训。

毫无疑问，扩大小额信贷规模需要私人资本，但问题是，无论是为了扩大规模，还是为了营利，都必然需要拿捏好项目数量与质量之间的得与失。一旦证明了的确存在这样一个有利可图的借贷市场，商业贷款人必然会跟进。2005年，花旗集团进入了小微金融行业。次年，摩根士丹利和总部设在瑞士的蓝色果园向欧洲的机构投资人发放了首只评级的小微金融债券，为 13 个国家（蒙古国、波黑、哥伦比亚、秘鲁、玻利维亚、墨西哥、尼加拉瓜、厄瓜多尔、阿塞拜疆、阿尔巴尼亚、格鲁吉亚、俄罗斯以及柬埔寨）的 22 家小微金融机构筹集了 1 亿美元的资金。这些蓝色果园发展贷款（Blue Orchard Loans for Development）是小微金融的首批债务抵押债券。

商业化也带来了小微金融机构从非营利单位向营利单位的转变。在某些情况下，这些营利公司转而求助于公共资本市场以加速扩张，例如 2007 年的康帕图银行（Compartamos）和 2010 年的 SKS 公司，都是众人皆知的案例。它们的首次公开募股让创始人和投资人发了财，这不仅引发了争议，还掀起了一场激烈论战。2010 年和 2011 年，在尼加拉瓜、墨西哥、摩洛哥和巴基斯坦等国，大量的借款者无法偿还贷款，偿贷危机提高了人们对于贷款数量与质量的关注度。最受瞩目的也是政治意味最强的偿贷危机发生在印度安得拉邦地区：农民们相继自杀，政府归罪于小微贷款人，并随后冻结了小微金融机构的资金——此举使全球小额信贷业都深受震动，也推动了人们对商业化模式进行更深的、本质的探索。商业化模式的确带来了规模的扩大，但它是不是也在无意之中带来了危险呢？

投资人的需求应该高于穷人的需求，这是尤努斯和其他小微贷款人所长期坚持的观点，如此一来，小微信贷的诚信问题向营利的动机妥协了。可以肯定的是，追求贷款的数量，则必定会损害贷款的质量——这种情况和美国的次贷危机并无二致。[7] 小额商业贷款模式的拥护者和倡导者指出，让私人投资从利润中分一杯羹，这是让全世界数十亿无银行账户人口接触到小微金融的前提。两种说法都是对的。要想以私人资本弥补资金缺口，不仅需要公益之心和有效的政府监管，还需要对市场力量在何时、何地有效进行透彻理解。研究表明，小微商业信贷的第一波浪潮绕开了某些最缺乏金融服务的人们，例如穷人中的穷人。更有甚者，有证据表明，有些更加赚钱的商业模式不仅通过提供大额贷款挺进高端市场，还有意避开女性客户。

对小微信贷的反思不仅局限于对商业化的辩论。作为消除贫困的工具，小微贷款的效果也同样值得研究。近些年来，新一代发展经济学家[8]通过随机对照试验及其他严格评估手段，例如穷人们的"理财日记"，来回答这些重要的问题：小微贷款有多大的效果？要想把日子过好，摆脱贫困，人们需要其他金融产品或者服务吗？会使用它们吗？[9] 他们的研究及大量纵向研究的结果提示我们，小额贷款也并非像我们曾经认为的那样，是消除全球贫困的万能灵药。虽然小额贷款是必要的，但它对于全球贫困并不足以起到大规模的改善作用。正如2014年世界银行总结的那样，普惠金融问题无法"单靠信贷的注入"得到解决。[10] 不过，这项研究推动了其他金融产品和服务的广泛探索：储蓄、养老金和保险等其他金融产品和服务能够如何促进消除贫困和普惠金融的远大目标。这就是我们所说的小微金融2.0。

小微金融 2.0：我们前进的方向

对于众多关注普惠金融的机构来说，多年来，除了贷款服务，它们一直向更广泛的资金支持、融资产品和金融服务进行转型。在保险行业，这种情况尤为突出。在发展金融领域，我们熟知的"小微保险（microinsurance）"就是专门为了迎合穷人的需求而设计的。[11]

以微安公司（MicroEnsure）为例。2002 年，小额贷款组织国际机遇（Opportunity International）决定为其贷款客户探索更多样的产品，并创立了微安公司。起初，它发展了人寿保险和殡葬保险业务，随后发展了财产保险和农作物保险业务来保护农民免受旱灾的影响。2008 年，微安成为国际机遇的全资保险子公司。现在，它为全球 17 个国家的 1500 万人口提供服务。公司持续保持着高速增长，不断覆盖那些从未购买过任何类型保险的客户。2014 年，仅在非洲，该公司的新增客户就高达 800 万人。

微安公司的成长依赖于客户的强劲需求。其产品创新也同样是由客户来驱动的。如今，在非洲和亚洲，它为客户提供了 200 多种小微保险产品，包括人寿保险、健康保险、意外保险、残疾保险、失业保险、财产保险以及农业保险等，甚至还包括政治暴力保险（当客户的生意在政治动荡或暴乱中受到破坏时，政治暴力保险可以用来弥补借款人的未偿贷款差额）。

微安公司的健康产品是其根据本土市场需求和情况对产品因

地制宜的典范。在前一章中我们已经了解到，健康和贫困之间的关联错综复杂。由于没有预付现金或者不能在上班中途抽出时间看医生，贫困家庭一般得不到早期预防性治疗，花更少的钱达到更好的治疗效果，或满足其他的健康服务。健康危机通常会迫使一个家庭拿出所有的存款，或者变卖牲口、设备甚至是全部生意等生产性资产，进而让这些家庭失去了赚钱的手段，从而陷入了贫困的恶性循环当中。

虽然健康保险所起到的经济效果十分显著，那些最需要健康保险的人们却通常买不起健康保险。与信贷一样，这也是市场失灵的表现，而且这种情况不单单发生在发展中国家。在美国，由于大部分人口没有购买医疗保险而造成的社会成本是一个问题，就在前不久，这个问题才被当作一种更重大的公共利益和公共责任来加以解决。在新兴经济体中，商业保险通常不包含健康保险，之所以会这样，原因有很多，例如缺乏可靠的定价数据和信息，运营成本太高（相较于保险公司所能收取的保险费而言），监管复杂且成本昂贵，反向选择占主导（只有病人才会购买健康保险，这导致保险组合的险种单一，且费用很贵），以及缺乏平价再保险选择等。和小额信贷的情况一样，这种现状导致穷人没有可以买的健康保险，或者保费太高，超出了穷人的承受范围。从历史角度看，由于穷人的健康保险只能靠全面补贴，所以这个领域一直都发展不起来，甚至还出现了可能产生道德风险的时期：为那些买不起健康保险的人投保，有可能导致危险的非正常行为。

在设计健康保险时，微安公司不断努力，通过创新的方式，减少供应商和消费者双方的成本，克服了这些问题。这往往意味着承担营销和争取客户的责任，进行客户索赔管理，提供理赔及其他后台支持，帮助健康保险公司及其客户化繁为简。有时候，这也意味着，保险公司在处理健康突发事件或让健康赔付保持平稳的过程中，需要确认并支付正在发生的且逐渐累积的人员和经营费用。比如，在印度，微安公司为穷人提供就医保险，让穷人可以不带现金去医院就医。在菲律宾，微安公司的住院现金保险（Hospicash）在客户住院期间，每天向客户支付固定金额的现金，以满足客户的医疗需求或其他非医疗需求。在加纳，微安公司与小微金融银行合作，推出一种现金衍生产品健康贷款（Credit Health），在借款人住院期间，该产品会对借款人进行贷款的分期支付。在坦桑尼亚，微安公司与荷兰医药服务基金会（Pharm Access Foundation）携手，向当地一家咖啡合作社的农民们提供全面的基础医疗服务。

微安公司的表现有目共睹［荣获 2015 年 FT/IFC 商业转型奖（FT/IFC Transformational Business Award）］，但它也只是提供多种金融服务的千千万万家公司之一。举例来说，世界妇女银行与 38 家小微金融机构形成的全球网络开展合作，创造了"一个覆盖范围更广泛的保障网"，提供贷款以外的其他产品，包括储蓄和保险等。世界妇女银行的领导人相信，通过展示"更大范围的金融机构如何从传统小微金融转型，提供包括储蓄和保险在内的金融产品"[12]，推动小微金融 2.0 的发展，是他们义不容辞的使命之一。

新的投资人

或许，沿着小额信贷的发展轨迹，我们已经看到了慕尼黑再保险公司（Munich Re）、瑞士再保险公司（Swiss Re）和伦敦劳埃德保险公司（Lloyd's of London）等商业保险公司对小微保险日益增长的兴趣。随着它们在发达市场业务利润率的下滑，这些保险公司已经开始寻找其他机会，包括它们口中的新兴消费者，也就是那些发展中国家的消费者，保险公司相信，这些消费者即将成为中产阶级，有购买潜力。2010 年，据瑞士再保险公司估算，"可商业化的小微保险产品"市场规模高达约 26 亿美元，这与此前劳埃德保险公司得出的极富吸引力的市场规模及发展轨迹保持一致。[13]

这些保险公司到底是在为公共利益做贡献，还是不过是为了寻找新的赚钱机会呢？它们的意图到底重要吗？很显然，新兴的社会影响力投资业对小微金融 2.0 表示出了极大的兴趣，在该行业中，投资人通过对社会效益或环境效益进行投资而赚取利益。数据显示，金融服务在社会影响力投资市场占比近 30%。[14] 比如，私募股权公司跳蛙投资自诩为"有目的营利投资"的领军公司，它于 2014 年搞定了一笔 4 亿美元的投资资金，是迄今为止金额最大的、专门针对新兴市场低收入人群金融服务的资金。这笔资金投向了非洲和亚洲，并且获得超额认购，金额高达跳蛙投资首笔资金的三倍之多。[15]

跳蛙的投资对象为那些向每天收入低于 10 美元的消费者提供保险、储蓄、养老金和支付服务的公司。据跳蛙公司透露，2013 年，该公司投向加纳、肯尼亚、尼日利亚、南非、印度、印度尼西亚、菲律宾以及斯里兰卡等国公司的投资金额由 1000 万美元增加到 5000 万美元，证券投资组合的营业收入增长了 40%，营利能力提高了 39%。跳蛙的投资项目包括印度马恒达集团（Mahindra & Mahindra Ltd.）的保险经纪业务，该业务的对象是低收入消费者。公司还投资了非洲金融科技平台 AFB、尼日利亚的拥抱生活保险公司（Arm Life）、在亚非拉等新兴市场经营的移动保险公司毕马（Bima）、总部位于加纳的养老金公司佩特拉信托（Petra Trust）、印度尼西亚的多险种保险公司瑞莱恩斯（Reliance）、肯尼亚的第四大健康保险公司瑞瑟卢信（Resolution）、泰国的综合保险公司 SMK、印度的保险储蓄投资商施莱姆（Shriam），以及最近开始关注普惠金融的印度金融管理研究学院信托公司——该公司在本章开头提到过，下文中将对其进行更全面的介绍。此外，跳蛙还投资那些同行唯恐避之不及的公司，如南非的为艾滋病携带者提供保险服务的众生公司（All Life）。据跳蛙投资预测，2022 年之前，在全世界范围内，"大众市场"消费者每年的集体消费额将从 2 万亿美元增长到 5 万亿美元。值得重申的是，包括跳蛙在内的大多数机构把"大众"定义为每天收入低于 10 美元的人群。尽管大众已经位于金字塔的底端了，但是，这些投资的对象依旧不是全世界最贫穷的人口。

新的投资：

印度金融管理研究学院信托公司的案例

这些新型小微金融公司提供了一系列新的产品和服务，它们究竟是如何运作的呢？让我们回到印度金融管理研究学院信托公司的案例。

印度金融管理研究学院资本公司的总部位于金奈，是印度金融管理研究学院集团的分支机构，该集团包括许多旨在改善印度普惠金融的分公司。印度有12亿人口，其中有三分之一的人口每天的生活费低于1.25美元，有三分之二的人口每天的生活费低于2美元；半数人口没有正式的银行账户（有数百万人债务缠身，欠着债主的钱），超过半数的人口没有购买任何种类的保险。

关于印度金融管理研究学院的金融创新模式，有两点值得一提。第一点与在摩托车交通事故中不幸身亡的那位母亲有关——她的撒手人寰，让一大家子人失去了收入来源。在随后的数年中，印度金融管理研究学院设计了一种推动普惠金融的新方式——全盘的"财富管理"，用来满足印度广大农村地区的贫困人口的种种金融需求，在这些地区当中，仅有5%的人口能够享受到公立银行或私人银行的服务。第二点与规模有关。印度金融管理研究学院通过结构融资，为其服务的当地金融机构争取了更多资金，并让它们的服务覆盖到更广泛的客户。

自其成立之日开始，印度金融管理研究学院就一直都是发展小微金融的开拓者。从某种程度上讲，这也令上文所提的年轻女人不幸离世所带来的后果变得更加不可理喻。印度金融管理研究学院的产品线早已经跨过了信贷和普惠人寿保险的界限。可这样的事实还是发生了：一个肩负着一家五口人生计的女人，或许出于她对保险价值的不信任，或许由于销售人员并不了解她的确切需求，居然贷款买了珠宝，而没有买人寿保险，这正是行话所说的"不当销售"。在印度金融管理研究学院的案例中，防止不当销售的发生，成为其对自身商业模式进行大规模改革工作中的一部分。

在这次事故之后的数年间，印度金融管理研究学院对其小微金融业务进行了彻底的改革。印度金融管理研究学院聘用了本地的理财经理来拉拢客户，以便收集到家庭的详细信息，了解他们翔实的财务数据，并在此基础上，设计一系列的个性化产品，包括贷款和信贷服务、存款和储蓄账户、汇款服务、各种保险、养老金、共同基金以及多种付款方式等。印度金融管理研究学院已经发现了，在市场上存在着对非信贷产品和服务，尤其是保险和养老金服务的极大需求。[16]

这种服务模式由许多创新元素所支撑，印度金融管理研究学院称其为"克什曲亚·格莱明金融服务"（Kshetriya Gramin Financial Services，简称地区农村金融服务）。首先，训练有素的理财经理能够了解客户需求，并最大限度地优化客户的财务状况。其次，科技进步大大简化了理财经理的决策及问责过程。理财经理用平板电脑记录下每个客户的财务状况和家庭条件；平板电脑储存下所有数据，并通过一系列算法，根据客户信息和潜在风险，推荐最适合的金融产品。

科技是重要支撑，但是，由科技促进的人际关系才是真正的关键。这意味着，理财经理能够为本地社区的居民接受并信任。在人们心中，一家大型金融服务机构的形象就是理财经理的那张脸。产品的甄别和推荐的工作就交给软件和数据处理系统了。而且，这些工具还可以让客户查看保险及储蓄等金融产品给他们的生活带来了哪些改变效果，为客户提供相关产品及其资产情况的"直观图"。而每个产品背后的复杂性，客户和理财经理是看不到的。（印度金融管理研究学院旗下的产品与全国各地的多家保险公司均有协议，而且接受多家国家单位的监管。不过，这些产品呈现给理财经理和客户的信息却是相当友好的。）

理财经理拿的是固定工资，公司对他们的评价依据的是他们销售的总体"最大化财富"和总体"福利"。许多金融服务的销售都有提成，但是这些理财经理却没有；也就是说，他们的收入是不与产品的销售数量挂钩的，也不与贷款等高收益产品的销售额挂钩。"这就跟健康一样，"阿南什说，"我们认为理财经理应该更多地去扮演医生的角色。"了解并且指导客户，通过推荐合适的产品来赢取他们的信任，这才是理财经理应该做的事。换句话说，尽管各种各样的产品和服务各有各的用途，也是信贷产品之后的重要发展成果，但小微金融模式的成功与否取决于个性化定制，也就是为客户提供合适的产品。阿南什表示，这意味着，在经营和文化两方面，金融服务机构都要做对做好。

如今，印度金融管理研究学院正处于快速发展当中，在农村地区拥有 60 万客户，通过设计巧妙的分支网点模型，来支持每家每户的财富管理和产品定制。印度金融管理研究学院乡村渠道公司（IFMR Rural Channels）成立于2011年，运营着六个地区农村金融服务单位，其营业范围覆盖印度三个邦（北阿坎德邦、奥里萨邦和泰米尔纳德邦）的240个偏远农村网点。这些实体机构十分关键，为相邻的村子提供快速连通服务。在农村地区的高渗透性使印度金融管理研究学院成为当地的社区机构，印度金融管理研究学院将这种发展方式称为"范围经济"；它加强了客户对机构之间的信任，让个性化财富管理得以开展，让村民们愿意接受理财建议。除了这套经营模式或者金融服务本身，执行得力也是它取得成功的保证。

泰米尔纳德邦的试点项目说明，只要渗透得足够充分，地区农村金融服务模式就能够实现营利。[17] 它对创新金融的更大意义在于，根据长期评估数据初步看来，地区农村金融服务模式对普惠金融的实现具有积极作用。农村地区的客户群十分庞大，而且还在不断增长。客户对信贷产品和非信贷产品的需求都很大，尤其是意外保险、人寿保险和养老金等服务。在对比实验中，与对照组相比，那些参与到了地区农村金融服务的客户通过正规渠道进行贷款（相对于非正规）的比例更高。[18] 到目前为止，地区农村金融服务的财富管理正在改善参与家庭的物质条件，推动普惠金融的发展，帮助村民脱贫致富。

接下来，我们来谈一谈"规模"问题，如何让农村金融服务覆盖60多万客户，以满足印度及其他地区人民的金融服务需求。

就像它们所服务的客户一样，印度金融管理研究学院等小微金融机构自身也会资金吃紧。有一部分是因为，一直以来，它们都在依靠银行和更大的发展金融机构来筹集资金，将自身置于高风险之下。以安得拉邦的偿贷危机为例，出于政治风险，小微金融机构的银行资金链被迫中断。小微金融机构学到了关于多样性的重要一课，除了向客户提供包括信贷产品以外的其他金融服务品种，还需要丰富其自身的资金来源，而不是仅限于主流资本市场投资人。正如我们在上一章中谈到的，利用多元化的现金流投资组合，重塑证券产品结构，在小微金融机构的小额贷款案例中，机构找到了一种既能转移风险，又能吸引更多资金的方法。

　　然而，我们也看到了，证券化是一种极富技巧的业务，金融危机发生之后更是如此。在美国乃至全世界的金融危机中，贷款的证券化都是罪魁祸首。从发展历史上看，即便是小额信贷发生大范围商业化的时期，都鲜有将小微金融应收款项直接证券化的做法。而且，作为一家非银行机构，印度金融管理研究学院资本公司（IFMR Coprtol）已经具备了直接进行一系列证券化交易及评级证券化交易的能力：对中小型发起人（本地小微金融机构）进行组合，重塑贷款资金池，形成足够多样化的、大型投资组合，大到能够到资本市场进行运作。2013年，印度金融管理研究学院资本公司推出了印度首个上市证券化产品莫赛克二十二（IFMR Capital Mosec XXII）。[19]2014年，印度金融管理研究学院发行了印度首个债务抵押债券产品，涉及多个发行人。[20]

　　通过这些交易，印度金融管理研究学院开辟了利用资本市场扩大资金规模的新路，接触到了一批崭新的贷款投资人，降低了公司对传统资金来源的依赖，同时也将风险分散到更广泛的金融机构身上。对地区农村金融服务模式来说，这种风险转移是至关重要的。从普惠金融的角度来看，该模式在农村地区渗透率的确不错。然而，当谈到其所暴露的风险时，阿南什则表示："风险小不等于没有风险。"不论是极端的天气还是政治的动荡，业务地区过于集中也令印度金融管理研究学院暴露于区域风险的威胁之下。在印度，印度金融管理研究学院分布在全国三个不同的区域，覆盖了三个邦的九个地区。这为印度金融管理研究学院提供了机会，整合资金池，进而将风险转移到资本市场，减缓了部分的业务集中风险。身兼产品构架者、统筹者和投资人等多重角色，印度金融管理研究学院资本公司凭借自身能力，为高质量产品发起人和大型资本市场牵线搭桥，从某种程度上讲，它起到了金融产品批发中介的作用，不仅增大了市场容量，还为经济条件不佳的家庭和公司降低贷款成本。希望它能够带给公司更多资金，将普惠金融越做越大。

当然，在推广普惠金融的过程中，印度金融管理研究学院也并非一帆风顺。随着印度金融管理研究学院吸引了更多资金，投入到业务拓展当中，它还需要考虑扩张所带来的压力，还需要顾及这些资金的收益要求，避免在追求其产品和服务的数量的同时，让质量大打折扣。另外，这种业务模式牵涉到更大的制度上的问题，尤其是在像印度这样颇具风险的地方；尽管印度金融管理研究学院可以帮助本地的小型机构转移风险，但谁又能帮助印度金融管理研究学院这样的机构将最终的风险转移出去？回顾历史，在印度，要说贷款给金融机构，尤其那些农村地区的金融机构，无论这些金融机构多么成功，多么值得贷款，都无法规避制度上的风险。在下一章中，我们将看到，创新金融正在着手解决这些更大的制度问题，例如地区层面的风险以及国家层面的风险。在普惠金融的推广过程中，这依然是一个崭新的、前景广阔的重要方面。

数字技术在创新金融中发挥的作用

在大规模技术革新的背景之下，小微金融的前景也发生了变化。尽管科技进步不属于金融领域本身的创新，但是，手机的诞生给发展中国家带来了颠覆性的改变，各类金融产品百花齐放，为全世界的贫困人口带来了资金、普惠金融服务和机遇。

数字技术的崛起，尤其是手机的发明，彻底改变了许多穷人的用钱方式，包括他们的付款方式、收款方式，不论这些钱是否给家庭成员的，不论这些钱是水电费、医药费、学费，还是来自政府的现金转账。越来越多的证据表明，手机的数字钱包可以平滑消费，还鼓励人们少花钱，多存钱，拿钱对他们的生意进行投资，或者对其家庭人力资本进行投资。总而言之，手机钱包通过让人们参与到更广泛的经济活动中来，推广了普惠金融，减少了贫困现象的产生。[21] 此外，女性也越来越多地参与到经济活动中来，并被赋予了更多权利，相关数据极其鼓舞人心。[22]

肯尼亚凭借着 M-Pesa 电子支付平台，在移动支付方面排名世界前列。2007 年，肯尼亚的萨法里电信公司（Safaricom）创立了 M-Pesa 移动支付平台。当时，在肯尼亚，有 75% 的人都没有开设银行账户（Pesa 在斯瓦希里语中是"金钱"的意思）。而今，80% 的肯尼亚成年人都有手机，而他们当中有 60%～70% 的人拥有移动支付账户。数据显示，肯尼亚有 40% 以上的 GDP 都是通过 M-Pesa 支付平台产生的。在这里，普惠金融硕果累累，不论是城市人口还是农村人口，都被包围在普惠金融产品之中。在那些每天生活成本低于两美元的肯尼亚人当中，大部分人都使用 M-Pesa 支付平台。在撒哈拉以南的非洲地区，移动技术填补了电信、电力等大型基础设施的空白。据估计，手机钱包在当地成人当中的使用率在 12% 到 25% 之间，而世界平均水平仅为 2%（见图 3.2）。[23] 不论按什么标准看，这些比例均远高于欧美发达国家的移动支付使用率，而且，在市场容量和市场潜力方面，

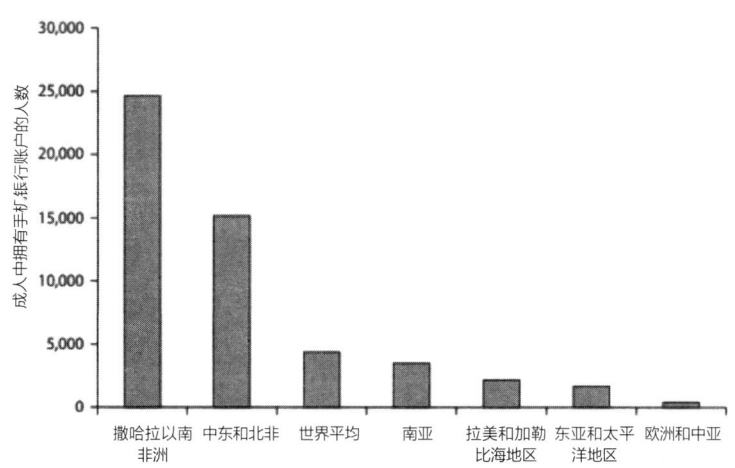

图 3.2　2013 年世界各地每 10 万成人中拥有手机银行账户的人数

* 来源：世界银行，格鲁普·斯佩恰莱手机协会

非洲的增长空间都十分广阔。据麦肯锡（McKinsey）预测，到
2025 年，移动金融服务的收益将从 2013 年的不足 10 亿美元增
长到 190 亿美元。[24]

　　现阶段，手机中的钱主要是用于支付，而这些手机支付只不
过是通向更多元的金融服务的切入点。虽然 M-Pesa 支付平台
不是银行，但是在萨法里电信公司中，相当于出纳角色的代理
人多达 8 万人。近些年来，其他的手机支付公司——包括帕加
（Paga）、依可卡什（EcoCash）、斯波莱什手机钱包（Splash
Mobile Money）、蒂戈卡什（Tigo Cash）、艾尔泰尔钱包（Airtel
Money）、橙子钱包（Orange Money）以及 MTN 电子钱包等
公司——紧随 M-Pesa 支付平台的步伐，不断扩大手机支付在非
洲大地上的版图。[25]

　　随着移动支付系统变得越来越普遍，银行也开始加入到这个
行列之中。在非洲，移动服务提供商和偏传统金融服务公司正在
通力合作，引进更加复杂的金融服务，例如保险、消费信贷甚至
是投资选择。[26] 例如，萨法里电信与非洲商业银行展开合作，允
许客户将 M-Pesa 账户中的钱转入计息储蓄账户当中。津巴布韦
的 Econet 无线电信公司和依可卡什（EcoCash）亦是如此。在
其他健康行业及农业领域，相关的金融服务也开始慢慢涌现了。
橙子马里（Orange Mali）与 MFS 非洲（MFS Africa）一起合作，
为孕妇们提供了一个健康保险项目。据世界银行扶贫协商小组估
算，在肯尼亚，大量的组织团体（最近的一次统计数据为 55%）
借助着 M-Pesa 支付平台的基础设施，让贫困人口能够接触到最

根本的服务和用品（能源、医疗服务、教育服务以及水）。扶贫小组称之为"数字金融+"（Digital Finance Plus）。有了M-Pesa支付平台，客户购买这些服务变得更方便，而服务提供商的运营成本也变得更低。[27]

发展专家们从很早就开始思考，M-Pesa支付平台的成功经验能否在肯尼亚以外的地区复制，能否在全世界接触不到银行服务的穷人们身上复制？电子钱包和金融服务的发展依赖于诸多因素，从监管环境到国家的地形地貌，不一而足；在国际金融公司的一项研究结果中，明确提出了50个参数，用于判断手机钱包能否在任意指定的国家落地生根。[28]例如，早在2001年，菲律宾就成为第一批拥有基础移动转账系统的国家之一。然而，十年过去了，在菲律宾，没有银行账户但却活跃使用手机钱包的用户的比例还不到一成。在肯尼亚，M-Pesa支付平台的初始成长动力来自于强大的国内汇款需求，人们都需要给国内的亲戚们汇款。而从银行和电信公司的角度出发，肯尼亚政府监管者对于萨法里电信的发展采取了相对宽容的态度，将本地服务供应商或代理人的业务视为中介业务，而非银行业务。这种做法被称为"创新在前，监管在后"。[29]但是，不是所有的地区都具备这样的条件。在监管稍严的国家，包括南非和印度，萨法里电信在尝试推广M-Pesa支付平台时，业务扩张的速度就慢了许多。[30]

不过，其他国家的发展土壤其实更加肥沃。比如在孟加拉国，像在肯尼亚一样，手机钱包作为国内汇款的有效途径，越来越为人们所接受[31]。bKash支付平台一经问世，就成为工人们欢迎且信赖的汇款方式，工人们可没有时间请假去银行，把钱寄回农村的老家。自从 2011 年面世以来，bKash 支付平台在孟加拉国的用户已经超过了 1700 万人。每天，在该平台上产生的交易量超过 7000 万笔。孟加拉国农村促进委员会为 bKash 支付平台提供了支持，该委员会是孟加拉国最大的非政府组织，也是全世界范围内小微金融先驱者之一。和 M-Pesa 支付平台一样，bKash 支付平台的成功得益于有利的监管环境：孟加拉国和肯尼亚都具备支持手机支付的监管环境，政府鼓励人们在商店等非银行网点，通过手机来进行转账。在孟加拉国，人们可以把自己的手机当作银行来使用，比如存款、提现、转账、支付水电费、购买商品和服务等。而今，孟加拉国的手机钱包注册用户数量大约为 2300 万，占该国总人口数的 15%，每天，通过手机银行系统的流通金额约为 4200 万美元。在这个现金交易为主的国家中，手机支付平台的发展具有重大意义。这也是孟加拉国央行拓展金融服务渠道的战略部署之一；在孟加拉国，拥有银行账户的人口不到总人口的三分之一。"以前，人们要么将钱随身携带，要么藏在床底下，而现在，钱全部流入了银行系统。"bKash 支付平台的 CEO 卡马尔·夸迪尔（Kamal Quadir）说，"手机银行已与孟加拉国人的生活密不可分。"[32]

和萨法里电信的 M-Pesa 支付平台一样，当无银行账户的穷人成为关注重点时，bKash 也实现了飞速发展。"我们并不是在同商业银行主导的传统金融领域竞争，我们只想服务那些没有银行账户的弱势群体。"夸迪尔说。但和 M-Pesa 支付平台不同的是，

bKash 支付平台所借助的并非手机公司或者银行，而是利用了各种各样的数字平台，比如手机和本地店铺等，用户可以在已知的店铺中进行转账或收款。bKash 支付平台的 CEO 相信，再过一段时间，他们应该有可能利用移动支付的交易数据，来构建用户的信用历史，通过与孟加拉国农村促进委员等有着丰富小额信贷工作经验的组织开展合作，这样的愿景更是指日可待。"在未来，人们可以在手机上申请小额贷款，在短短几分钟之内，就可以完成审批，拿到贷款。"[33]

就像肯尼亚的案例那样，bKash 支付平台等非银行公司的增长也激发了商业银行的兴趣；在过去，由于成本太高，商业银行一直都不愿意在农村地区开展业务。不过，移动支付的高性价比如此，商业银行已经开始逐步利用移动支付，作为覆盖无银行账户人口的主要途径。截至 2015 年，孟加拉国已有 19 家银行获得了移动支付服务的营业执照。相较于非银行公司，银行业的移动支付模式发展得较为缓慢，这是因为，银行所服务的账户受到了更加严格的监管。因此，商业银行坚持认为，自己提供的产品比 bKash 支付平台的更加安全可靠，因为倘若出现了问题，后者不能提供任何保障措施。而且，银行还能提供储蓄和贷款等其他产品。

当然，监管以及数字平台对传统银行模式形成的冲击等问题不单单出现在发展中国家。下一章将会谈到，互联网和移动技术正在推动着全球金融的发展，而我们才刚开始领略到冰山一角。[34]到目前为止，还没有人对比特币（Bitcoin）等虚拟货币开展研究，其在对抗贫困、推动普惠金融、纠正市场失灵、维护公共利益等方面所发挥的作用亦无人知晓。

"即付即用"的前景

电子支付不但灵活，而且性价比高，为新的消费金融模式的发展铺平了道路。而这反过来，又能让更多的穷人得以接触到从前无法触及的那些金融产品和服务。

在发展中国家，有 20 亿人口用不上电，考虑以"即付即用"（pay-as-you-go）融资方式发展清洁能源十分必要。在这些国家中，人们在生活中使用的能源既不健康又不安全，他们花大价钱去购买煤油和蜡烛用来照明，还有装在手电筒里的一次性铅酸电池，以及可以满足多种需要的柴油发电机[35]。煤油在室内燃烧会释放有毒气体，对空气造成了严重污染，每年，因此而产生的二氧化碳排放量超过 9000 万吨。因此，替代能源的发展关系着公共利益。针对那些为穷人提供绿色科技和服务的清洁能源企业，有许多创新金融举措都在帮助他们进行融资。在过去的十年里，针对能源需要没有得到满足的人们，许多小型企业开发了优质的太阳能解决方案及分销模式。但是，由于此类产品价格过高，即使消费者明白这样的投资足以收支相抵，也无法进行大规模推广。穷人就是付不起钱，也没有贷款、租赁等融资手段，因而，他们就算想买也买不了。

让我们回到肯尼亚的案例。在这个国家，将近 80% 的家庭使用煤油灯照明，因为他们根本不在国家电网的覆盖范围内，或者说他们买不起所需的电费（要知道电费大约为 412 美元，合 35000 肯尼亚先令）。由于一户家庭每年的煤油开支超过 200 美元，花 199 美元对太阳能电池板进行一次性投资，从经济角度看是很明智的。然而，由于存在前期成本，这种投资也存在困难。

"即付即用"融资模式的引入增加了普及太阳能的可能性。肯尼亚创业公司 M-Kopa（Kopa 在斯瓦希里语中表示"借入"）为客户提供太阳能电池板安装服务及无线支付监控设备，利用这种设备，用户可以对安装成本进行小额分期付款，相当于一种小微租赁业务。[36] 截至 2015 年 5 月，通过"即付即用"模式推广清洁能源的全球领导者 M-Kopa 公司在东非的注册用户数量达到 20 万。但是，M-Kopa 并非唯一的供应商。尽管肯尼亚（通过 M-Pesa 电子支付平台）是最大的市场，预计在撒哈拉以南的非洲、亚洲和拉丁美洲等地，还有 25 至 50 家小型同类企业。[37] 它们虽然以太阳能起家，但在其他替代能源产品领域，也具备广阔前景。比如，安佳扎清洁能源非营利组织（Angaza）提供了 SaaS 软件服务产品（software as a service），让其他替代能源经销商得以对产品及服务的"即付即用"进行定价。据估计，通过"即付即用"模式成交的替代能源购买率，是其他交易模式的三倍。据世界银行、彭博新能源财经和全球离网照明协会（Global Off-Grid Lighting Association）的评估，目前，离网太阳能产业每年的产值可达 3 亿美元。[38]

可想而知，融资模式正在发生着创新性的改变。有时候，客户可以通过"先租后买"项目（rent-to-own program）最终拥有该资产，并通过整个过程，建立首次信用历史。我们也开始相信，一旦某个家庭拥有了某项资产，比如家用太阳能照明，他们就可能会进行再融资，也就是说，利用该项资产赚取额外收入，来贴补家用。有些公司会按天或按周向用户收取太阳能电费，而另一些公司则会根据用户的实际用电量进行收费。具体的融资条款也不尽相同，比如必须缴纳的预付定金数额等。但无论属于何种情况，其目的都是为了供电价格在用户的可承受范围内，与煤油等非清洁能源的有效选择相比，该电价都是有竞争力的[39]。

"即付即用"代表了一种积极的协同作用：科技创新孕育了金融创新，而金融创新又进一步推动了科技创新。在计算机产业中，某些技术在可靠性和功能性上的提高，可以缩小产品尺寸，降低产品成本，太阳能等替代能源与此异曲同工。在移动支付的助力下，支付市场的前景鼓舞了创新者，让他们更加愿意为提升产品而进行投资。

当然，"即付即用"的潜力不仅仅局限于能源方面。世界银行扶贫协商小组首创的"数字金融+"项目已经确认了60多家利用数字金融为穷人提供产品和服务的创业公司，这些公司分布于肯尼亚、坦桑尼亚、乌干达等手机普及率较高的地区。用水的问题就是个最好的例证。在肯尼亚，格兰富生命之链（Grundfos Lifelink）提供智能售水机，客户可以使用智能卡来买水（客户可以通过 M-Pesa 将钱转到智能卡上）。Kickstart 通过即付即用的方式，将小型售水机卖给农民（售水机的首次储值通过 M-Pesa 支付平台完成）。Water.org 采取的也是这种方式。虽然在如今的发展中国家，设备融资是最肥沃的土壤，但是，要想推广健康、教育及其他生活必需品的"即付即用"和无网点银行业务，也并非没有可能。例如，在肯尼亚，奇塔布（Kytabu）提供了教科书的订阅服务。客户可以使用手机钱包即付即用，在手机上一章一章地阅读书中的内容。当然这些先进做法不会只停留在发展中国家。美国的企业家们正在探索如何通过小额、平价分期出售方式，让人们买得起某些价格较贵的、按月购买的产品（例如有线电视和公交折扣月票等）。这就是创新金融的功能之所在。

依然现金为王吗？

尽管本章主要集中讨论了在金融领域，支付方式所发生的改变，但我们应该记住的是，电子钱包的故事其实与现金息息相关。实际上，在许多发展中国家的经济体中，现金仍是极其重要的主要货币形式；此外，这些国家政府也提供了基本的安全保障网络。因此，提高现金支付的效率、增加透明度和安全性，对于改善世界贫困人口的境况十分关键。这是创新金融的一个重要特征。

虽然硬通货已经存在了数千年，但直到最近，各国政府才开始将现金作为脱贫的有效武器来进行部署。2015 年，据估算，全世界各国政府进行了约 5500 亿美元的现金援助，援助对象是新兴市场的 7.5 亿至 10 亿穷人。★ 之所以这么做，是因为不论是好是坏，现金援助都已成为许多穷国政府解决人民基本需求的安全保障。在非洲、亚洲和拉美等地，从那些最有力的、最严格的测试结果来看，不论是有条件现金援助或无条件现金援助，都被证实可以改善贫困现状，提高生活质量。尽管评估内容不同，其结果也不尽相同——就设计和定义而言，通过现金援助，人们可以自行决定并且购买所需的产品和服务——无数的研究表明，短期来看，现金援助让家庭能够有机会对孩子的健康和教育进行投资。而从长期来说，现金援助使人们得以进行储蓄和投资，从而增加未来收入。虽然直观上看，运用现金似乎是解决贫困的方案，但一直以来，政府和捐赠者却不愿简单地进行现金"救济"，因为穷人们在收到救济款之后可能会在工作上产生懈怠，或者用这笔钱买酒、烟草甚至毒品。近期的研究表明，没有证据显示，存在这种滥用救济金的行为，或被救济者的劳动时长有所减少。† 现金援助的支持者也提出了"乘数效应"，也就是说，通过现金购买商品和服务后，会对当地经济带来积极的宏观影响。‡

援助形式向现金的这种转变不只发生在政府身上。在下一章中，我们将看到，许多大型人道主义组织的援助手段也在慢慢向现金靠拢。比如，世界粮食计划署（World Food Program）的现金援助计划从 2009 年的 1000 万美元增加到了 2015 年的 30 亿美元。美国的慈善团体也注意到了这点。慈善机构"直接给予"（GiveDirectly）是一家美国的非营利组织，它允许个人对肯尼亚和乌干达的穷人直接寄现金。这种捐助方式费用低，可以得到广泛监督，扶贫效果显著，因而对捐赠者充满吸引力。2014 年，该机构的创始人又创办了塞戈维亚

（Segovia）公司，致力于搭建现金援助及支付的科技平台，改进对发展中国家的现金援助组织工作。

★据估算，寄给发展中国家人民的汇款规模约5600亿美元。

† 大卫－伊文思（David K. Evans）和安娜·波波娃（Anna Popova），《现金援助和诱人商品：全球例证综述》（政策研究工作报告，第6886号，世界银行，华盛顿特区，2014年5月）。关于现金援助案例的延伸文献综述，参见《现金援助文献综述》，英国国际发展局，2011年，http://r4d.dfid.gov.uk/PDF/Articles/cash-transfers-literature-review.pdf。可也参见《现金援助研究》，"直接给予"，https://www.givedirectly.org/research-on-cash-transfers.html；《现金援助的最新创新》，综合区域信息网（Integrated Regional Information Networks），2014年7月，http://www.irinnews.org/report/100420/latest-innovations-in-cash-transfers；以及Josephine Hutton, Shawn Boesser 和 Floor Grootenhuis 所著的《现金援助项目与现金学习伙伴综述：2005年至2015年及以后》，现金学习伙伴公司（Cash Learning Partnership），2014年，http://www.cashlearning.org/downloads/calp-review-web.pdf。

‡ Paul Harvey 和 Sarah Bailey，《现金援助项目和人道主义体系：人道主义现金援助高级小组背景说明》，海外发展研究所，2015年3月，http://www.odi.org/sites/odi.org.uk/files/odi-assets/publications-opinion-files/9592.pdf。

妇女们去哪儿了？

毋庸置疑，数字技术和移动技术推动了全世界普惠金融的发展，尤其是在非洲国家。然而，当提到金融服务和金融参与时，根深蒂固的巨大性别差异仍旧存在。[40] 一直以来，我们都把它视为一种市场失灵的表现。于是，在全球发展的议程中，许多问题都围绕着女性赋权所带来的社会效益和经济效益而展开。联合国妇女署（UN Women）表示，"为争取性别平等而进行的融资应被视为未来的一项投资"[41]，因为它是每一个社会问题和发展问题的核心。

近年来，出现了众多针对女性金融需求的新举措。和更广泛的小微金融发展一样，许多举措正努力超越借贷层面。例如，世界妇女银行开发了一系列新的储蓄、保险产品，开展了各种项目以完善其信贷产品。在尼日利亚，世界妇女银行联合加强金融创新和可及性组织（Enhancing Financial Innovation and Access）、Visa 卡和钻石储蓄银行（Diamond Savings Bank）推出了 BETA 储蓄账户——73% 的尼日利亚妇女都没有银行账户，她们对为客户提供服务的银行也缺乏信任感。受人信赖的代理人常常会去露天集市等地，在那里工作或者购物的妇女们可以很方便地通过手机软件免费开通 BETA 储蓄账户。[42]

无独有偶，世界妇女银行还为妇女开发了新的健康保险体系。有数据显示，为了给家人购买健康保险，妇女们放弃了自己的健康需求。为此，世界妇女银行与约旦妇女小微基金（Microfund for Women）一道，开发了一种特殊健康保险，这种保单为客户因在住院期间产生的经营亏损费、交通费以及持续的医药费（包括孕期产检费用等）发放现金补助。自该产品推出之后，近一半的索赔都是与怀孕相关的健康问题。它在约旦妇女小微基金的客户中激发了极大的需求，共产生超过 9 万张保单。

在企业层面，也存在着巨大的性别差异，这给宏观经济带来了很大的代价。据高盛估算，每年，女性企业的信贷缺口约为 2850 亿美元，假如填补上这一缺口，则每年人均收入增长率可达 1%。[43] 因此，众多新的合伙企业开始关注女性企业家的资金需求，试图解决早期小微信贷模式中的部分短板。比如，由妇女债券（Women's Bond）部分赞助的、国际金融公司的妇女银行项目（Banking on Women）已经向 17 个发展中国家的机构投资了 8 亿美元，这些机构为开创并引领小型企业的女性提供服务。[44] 最近，国际金融公司和高盛集团携手创办了女性企业家机遇机构（Women Entrepreneurs Opportunity Facility），该机构已筹集 6 亿美元的资金，为新型市场的 10 万名女性企业家提供商务培训、建议以及融资渠道。与此类似，2014 年，美国银行联合卡尔弗特基金会给拉美、亚洲、非洲和东欧的女性提供贷款支持。花旗集团和海外私人投资公司在小微金融方面达成合作关系，共同开展"为 100 万妇女赋权计划"，至今已给 20 余个国家的 40 家小微金融机构提供了近 4 亿美元的贷款。[45] 在新加坡，亚洲影响力投资交易公司（Impact Investment Exchange Asia）将于 2016 年初发行一只"女性生活债券"（Women's

Livelihood Bond）。这将是该公司的第一只永续债券，该债券计划为其潜在发行人（由专注女性的社会企业和小微金融机构构成）筹集 2000 万美元的资金。

性别差异以及其对经济进步的负面影响不单出现在发展中国家。尽管针对普惠金融和融资渠道的举措至关重要，但此举措也应当成为更大层面上的投资议程的一部分。正如在小额信贷的案例里看到的那样，这些支持是必要的，但对于真正实现性别平等和普遍繁荣而言，这仍是远远不够的。因此，如果创新金融要赋予女性权利，那么它必须大步跨出金融服务的范畴，吸纳诸如健康干预、清洁能源及教育等方面的融资产品和服务。

中小企业融资渠道

在对信贷中的性别差异做了简要叙述之后，让我们来看看，使得中小企业由于缺乏资金而无法扩大经营的更大的制约因素。这些企业不仅提供急需产品和服务，还是就业的重要来源，尤其是在创造就业机会方面，更是如此，在中小企业中，产生了许多新的岗位。[46] 对于这些经济增长的引擎来说，完善融资渠道是一项重大的公共利益。然而，在全球范围内，新型和小型企业缺乏足够的资金。特别是在发展中国家的经济体中，只有三分之一的企业有银行贷款；而在更为发达的国家，这个比例是二分之一。[47]

中小企业不同于小微企业。小微企业的定义通常是，员工人数低于五人，经常向小微金融机构进行贷款的企业。关于小额信贷对小微企业家及其家庭摆脱贫困的效力的研究是混在一起的。然而，额外的金融产品可以帮助家庭脱贫并长久地处于脱贫状态。类似地，小微企业家可以受惠于为开办、经营企业提供的支持——有时是以技术援助的形式，有时是以新型商业模式的形式，如小微特许经营（microfranchising）和小微寄售（microconsignment），它们有助于企业家改变融资模式，同时降低风险。

小微企业的演变：小微特许经营和小微寄售

尽管小微企业的能力建设面临着挑战，但也并非没有先例可循。对于小微企业家不只需要信贷来开创并且经营一家成功的企业的认知是许多新型商业模式发展背后的驱动力，这些新型商业模式使得金融成为商业模式的一部分，并能为企业家降低风险。

近年来，大量的小微特许经营模式经过了发展，可以给企业家提供完整的"套装"来启动，其本质是对企业的存货进行提前融资。例如，肯尼亚的健康商店基金会（Health Store Foundation）对全部的国内农村地区药店开展特许经营；太阳姐妹（Solar Sister）为女性提供"背包生意"（business in a bag），让她们销售太阳能灯具。想当年，孟加拉国格莱珉通信（Grameenphone）最初是农村地区的特许经营电话局，如今已成为全国最大的电信运营商。最知名的特许经营案例要数"生命商品"（Living Goods）的模式，它采取了"雅芳（Avon）式"

的独立代理商网络，在乌干达和肯尼亚向人们挨家挨户地销售他们负担得起的健康产品。"生命商品"将其品牌和商业模式特许给这些独立代理商经营，后者收到一笔低于市场水平的存货贷款和一个免费的"背包生意"，其中包括制服、标识、一个冷藏柜以及基本的卫生和业务工具。代理商们还会通过培训、指导以及业绩测评等形式，获得源源不断的支持。在"生命商品"的模式中，手机成为核心之所在，通过手机，代理商们直接对客户进行营销，介绍某种健康产品的益处，以及一系列医疗方面的创新，例如患者挂号、治疗信息和注意事项等。

更多的小微企业采用小微寄售模式。该模式是由 Ashoka Fellow Greg Van Kirk 开发的。它允许村民通过投入自己的时间，销售眼镜、水过滤桶、烹饪炉子和太阳能灯具等产品，来体验一把做生意的感觉。他们不必负责存货，相反地，由于商品是寄售的，风险得以消除。除了产品以外，该模式还向企业家提供教育和培训。2004 年小微寄售模式在危地马拉初露头角，现在该模式已经拓展到了厄瓜多尔、尼加拉瓜和南非。★

★ 参见 Brett Smith，《社会创业：小微寄售模式》，福布斯网站，2011 年 5 月 10 日，http://www.forbes.com/sites/ciocentral/2011/05/10/social-entrepreneurship-the-microconsignment-model/#2d011a5f206a。

中小企业比小微企业稍大一些，员工人数少于 100 名（某些情况下，少于 300 名）的企业；它们情况就截然不同了。它们所需要的大额贷款——小微金融机构已满足不了其融资需求了，但是，在银行看来，它们尚不够格获得商业贷款。这就是它们被称为"被遗忘的中层"的原因；考虑到它们在发展中国家的经济体中的角色，或许也可以称之为"被遗忘的大多数"。[48]

据估计，发展中国家的中小企业为国家提供了 50% 的就业岗位。与发达国家的情况相同，相较于大型公司来说，发展中国家的中小企业创造了更多的工作机会。然而，因为种种原因，中小企业的发展受制于资金缺乏。和穷人一样，中小企业常常缺乏抵押物，并且需要接受繁复的贷款尽职调查，这些都转化为企业难以承受的利率。在创业过程中，中小企业也许由于利润率不够高而无法吸引商业投资。另外，中小企业和个人一样，经常需要超出传统贷款以外的金融服务，如租赁和股权。据国际金融公司估算，全球中小企业未满足的贷款需求可达 2.1 万亿至 2.5 万亿美元 [49]（在第五章中，我们将会看到，在更为发达的国家，这种融资缺口同样是一个严重的问题。在美国，社区发展金融机构在向中小企业输送资本的过程中，起到了积极的推动作用）。发展专家将这种在发展中国家的经济体中出现的资金匮乏称为"死亡峡谷"（valley of death），并认为这是严重的市场失灵。中小企业的成长关乎全世界的公共利益，这一点是大家公认的，因此，完善中小企业信贷渠道已经成为全球发展议程的重中之重。

吸引外资

传统发展金融机构的创新之处

数十年以来，全世界的发展金融机构不断努力，将资本投资于发展中市场、新兴市场和"前沿市场"的中小企业当中。海外私人投资公司的主要投资方式是贷款产品、担保业务和各种保险。虽然该公司自身无法进行股权投资，却能够投保私募股权公司，并且借助优先级担保贷款参与私募股权投资。通过美国合作伙伴，海外私人投资公司还可以参与当地市场和货币交易。例如，该公司与花旗普惠金融公司（Citi Inclusive Finance）合作，为全世界新兴市场的小微金融机构提供融资；最近，它才刚刚向塞内加尔和亚美尼亚的小微金融机构进行了资助。我们也看到，美国国际开发署的援助方式，也从补助金方式改为投资方式了。

在美国以外，英国发展金融机构 CDC 集团和德国复兴信贷银行的投资范围更广，因为它们的金融工具包括了股权产品。从多边视角来看，海外私人投资公司等多边投资担保机构为投资人和贷款方提供了政治风险保险和信用增级，这将有利于降低对中小企业的投资成本。国际金融公司对中小企业提供融资并于近期启动了面向中小企业的合资项目。

风险资本、私募投资和影响力投资人

近年来，发展金融机构对通过推进改善股权或股权类结构来消除新兴市场投资风险的帮助很大。然而，对于风险投资人和私募股权投资人来说，投资前沿市场的风险（不管是感知风险还是实际风险），尤其是投资小型或创业型公司的风险，仍旧居高不下，故尽职调查的成本不断上涨。

正如我们看到的，投资人对于"大众市场"的兴趣日益强烈，尤其是对于成熟行业，如小额借贷、保险和其他金融服务——奥米迪亚网络公司称之为"轻资产"——由智能手机和其他数字技术的进步推动的行业。[50] 其中一些投资人，如跳蛙公司，将自己定位成影响力导向型投资公司。虽然很难精确地定义"影响力投资"，或者估算其市场规模，但是可以肯定的是，它确实在逐步增长。摩根大通和全球影响力投资网络公司最新的估算显示，世界影响力投资市场市值可达 600 亿美元，而 2014 年时，其总额才只 450 亿美元。[51] 在这些资金当中，大部分资产由发达国家所拥有并管理，但近一半的资产被投向了新兴市场。绝大多数投资都直接由类似中小企业的公司进行，而不是间接地通过基金会完成。私人债务和私募股权投资在所使用的工具中的比例超过四分之三。

然而，巨大的壁垒仍存在。交易金额仍然偏小。2012 年，单笔交易平均金额约为 200 万美元，而传统私募股权的发展资本单笔交易平均金额约为 3600 万美元。[52] 这限制了拥有"耐心资本"的投资人，他们或许不需要传统市场收益率。另外，"出口"几乎没有，而投资人一直在寻找可获得明显投资回报的点。这是一个新兴的领域，世界各国、各家发展银行和八国集团正努力推进正确政策框架的确立以推动影响力投资业的深入发展。

发展国内资本市场

尽管外国直接投资的流入对中小企业的融资至关重要，当地市场的发展，或者说国内投资人识别并支持债务、股权市场机遇的能力对于长期发展也同样重要。在八国集团和 20 国集团宏观经济发展议程当中，当地资本市场发展和经济发展已经成为首要公共利益。本次讨论不是为了综合评估一系列可以帮助新兴市场政府吸引外国直接投资、培育自身资本市场的地方政策和举措，也不是为了检验哪个国家具备最适宜的借款、投资政策或监管环境。相反地，我们强调的是支持当地资本市场发展的近期举措和创新举措。市场失灵的问题并不是由于缺乏资本而引起的。据估计，当地机构投资额可达 9 万亿美元——其中包含新兴市场的存款和养老基金。[53] 想到这一点，世界银行和"信息发展"项目（infoDev）乐观地表示，在接下来的十年间，科技可以为中小企业带来多达 960 亿美元的本地投资和"众筹"投资。[54] 希望在正确的金融基础设施的条件下——尤其是高水平的信贷保护和风险缓释——国家可以把国有资产释放给本国中小企业，资助中小企业的自身发展。更旺盛的本地资本市场对外国投资商也产生了更多吸引力。

套期保值策略和货币风险

正如我们所见，新的对冲策略及防范货币波动风险的金融工具的出现，就是创新金融解决方案的一种，也是阻碍投资的主要屏障。一般来讲，货币的波动被普遍视为发展金融的"原罪"，给企业家和投资人带来巨大的挑战。典型的情况是，企业需要用本币资金向当地供应商购买材料、支付员工薪水以及建设、经营企业，然而企业却是以美元或者欧元的形式融资来支付以上费用。在可用货币方面，存在着不匹配的情况，此外，企业还得面临其中某种货币的波动风险。我们常常会看到，如果本币贬值，这些企业就会负债，而无法偿还贷款。国家之间亦是如此。这样的前景从一开始就挫败了本地和外国投资人的投资信心。

而金融中的创新正在发挥作用，为小微企业和中小企业降低风险。举例来说，华盛顿特区的 MFX 解决方案公司为低收入国家的企业贷款提供价格合理的套期保值类衍生产品和风险管理教育等支持。MFX 公司旨在降低处于金字塔底端的公司的贷款成本，通过帮助出借方管理货币风险来扩大自身的客户面。公司认为更好的外汇套期保值工具渠道和金融教育渠道能够对全球贫困问题产生深远的影响。

"我们站在借贷两方的中间，对风险进行再分配，"MFX 的创始人布莱恩·考克斯（Brian Cox）说，"出借人得到美元还款，而借款人则以本币偿还贷款。"自 2009 年创立以来，该公司已为发展中国家小型企业的近 5 亿美元贷款提供对冲服务，涵盖币种超过 30 种，将风险转移到国际风险资本的大资金池中。

"这就像航运：对小负荷越洋运输而言，最高效的办法就是找到一艘同行的大船。"考克斯说。[55]MFX 的教育项目已为非洲数百位针对中小企业的银行从业人员提供了市场风险管理方面的培训。虽然该公司以小微金融起家，但现在已将自身的服务和产品范围扩大到影响力投资这一成长领域以及其他投资领域中，在这些领域，货币波动和缺乏套期保值产品渠道是发展面临的主要障碍。这将对推动中小企业成长产生积极帮助。

其他力量正在期待借助发行地方债券增强国内市场——地方债券是筹集资金的重要工具。拿到本币贷款的能力十分关键。创立于2012年的非洲贷款货币债券基金会以发行本币债券为方式，帮助中小企业防范本币风险（以及政治风险）。在德国，在最大发展银行德国复兴信贷银行的资金支持下以及狮头资本公司的管理下，非洲贷款货币债券基金对国家进行固定投资，协助非主权单位发行本币债券。2015年一年，该基金已向六只本币债券投资了1600万美元，额外释放了2亿美元的本地银行投资，为赞比亚和博茨瓦纳的小微金融、加蓬的中小企业以及肯尼亚、加纳和西非的房产开发项目筹集了资金。该基金计划，在未来的两到三年内，将投资额增长到1亿美元。

另一位将地方债券发行作为自主新兴市场经济发展工具的新玩家是上升市场金融担保公司。通过为地方债券发行提供单一担保，该公司可以向投资人保证，针对信誉良好的债券发行和银行贷款（无论是小微金融、中小企业、消费、农业、住房、保健、教育、能源、基础设施还是政府贷款），其本金和利息可以及时偿还（以本币的形式）。这种担保方式不属于什么新发明。债券保险商通过降低资本成本，为债券发行和金融公共部门基础设施提供保险，在较为富裕的国家，这种做法已被广泛推行。我们在这里所说的创新，指的是这种担保方式在发展中国家的应用。上升市场金融担保公司将本币（以担保发展债券的形式）作为工具，将资本注入中小企业这一"被遗忘的中层"。

由于金融危机，债券保险商成为被抨击的对象，因为它们使用衍生产品为住房贷款抵押债券和债务抵押债券投保，让信贷泡沫加速膨胀，造成了更大的市场危机。然而，上升市场金融担保公司的 CEO 大卫·史蒂文斯（David Stevens）称，当衍生产品应用得当，发挥了相应的杠杆作用时，将会产生十分积极的社会效应，尤其是在低收入国家，它们不仅降低了资本成本，而且可以说，正是因为有了他们的担保，才让债券得以发行。史蒂文斯将这种融资方式形容为"立体声"效应。首先，这种融资方式有真实的项目背景。其次，是该项目的示范效应。史蒂文斯说，一旦本币债务市场得到了强化，那么"私人资金的闸门也就会打开了"。[56]

农业又如何？

当谈到农业时，大家最担心的莫过于发展中国家中小企业的资金限制问题。不管是在家庭层面还是在企业层面，这都是事实。全世界范围内，超过 20 亿的贫困人口靠农业为生，他们从来都没有过银行账户，也没有接触过金融服务。这产生了很大的负面外部效应，对家庭及社会造成很大负担。由于没有融资渠道，农民们没有钱去投资更好的种子和肥料，全世界数百万的小农无法产出足够的食物来养活全家。此外，据估计，从事农业是 70% 的世界贫困人口的主要收入来源和从业方式。因此，推动农业进步、提高农业生产率是减轻极端贫困的重要方式。[57] 从更大范围来说，世界 4.5 亿小农承担着全世界人口的粮食需求量，但是，他们缺乏必要的投资农田的资源，也缺乏销售渠道，无法进入市场销售产品。尽管很难精确计算小农群体的资金缺口大小，但有数据显示，缺口也许高达 4500 亿美元。[58] 现有的农业贷款少得可怜，只有将近 80 亿美元，主要来自于当地政府的"政策性银行"，只有很小一部分的贷款来自于商业贷款人或小微金融贷款人。[59]

在农业领域，贷款的困难不计其数，此时此刻，大家应该很了解了。首先，显而易见的是地理原因。偏远地区的农民去银行十分不便，而银行也没有在人烟稀少的农村地区开设分支机构。因此，农民接触到信贷和一系列金融产品的机会很是有限。风险也是极其重要的因素，因为农民和农业中小企业面临着自然灾害和极端天气状况的威胁。对金融机构来说，系统风险和集中风险并存，而这使得多元化挑战不少（如，某个地区的全体农民会同时受到干旱或洪涝的打击）。此外，还存在其他风险，正如在小微信贷的案例中所看到的，贫困的农户难以提供抵押和信用记录。所有的这些因素加剧了市场失灵，并形成了恶性循环。农业金融基础设施的缺位意味着，在许多地方，农民没有接触过金融产品和服务，对银行也缺乏信任，即便在农民享受得到产品和服务的情况下，亦是如此。

与其他缺乏金融服务的群体相比，虽然小农面临的许多障碍与影响问题与之类似，但其解决方式却并不相同。例如，小微金融中被用于解决担保问题的传统连带责任贷款，在城市中（小额借贷最多的地方）的反响很好。而在农村，农民们彼此并不熟悉。此外，农村客户的筹资周期和需求与城市劳动力也有所不同。城市里，街头或者市场商贩的存货周转率普遍很高。而在农业方面，现金流程循环更长，通常是季节性的：许多小农在播种季节需要现金以投入生产，但是他们在收割之前没有现金偿还贷款。当农业流动性很低时，也许就会产生其他的家庭开销。

正因如此，一些专门针对农业的融资模式正在成形。例如，仓单融资将储存在仓库中的不易腐烂的商品作为贷款抵押来帮农民获得贷款。租赁服务通过灵活的支付方式，帮助农民购买农机和各种生产工具，甚至购买牲口。[60] 以上情况中，资产本身充当的是抵押品的角色。而保理业务，则允许农民将应收账款作为抵押物来进行贷款。

新增的金融产品还包括季节性农业贷款等。季节性农业贷款意味着，在播种时节投入资金，在收割时节偿还贷款。例如，2014 年，国际金融公司、坦桑尼亚通道银行（Access Bank Tanzania）以及万事达卡基金会（Master Card Foundation）开发了一种新型农业贷款，该贷款提供初始宽限期，让农民可以有钱种地，可以根据生产收入对还款金额进行季节性调整，同时，还可以将牲口作为贷款的抵押物。这种农业贷款的偿贷率和偿贷吸收率很高。[61] 此外，捆绑销售的金融产品，如与贷款挂钩的存款、人寿保险以及作物指数或天气指数保险等，均可作为贷款的抵押物。[62]

在技术支持下，捆绑销售就可以实现。如果农民不知道如何使用金融服务来提高产量和生产率的话，那么信贷和其他金融产品的作用就发挥不出来。肯尼亚的非营利组织一亩地基金（One-Acre Fund）为小农提供信贷、培训、投入、贮藏及保险等多种服务。该组织通过实物贷款、实地耕作培训、粮食储藏、拓宽销售渠道等形式，为农民提供融资服务，为农民提供改良种子和肥料，让粮食产量保持稳定。农民可以根据自身情况灵活偿还贷款，但必须保证在收割期时全部偿还完毕。目前，该基金服务于13.5万的东非农民，但是，农民的融资需求和服务需求仍旧难以满足。它与万事达卡基金会合作，为肯尼亚、卢旺达和布隆迪的农民提供培训和金融服务。它的目标是"组织农场小微金融运动"，承担起小微金融机构向农村地区拓展的责任。[63]

聚合、价值链融资以及扩大规模

当农民彼此抱团，并与更多买家及提供融资服务的商业银行构成的"价值链"紧密联系时，将会产生巨大的聚合效益，这一点应该很好理解。然而，彼此合作、集体劳作的小农数量还不及10%。

近几年来，为了改善价值链融资，人们实施了许多举措——在小农和雀巢（Nestle）、联合利华（Unilever）、可口可乐（Coca-Cola）及星巴克（Starbucks）等跨国公司之间，建立起更好的纽带，因为这些公司不仅会购买农民的产品，还会对其生产力投资进行融资。在过去的十年中，影响力导向型的农业借款人开创了新的贷款模式，由生产者组织贷款给小农，并对其提供技术支持。

根基资本（Root Capital）是该领域中一个重要的先行者。该非营利社会投资基金面向非洲和拉美，对那些处于"被遗忘的中层"的中小企业农业生产者组织，提供信贷、金融培训以及其他技术支持。对于小微金融机构而言，这些农业生产组织太大了，无力为它们提供资金支持，而传统商业银行通常不会向它们发放贷款。根基资本的客户，正是通过聚合而形成的、成百上千的农产者构成的农民合作社、种植户协会和小型企业联盟，这些组织的目的是为了建设可持续发展的农村生活。自1999年以来，根基资本已向530多家企业发放了超过7.4亿美元的贷款。这些企业给予农村家庭更优的农作物收购价格，提高他们的生产力，并为其提供更稳定的市场渠道。通过这样的方式，企业改善了超过50万户农村家庭的生活状况。根基资本的贷款额小到5万美元，大到200万美元，短期贷款或收获前贷款通常用于借款人支付向农民供应商购买"初级产品"（商品）的费用，长达五年的长期固定资产贷款通常是用于设备购买和基础设施建设。通过向客户提供资金和培训，根基资本客户的产品规模、质量和一致性得到了提升，并成为了120多个买家信任的供应商，其买家包括公平贸易公司（Equal Exchange）、美体小铺（Body Shop）、通用磨坊食品公司（General Mills）、克里格绿山咖啡公司（Keurig Green Mountain）、星巴克咖啡、皮尔1进口（Pier 1 Imports）以及全食超市（Whole Foods）等。而其中很多买家，包括星巴克和克里格绿山咖啡等，同时也是根基资本的投资人[64]。

　　根基资本曾经获得过盖茨基金会的相关项目投资，最近，它还获得了海外私人投资公司的 1000 万美元的投资。2015 年 6 月，根基资本与德国复兴信贷银行、伦敦农业发展公司（AgDevCo）携手，创立了非洲农业借贷公司（Lending for African Farming Company），公司市值为 1500 万美元，为撒哈拉以南非洲的农业公司提供最高价值 400 万美元及当地货币的流动资金贷款、信贷额度和其他灵活的信贷产品。根基资本在创新金融中发挥了许多重要的作用，例如资本经纪人、技术服务商等，还证明了在价值链的各个环节，农村金融都有着繁荣前景和成功潜力。与前两个例证相同，这个案例很好地展示了，如果我们想吸引私人资本进行投资，就有必要联通"被遗忘的中层"，填补他们的资金缺口。

移动技术述评

　　移动技术为高交易成本和高信息成本的农村金融带来了显著的进步。除了提供移动银行、移动支付、移动信贷以及可移动产抵押物登记之外，移动技术还将偏远地区的农民和日益成熟的交易市场对接起来。商品期货、远期、期权、衍生品和掉期等业务品种（一切都受制于农作物的价格）在亚洲和拉美的发展成绩斐然，目前，在个别非洲国家，也开始开展此类业务的试点。这些金融产品可以成为农民防范价格波动的有效工具。

　　移动技术、卫星技术以及数据收集气象站等科技促成了指数保险的发展，而后者也帮助缓解了农业活动中的部分系统性风险。

通常情况下，自然灾害和极端天气状况等事件会给从事农业的家庭和社区造成毁灭性打击。因此，这些灾害也影响了对容易受灾地区进行大规模投资的信心。新型天气保险的出现，尤其是允许根据损害指标进行支付的指数保险，使得投资成本大幅降低，投资风险显著转移。这意味着，农民得到了更多的保护，而农业部分的潜在投资资金也增加了。

这些科技领域和金融领域中的创新都意味着推陈出新，新的金融产品让我们有能力建设更加包容的经济和更具活力的社会。正如我们在前一章中所讨论的，历史上总有那些光辉时刻，科技创新给市场经济带来了深刻变革，瓦解了旧的行业，也创造了新的机遇。就像手机对金融服务所产生的影响：手机成为电子钱包，方便人们为产品和服务买单，也首次为人们提供了储蓄、贷款等金融产品的渠道。我们已经看到，手机钱包开启了"即用即付"等消费者融资新模式，对推广清洁能源、维护公共利益意义非凡。然而，我们也应看到，对于金融服务来说，科技可能只是一个起点。通常，只有当金融、科技和信任三者相得益彰时，人与人之间才能建立良好互动，新的产品或服务才能看起来不那么复杂、可怕或者令人心生疑虑，普惠金融的推广才能成为现实。在小微金融 2.0 创新者印度金融管理研究学院信托公司和世界妇女银行首创的 BETA 储蓄账户的案例中，我们已经对这一点有所了解了。

印度金融管理研究学院的创新金融突破还有许多。它开创性地利用结构性融资，释放了商业资本，用于投资印度本地的个性化服务银行试点项目。这也提醒我们，抛开我们在普惠金融上已经取得的成绩，要想将金融服务普及到所有无银行账户的人群当中，要想将投资资金带给数百万的推动世界经济增长的中小企业，我们依然有很长的路要走。不过，在扩大规模的同时，不要忘记规模所形成的压力，大规模商业化活动会带来潜在陷阱。创新金融作为本地经济和全球经济的发展引擎，在21世纪打造更加包容、自主的市场时，上述问题既是挑战，又是机遇。

注 释

1. Bindu Ananth, in discussion with the author, April 10, 2015. Unless otherwise indicated in the notes, quotes from Ananth are from this interview.

2. Asli Demirguc-Kunt et al., "The Global Findex Database 2014: Measuring Financial Inclusion Around the World" (policy research work paper, No. 7255, World Bank, Washington, DC, April 2015), http://www-wds.worldbank.org/external/default/WDSContentServer/WDSP/IB/2015/04/15/090224b082dca3aa/1_0/Rendered/PDF/The0Global0Fin0ion0around0the0world.pdf#page=3. The gender gap is global across income levels. Around the world, 58 percent of women have an account versus 65 percent of men. "Global Financial Development Report: Financial Inclusion 2014," World Bank, https://openknowledge.worldbank.org/bitstream/handle/10986/16238/9780821399859.pdf?sequence=4.

3. "Global Financial Development Report: Financial Inclusion 2014," World Bank.

4. For example, the G20 has endorsed a set of Principles for Financial Inclusion, See http://www.gpfi.org/sites/default/files/documents/G20%20Principles%20for%20Innovative%20Financial%20Inclusion%20-%20AFI%20brochure.pdf.

5. For further discussion, see Georgia Levenson Keohane, *Social Entrepreneurship for the 21st Century* (New York: McGraw-Hill, 2013), chap. 11.

6. For context, the average default rate on consumer loans in the United States since 1987 is 3.7 percent. "Delinquency Rate on Consumer Loans, All Commercial Banks," Federal Reserve Bank of St. Louis, https://research.stlouisfed.org/fred2/series/DRCLACBS.

7. Georgia Levenson Keohane, "Subprime on the Subcontinent: What Can We Learn

from the Microcredit Crisis?" *Next New Deal* (blog), June 6, 2011, http://www. nextnewdeal.net/subprime-subcontinent-what-can-we-learn-microcredit-crisis.

8. These include, but are not limited to, Esther Duflo and Abhjijit Banerjee, who run the Abdul Latif Jamell Poverty Action Lab at MIT; Rohini Pande of Harvard's Evidence for Policy Design Initiative; Yale's Dean Karlan and Dartmouth's Jonathan Zinman, both of Innovations for Poverty Action; and Jonathan Morduch of New York University and the Financial Access Initiative.

9. These economists have published widely on microfinance and other topics in development economics. Versions of their scholarship and field research are also included in Esther Duflo and Abhijit Banerjee, *Poor Economics: A Radical Rethinking of the Way to Fight Global Poverty* (New York, PublicAffairs, 2012); Dean Karlan and Jacob Appel, *More than Good Intentions, Improving the Ways the World's Poor Borrow, Save, Farm, Learn and Stay Healthy* (New York: Plume, 2012); and Daryl Collins and Jonathan Morduch, *Portfolios of the Poor: How the World's Poor Live on $2 a Day* (Princeton: Princeton University Press, 2010). The *American Economic Journal: Applied Economics* brought much of this research together under one intellectual roof in its January 2015 issue: https://www.aeaweb.org/articles.php?doi=10.1257/app.7.1.

10. "Global Financial Development Report: Financial Inclusion 2014," World Bank.

11. See, for example, "What Is the Impact Insurance Facility?" Impact Insurance, http:// www.impactinsurance.org/about/what-is-facility.

12. Karen L. Miller, Chief Knowledge and Communications Officer, Women's World Banking, in conversation with the author, May 14, 2015.

13. Lloyd's estimated that the market for commercially viable microinsurance was 1.5 to 3 billion policies and that an annual growth rate of 10 percent per year could be expected. Lloyd's also estimated that the current market penetration rate was 5 percent, or approximately 140 million people. http://www.lloyds.com/lloyds/press-centre/ archive/2009/11/microinsurance_provides_opportunities_for_all.

14. "Eyes on the Horizon: The Impact Investor Survey," JPMorgan and Global Impact Investing Network, May 4, 2015, https://thegiin.org/assets/documents/pub/2015.04%20 Eyes%20on%20the%20Horizon.pdf.

15. Investors in LeapFrog I included, among others, the Soros Economic Devel- opment Fund, Accion, Calvert, the European Investment Bank, JPMorgan, Omidyar Network,

the German Federal Ministry for Economic Cooperation and Development, Flagstone Re, Finance for Development, the IFC, KfW, Proparco, TIAA CREFF, Triodos Bank, and the Waterloo Foundation. LeapFrog II includes investment from a broader range of commercial investors and insurance and reinsurance companies, including JPMorgan, AIG, Metlife, Swiss Re, XL, and Prudential.

16. Bindu Ananth, Gregory Chen, and Stephen Rasmussen, "The Pursuit of Com- plete Financial Inclusion: The KGFS Model in India," Consultative Group to Assist the Poor, 2012, https://www.cgap.org/sites/default/files/CGAP-Forum-The-Pursuit-of- Complete-Financial-Inclusion-The-KGFS-Model-in-India-May-2012.pdf.

17. Ibid.

18. Ibid. See also "The Impact of KGFS in Rural Tamil Nadu: Early Evidence from a Randomised Control Trial," IFMR Trust, April 8, 2014, http://www.ifmr.co.in/blog/2014/04/08/the-impact-of-kgfs-in-rural-tamil-nadu-early-evidence-from-a-randomised-control-trial; and "KGFS: Impact on Lending Patterns," Center for International Development at Harvard University, February 2014. http://www.ifmr.co.in/blog/2014/04/08/the-impact-of-kgfs-in-rural-tamil-nadu-early-evidence-from-a-randomised-control-trial/.

19. Kshama Fernandes, "A Structured Finance Approach to Microfinance," Euromoney Handbooks. http://www.ifmr.co.in/blog/wp-content/uploads/2011/08/Structured-finance-approach-to-Microfinance.pdf. See also Bindu Ananth and Nachiket Mor, "Finance as Noise Cancelling Headphones," *Wall Street Journal*, June 24, 2009.

20. "IFMR Launches Country's First Collateral Bond Deal," *Times of India*, June 24, 2014.

21. Laurence Chandy, Kemal Dervis, and Steven Rocker, "Clicks Into Bricks, Technology Into Transformation, and the Fight Against Poverty," Brookings Institution, 2012, http://www.brookings.edu/~/media/research/files/reports/2013/02/brookings-blum-roundtable/02-brookings-blum-roundtable.pdf.

22. World Bank Development Research Group, Better than Cash Alliance, and Bill and Melinda Gates Foundation, "The Opportunities of Digitizing Payments," Gates Foundation, August 28, 2014, https://docs.gatesfoundation.org/documents/G20%20Report_Final.pdf. See also "Fighting Poverty Profitably: Transforming the Economics of Payments to Build Sustainable, Inclusive Financial Systems," Gates Foundation,

September 2013, https://docs.gatesfoundation.org/Documents/Fighting%20Poverty%20 Profitably%20Full%20Report.pdf.

23. "The Global Findex Database 2014: Measuring Financial Inclusion Around the World," World Bank, April 2015, http://www-wds.worldbank.org/external/default/ WDSContentServer/WDSP/IB/2015/04/15/090224b082dca3aa/1_0/Rendered/PDF/ The0Global0Fin0ion0around0the0world.pdf#page=3; "Why Does Kenya Lead the World in Mobile Money," *The Economist Explains* (blog), May 27, 2013, http://www. economist.com/blogs/economist-explains/2013/05/economist-explains-18%20; Eric Forden, "Mobile Money in Kenya," U.S. International Trade Commission, June 2015, https:// www.usitc.gov/publications/332/executive_briefings/forden_mobile_money_ kenya_june2015.pdf.

24. James Manyika et al., "Lions Go Digital: The Transformative Power of Technology in Africa," McKinsey Global Institute, November 2013, http://www.mckinsey.com/ insights/high_tech_telecoms_internet/lions_go_digital_the_internets_transformative_ potential_in_africa.

25. Dayo Olopade, "Africa's Tech Edge," *Atlantic*, May 2014, http://www.theatlantic. com/magazine/archive/2014/05/africas-tech-edge/359808/.

26. In 2015, the Kenyan Treasury launched the M-Akiba bond, a government security Kenyans could purchase directly on their mobile phones via M-Pesa, increasing the country's capital base and Kenyans' investment options. This first mobile money–based treasury bond is a development to watch closely, as it may be a potentially groundbreaking innovation in public finance and policy.

27. "Digital Finance Plus," Consultative Group to Assist the Poor, http://www.cgap.org/ topics/digital-finance-plus.

28. "IFC Mobile Money Study 2011," International Finance Corporation, 2011, http:// www.ifc.org/wps/wcm/connect/fad057004a052eb88b23ffdd29332b51/MobileMoney Report-Summary.pdf?MOD=AJPERES.

29. Olopade, "Africa's Tech Edge."

30. Chandy, Dervis, and Rocker, "Clicks Into Bricks," chap. 2.

31. Syed Zain Al-Mahmood, "Mobile Banking Provides Lifeline for Bangladeshis," *Wall Street Journal*, June 23, 2015, http://www.wsj.com/articles/mobile-banking-provides-lifeline-for-bangladeshis-1435043314.

32. Ibid.

33. Ibid.

34. See, for example, "The Future of Finance: Part 1—The Rise of the New Shadow Bank," Goldman Sachs, March 3, 2015; "The Future of Finance: Part 2—Redefining 'The Way We Pay' in the Next Decade," Goldman Sachs, March 10, 2015; and "The Future of Finance: Part 3—The Socialization of Finance," Goldman Sachs, March 13, 2015.

35. Off-grid energy consumers in sub-Saharan Africa spend $100–$220 annually to light their homes.

36. Tilman Ehrbeck, "How Financial Innovation Helps the Poor Improve their Lives," *The Blog*, Huffington Post, May 22, 2013, http://www.huffingtonpost.com/tilman-ehrbeck/how-financial-innovation_b_3321062.html.

37. For example, Off.Grid:Electric installs solar home systems in Tanzania and Rwanda. Its distributed model, called M-Power, allows customers to use PAYG mobile finance.

38. Global Off-Grid Lighting Association, "Delivering Universal Energy Access," September 2015. https://www.gogla.org/wp-content/uploads/2013/09/Delivering-Universal-Energy-Access-The-Industry-Position-on-Building-Off-Grid-Lighting-and-Household-Electrification-Markets.pdf.

39. "Access to Energy via Digital Finance: Overview of Models and Prospects for Innovation," Consultative Group to Assist the Poor, 2014, http://www.cgap.org/publications/access-energy-digital-finance-models-innovation.

40. "Expanding Women's Access to Financial Services," World Bank, February 26, 2014, http://www.worldbank.org/en/results/2013/04/01/banking-on-women-extending-womens-access-to-financial-services.

41. OECD, Vital Voices, and UN Women, "Roundtable on Financing Gender Equal- ity and Women's Empowerment: Summary," OECD, October 14, 2014, http://www.oecd.org/dac/gender-development/Roundtable%20Gender%20Financing%20Summary.pdf.

42. "Diamond Bank Storms the Market: A BETA Way to Save," Women's World Banking, 2014, http://www.womensworldbanking.org/wp-content/uploads/2014/03/Womens-World-Banking-A-BETA-Way-To-Save.pdf.

43. "Giving Credit Where It Is Due: How Closing the Credit Gap for Women-Owned SMEs Can Drive Global Growth," Goldman Sachs Global Markets Institute, February 2014, http://www.goldmansachs.com/our-thinking/public-policy/gmi-

folder/gmi-report-pdf.pdf. See also "Closing the Credit Gap for Formal and Informal Micro, Small and Medium Enterprises," International Finance Corporation, 2013, http://www.ifc.org/wps/wcm/connect/4d6e6400416896c09494b79e78015671/Closing+the+Credit+Gap+Report-FinalLatest.pdf?MOD=AJPERES.

44. "Banking on Women: Changing the Face of the Global Economy," International Finance Corporation, November 2013, http://www.ifc.org/wps/wcm/connect/9be5a00041346745b077b8df0d0e71af/BOW+FACT+SHEET+NOV+1+2013.pdf?MOD=AJPERES.

45. Bob Annibale and Elizabeth Littlefield, "A Plan to Empower 100 Million Women," Huffington Post, March 8, 2015, http://www.huffingtonpost.com/elizabeth-l-littlefield/a-plan-to-empower-more-than-one-million-women_b_6818794.html.

46. "Closing the Credit Gap for Formal and Informal Micro, Small and Medium Enterprises."

47. "Global Financial Development Report: Financial Inclusion 2014."

48. "Closing the Credit Gap for Formal and Informal Micro, Small, and Medium Enterprises."

49. Ibid. See also "IFC Enterprise Finance Gap Database," http://financegap.smefinanceforum.org/index.html.

50. Matt Bannick, Paula Goldman, and Michael Kubzansky, "Frontier Capital: Early Stage Investing for Financial Returns and Social Impact in Emerging Markets," Omidyar Network, October 2015, https://www.omidyar.com/sites/default/files/file_archive/insights/Frontier%20Capital%20Report%202015/ON_Frontier_Capital_Report_complete_FINAL_single_pp_100515.pdf.

51. JP Morgan and the Global Impact Investing Network, "Eyes on the Horizon," May 4th, 2015.https://thegiin.org/knowledge/publication/eyes-on-the-horizon.

52. See, for example, "From the Margins to the Mainstream: Assessment of the Impact Investment Sector and Opportunities to Engage Mainstream Investors," World Economic Forum, September 2013, http://www3.weforum.org/docs/WEF_II_FromMargins Mainstream_Report_2013.pdf.

53. This isn't just wealthier BRIC countries. Rwanda, for example, has $1 billion in pension funds.

54. infoDev, "Crowdfunding's Potential for the Developing World," World Bank, 2013,

http://www.infodev.org/infodev-files/wb_crowdfundingreport-v12.pdf.

55. Thomas Heath, "Capital Buzz: Using Derivatives to Help Small Entrepreneurs," *Washington Post*, April 13, 2014, http://www.washingtonpost. com/business/capitalbusiness /capital-buzz-using-derivatives-to-help-small-entrepreneurs/2014/04/11/0df5fec4-bf44 -11e3-b574-f8748871856a_story.html.

56. Stevens, presentation at the Rockefeller Foundation conference Private Finance for Development: Connecting Supply to Demand, May 18 2015.

57. "Data: Agriculture and Rural Development," World Bank, http://data.worldbank. org/topic/agriculture-and-rural-development. See also "Global Financial Development Report: Financial Inclusion 2014," 141–42.

58. See, for example, the Initiative for Smallholder Finance, http://www.globalde vincubator.org/initiative-incubator/current-initiatives/initiative-for-smallholder-finance/.

59. "Local Bank Financing for Smallholder Farmers: A $9 Billion Drop in the Ocean," Initiative for Smallholder Finance, October 24, 2013, http://www.globaldevincubator. org/smallholderfinance/Initiative_for_Smallholder_Finance_Briefing_1.pdf.

60. "Innovative Agricultural SME Financing Models," Global Partnership for Financial Inclusion and International Finance Corporation, November 2012, http:// www.gpfi.org/sites/default/files/documents/G20%20Innovative%20Agricultural%20 SME%20Finance%20Models.pdf.

61. "Banking on Small-Scale Farmers: The Future of Agriloans?" International Finance Corporation, June 1, 2015, content/regions/sub-saharan+africa/news/za_ifc_access_ bank_tanzania.

62. "Lending a Hand: How Direct-to-Farmer Finance Providers Reach Smallhold- ers," Initiative for Smallholder Finance, October 8, 2014, http://www.globaldevincubator. org/wp-content/uploads/2014/10/Lending-a-Hand-How-Direct-to-Farmer-Finance-Providers-Reach-Smallholders.pdf.

63. https://www.oneacrefund.org/blogs/information/post/the-mastercard-foundation-and-one-acre-fund-launch-10-million-partnership/717.

64. See, for example, "Catalyzing Smallholder Agricultural Finance," Dalberg Global Development Advisors, 2012, http://dalberg.com/documents/Catalyzing_Smallholder_ Ag_Finance.pdf.

第四章

走向新型救灾金融

——重新定义灾害风险、救灾及灾后重建

2014年3月，无国界医生组织（Médecins Sans Frontières）向人们敲响了警钟：埃博拉病毒已在西非显示出抬头之势。当月早些时候，几内亚一家报社报道了一则新闻，有八位患者出现了鼻腔和肛门出血的症状，而在短短两周时间内，共有72位埃博拉病毒感染者确认死亡。直到8月份，世界卫生组织才宣布埃博拉疫情为国际紧急事件；直到11月份，捐赠国和世界银行的援助资金才开始到位。在此次埃博拉疫情中，塞拉利昂、几内亚和利比里亚等国的一万余人失去了宝贵的生命。直到今天，受灾地区的家庭和社区依然在承受着这场灾难的苦果。疫情波及的人数难以估量；据估计，仅就短期而言，埃博拉疫情对受灾各国的GDP就已经造成了30亿至70亿美元的损失。"埃博拉既是连环杀人犯，又是个放高利贷的。"风险管理专家戈登·吴（Gordon Woo）如是说，"如果救援资金在疫情暴发后没有迅速到位，抢救灾情，就会有更多的人因感染病毒而去世；然后，那些不想掏钱的捐赠国就得掏出更多的钱来处理灾情……就像火灾一样，传染病是以指数级速度传播开来的。"[1]据世界卫生组织估计，4月份，用以控制病情的资金投入约为500万美元。截至7月之前，救灾资金达到了1亿美元。到10月之前，该费用已经达到了10亿美元。下一场流行病可能会比埃博拉更具传染性。除非我们的救灾响应机制有所改变，否则，不论是在死亡人数还是救灾资金方面，下次疫情造成的损失都将更大。（见图4.1）

发展专家乔安娜·斯洛卡和理查德·维尔科克斯在很早之前就曾经警告说，"在发展中国家，进行人道主义援助的时机十分

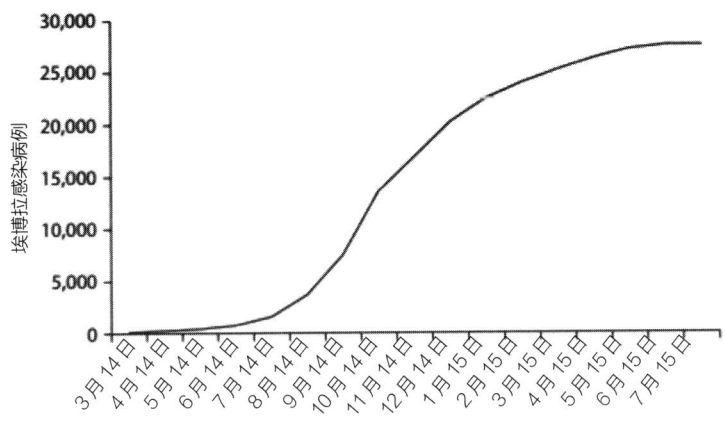

图 4.1 2014-2015 年埃博拉病毒大暴发，全球感染病例

★ 来源：世界卫生组织

关键"，因为延迟援助是一种"致命的危险"，大约十年后，埃博拉疫情终于大暴发了。他们不是卫生工作者，而是世界粮食计划署的高级官员；而且，他们并非第一个站出来批评国际救灾响应系统效率低下的人；在这种国际应急相继机制之下，当某个紧急事件爆发的时候，世界粮食计划署、世界卫生组织、联合国儿童基金会以及联合国难民事务高级专员公署等联合国各机构将一起向捐助国发出呼吁，希望得到捐助国足够的援助支持。斯洛卡和维尔科克斯认为应该转变观念了，从灾害应急救援模式转变为在前风险控制投资模式，只有这样，救灾响应和赈灾工作才能更加迅速地开展，弱化政治因素，方能提高效率，进而描绘出巨灾金融的新蓝图。[2]

21 世纪，灾难不再让人陌生。灾难令生命逝去，对家庭和社会造成破坏，给 GDP 带来负面影响；尽管要估算这些损失难度很大，但是我们知道，由自然灾害和政治动乱造成的人道主义危机均在增加，而且常常彼此交织，难解难分。据估算，在大约 93% 的极端贫困人口所生活的国家当中，要么政治动荡，要么环境恶劣，要么两者兼而有之。[3] 在过去的十年中，仅仅是自然灾害就严重影响了 17 亿人口的生活，所造成的经济损失约为 1.4 万亿美元[4]，比上一个十年的平均水平提高了两倍。我们也知道，气候变化导致灾难频发，比起投资于救灾赈灾，投资于灾后重建和灾前预防更具成本效益。按照某些测算数据，我们在灾难响应上所投入的资金，几乎是在灾害预防上投入资金的 40 倍。[5]

如何才能更好地应对灾害呢？最近，联合国及多边发展体制都进行了许多内部和外部努力，针对如何改善在防灾、灾后重建、风险评估、救灾响应与救援以及长期重建与开发等方面的投资，进行了调查研究。[6] 虽然资金并非应对这些复杂的全球性问题的万能灵药，但可利用的救灾资源在数量和效率上，均仍有增长和提高的空间。因此，在保障这项重大公共利益方面，创新金融一定有用武之地。

先来说说自然灾害

仅 2013 年一年，就发生了近 150 次重大自然灾害，2.6 万人在灾难中失踪或丧生。据估算，灾难造成的经济损失高达 1400 亿美元。[7] 在过去十年中，超过 70 万人口在自然灾害中丧命。根据联合国减灾办公室的数据，90% 的自然灾害——干旱、洪涝、暴风雨（雪）以及其他极端天气事件——都是由气候变化造成的。据估计，在非洲，因自然灾害而造成的死亡人数中，死于旱灾的人数约占二分之一。

这并不奇怪。在全球 14 亿极端贫困人口中，将近 70% 的人生活在农村或以农业生产为主的地区，他们承受着土地退化和粮价波动风险的威胁。随着全球变暖，干旱和洪涝等气象灾害加剧，上述风险只会增加而不会减少。[8] 对于贫困地区和农村来说，尽管粮食短缺是最直接的后果，但它并不是气候变化带来的唯一威胁。《柳叶刀》刊文称，气候变化或许是 21 世纪公共卫生事业面临的最大威胁。[9] 所有这些艰巨的困难，都会令大规模人口迁移的局势愈发紧张，同时增加人口迁移的成本。

请思考一下"粮食短缺"的含义。它的意思是指，旱灾所带来的吃不饱和没得吃的问题。在世界范围内，有半数的饥饿人口靠小农场过活，他们靠雨水灌溉农作物，靠牧草饲养牲口。他们在贫瘠的土地上耕作，而且没有市场渠道来销售他们的产品。粮食的产量不高，而农民们的积蓄更少，在收成不好的时候，更是如此。许多农民饱受季节性或者长期粮食短缺之苦。本来农民的生活就已经揭不开锅了，加之越来越多变的天气状况，在发展中国家中，40% 以上的农民都面临着生存威胁。其后果是灾难性的。关于气候变化，即便最保守的预测也提到，在未来数年中，将会有 1 亿到 2 亿人口面临粮食短缺问题。[10]

对于万千家庭而言，这又意味着什么呢？在旱灾来临时，贫困家庭总是为了眼前的生存问题，而牺牲他们投资长远幸福的能力。为了缓解旱灾带来的冲击与压力，贫困家庭只得节衣缩食，让孩子辍学，坐吃山空，甚至卖掉他们用于生产活动的资产。而在旱灾和洪涝灾害中屡见不鲜的是，当整个社区都因此而受到影响时，贫困家庭也不能去依靠朋友、邻居或寻求其他支持了。针对自然灾害以及其带来的严重后果，根本就没有什么保障体系，或相应的保险服务。

虽然各地都因气候变化而付出了代价，但是，容易受到天气风险和灾害冲击的地区，当属撒哈拉以南的非洲。在这个地方，根据估算，气温每上升 2℃，我们就要投入 140 亿至 170 亿美元的资金来适应气温的改变。在非洲大陆，气象灾害对农业、粮食安全以及人民生活的影响尤为严重，并且已经给当地的经济增长带来了不利影响。在过去的十年中，世界粮食计划署是当之无愧的大型援助资金代理人，其在非洲开展的援助中，有三分之一以上的资金都花在抗击旱灾上。据估算，如果今天在撒哈拉以南的非洲发生了大范围的严重旱灾，所需的救灾资金将高达 30 亿美元，对于非洲国家的预算和疲乏的捐赠国政府来说，这无疑是沉重的压力。

所以，金融能帮上忙吗？

由于许多的非洲灾害都与天气相关，所以，从某些方面看来，这些灾害是可预测的。至少，人们可以充分利用历史灾害数据，来建立灾害模型，进而对灾害进行评估和定价，最终提供相关的保险服务。将天气的风险进行转移，这种保险机制有助于非洲国家更好地控制某些天气风险，因此，也能够更好地应对气候灾害。

保险并不新奇。它已经存在了许多年，是金融的一种重要功能，允许个人和机构将潜在损失的成本转移给另一个单位，以达到控制风险的目的，反过来，投保人需要向保险公司支付保费；通常，这些保险公司的资金实力会更强。保险公司保证会针对预先约定的损失，对投保人进行赔付，通过确认、合并多种风险，尤其是互不相干的风险，形成一个统一的资金池；并凭借保费收入而实现营利。尽管保险已经以多种形式存在了数千年，但针对全球灾害救灾响应的保险，却是刚刚出现。风险转移的主题越来越迫在眉睫；它最近被提及是 2015 年在日本仙台召开的联合国世界减灾大会[11] 和巴黎气候变化大会上，各国政府、多边机构、慈善团体、银行、非政府组织等机构共同探讨了这个问题：保险如何才能为救灾工作提前融资。

尽管名义上保险与货币支付有关，但实际上，保险是一种十分有用的创新金融产品，因为它给家庭和政府带来更大的安全感，将原本会用在解决眼前危机的资源释放到面向未来的长期投资中去。

非洲风险控制机构

2012 年，非洲风险控制机构由其成员国共同成立，成为非洲联盟（African Union）的一个下属机构，旨在通过使用一系列新型风险转移工具，更好地预防并应对自然灾害。以下，我们来谈一下关于非洲风险控制机构的一些思考。

非洲风险控制机构这一概念的雏形起源于人们对国际应急救援系统的失望，就像斯洛卡和维尔科克斯等专家长期以来所指正的那样，国际灾难救援系统是一个临时的、不协调的、陈旧的系统，已经无力招架当今灾害的量级和复杂程度。该系统存在结构性缺陷，有着太多经济学家们口中的道德风险：通常，国家不会为大规模灾难应急工作买单或制定规划。既然国家不会出钱救灾，那么援助资金只能源自于国际社会的捐助。由于救灾流程和资金支付的所有权主体不明确，导致救灾工作效率低下。此外，国际救灾体系纯粹是事后响应的。在灾害爆发之后，才会发出正式的救援呼吁，针对原本打算用于长期发展的国家预算资金，政府需要对其重新调配，才能用于救灾，而在这个过程中，受灾家庭早已经开始变卖最重要的家庭资产了。在斯洛卡和维尔科克斯对非洲风险控制机构的构想中，这应该是一个更具前瞻性的单位，通过利用风险管理工具，对灾难做出迅速响应。保险也可以让救援变得更加合理，因为保险的赔付是靠数据触发的，它取决于经过证实的需求，而非国际呼吁程序的那套政治流程。[12]

这样的转变需要人们对风险转移进行新的思考。实际上，斯洛卡和维尔科克斯的话很有道理，世界粮食计划署等大型人道主义援助机构负担着全世界那么多的灾害救援工作，以至于它们其实扮演着保险公司的角色。然而，这些最终承保人并未采用那些在商业资本市场上已经发展了几百年的金融方法，例如资金池风险组合及其他保险机制等。

事实表明，在非洲，绝大多数的自然灾害都与气象变化有关，而且还可以建立相关模型。由于殖民统治严苛、极端天气事件频发等诸多历史原因，非洲有着充足的灾难历史数据，对极端天气事件发生的频率了如指掌。卫星数据及气象站等科技方面的投资，让人们掌握了足够的实时天气数据（如降雨量、海平面高度等），将这些数据与历史基准数据相结合，就可以对旱灾、洪涝等灾害进行预测。此类天气数据的可用性也使得创建天气指数成为可能，因此，指数保险应运而生。

现在，我们要好好看一下，早期预警和早期干预体系中，有哪些重要组成部分。实时数据和历史数据的结合可以将天气和成本估算模型化，从而让极端事件的转移风险和保险赔付成为可能，并且在旱灾演变为饥荒之前，将救灾工作提前进行。这样的做法真的帮了大忙。在整个撒哈拉以南的非洲，许多天气事件彼此之间是没有关联的，而且也不会影响股市。这意味着，不同国家的天气风险可以集中起来，以投资组合的形式转移给某家保险公司。同时，这也表示，在大型资本市场中，再保险人和大型机构投资人会出于投资多样化的目的，购买与天气风险有关的产品，因为，天气风险往往不会与更大的宏观经济波动形成共振。

投资组合的力量：风险共担与风险转移

于是乎，非洲风险控制机构于 2012 年成立了，旨在成为一个与灾难早期预警系统联动的、风险共担的基金；正如斯洛卡和维尔科克斯所希望的，该早期预警体系能够确保"在危机发生时，提供更为及时、更可预见的救灾援助，为良好的投资组合发展决策提供风险定价信息，同时保障受益人的尊严"。[13]灾害风险共担并不是新事物，但是，这是非洲国家第一次对非洲大陆天气风险的多样性加以利用。非洲风险控制机构的资金池应对的是非盟的整体风险，而非单个国家的风险。由于在相同年份中，非洲各地均遭遇旱灾的可能性不大，因此，并非资金池中的每个国家都会在任何年费中获得灾害赔付。这也就是说，与各国分别自行投保相比，资金池的风险共担让非洲风险控制机构得以花更少的资金来管理旱灾风险。和所有保险一样，通过非洲风险控制机构进行投保的费用要比各国自行购买保险的保费低很多。据估计，集体资金成本减少了约50%。非洲风险控制机构希望，各国能将节省下来的钱投资到长期发展项目和灾后重建活动中去。这是一个重要的区别。尽管保险是救灾的一种关键工具，但却并不常用，长期的发展问题还是需要通过投资来加以解决。

指数保险

指数保险利用卫星或气象站所采集的数据，来代表更广泛的地面的各种状况。通过指数保险，机构得以在未对事发之后的本地损失进行评估时，对潜在天气灾害的严重程度及其后果进行判断。这样做降低了交易成本，因为评估人员不必去农场或者住宅进行实地考察，以确定旱灾或者洪涝造成的损失。这点很重要，因为检测费和评估费的关系，在过去，保险公司从未向农民提供过任何保险产品，且不论农民是否负担得起。相比之下，气象站可以对降雨量进行测量，并将测量数据同某个农业模型进行对比，农业模型规定了特定农场或地区的降雨量需求。如果降雨量未达到需求水平，该地区所有参与投保的农民都会获得赔付。指数保险的优点还在于，它受政治干扰小，或者说更加的合理。在正式向家庭或政府提供保险服务之前，理赔调整程序就已经启动了，在独立的、客观的、可证实的数据基础之上，对风险敞口进行事先评估。试点项目及研究成果表明，指数保险可以将道德风险和反向选择的可能降到最低，鼓励农民进行高风险、高收益的投资。现如今，指数保险正在世界各地不断普及。*

然而，要想推广指数保险，仍旧面临成本、分配、教育以及信任等诸多问题。†而且，指数保险的好坏取决于其数据质量和数据采集技术的好坏。即便是在印度这样指数保险已被普遍采用的国家，其增长仍受到基础设施投资乏力的限制。没有足够的气象站来测量降雨量，就是这么简单。

★参见，例如，Dean Karlan 等人，《审视投资乏力的农业：资金和保险的收益测算》，扶贫行动实验室（Poverty Action Lab），2012 年，http://www.povertyactionlab.org/evaluation/examining-underinvestment-agriculture-returns-capital-and-insurance-among-farmers-ghana。

†《普惠金融》，世界银行，2014 年，https://openknowledge.worldbank.org/bitstream/handle/10986/16238/9780821399859.pdf?sequence=4。

数据、科技、早期预警及早期赔付

非洲风险控制机构融资模型的数据来自于非洲风险观察（Africa Risk View）。这是一款先进的卫星天气检测软件，由世界粮食计划署最先研发，可以根据以往旱灾和救灾工作中的降雨量数据，对作物损失以及保障粮食安全所需成本进行预测。这些数据所蕴含的信息使得早期预警、早期支付和早期干预成为可能，而这也是创新的关键。"如果是在发达国家，汽车保险理赔或者住院费用报销即便等上好几个月，也不会有任何致命危险，"维尔科克斯和斯洛卡解释说，"但在发展中国家，人道主义援助的时机却是生死攸关的大事。"[14]

在秋收之前的两周到四周，早期赔付的款项已经准备好了。之所以提前准备，就是为了确保每个家庭可以在 120 天内收到援助资金，这也是家庭为了生存，动用关键资产的时刻。有了这样的时间安排，可以节省好几个月的救灾时间。非洲风险控制机构大量的独立成本效益评估表明，对于参与其中的政府和脆弱的家庭来说，早期支付有着重大的经济意义和好处。波士顿咨询公司的一项研究结果显示，非洲风险控制机构在早期干预中每投入 1 美元，就相当于在救灾响应工作中节约了 4.5 美元。[15]

操作、所有权和机构

非洲风险控制机构是构架在保险计划之上的，但其成功的实践以及其对于创新金融的重要意义，全部都体现在执行上，例如操作、所有权、机构等等。"它真的不单纯与保险有关，"斯洛卡说，"它还与早期干预有关：如果不能迅速对资金加以利用，那么资金到手得再快也没有意义。这也与国家治理有关：政府有自己的对策。"[16]

在参保国与非洲风险控制机构签订保单、支付保费之前，必须提供详细的执行计划，展示其将如何对保险金加以及时、高效的利用。在签订保单之前，非洲风险控制机构管理委员会的同行评审机制（ARC Agency Governing Board's Peer Review Mechanism）将对参保国的应急执行计划进行评估。所以说，在这种模式中，有一种类似强制的功能，必须考虑参保国是否已经准备就绪，而别的保险计划是不会考虑这一点的。针对有安全行驶记录的司机，保险公司会为其开出更低的车险保费。而针对从事健康活动、具备良好生活习惯的投保人，保险公司也可以为其开出更低的医疗保险保费。在这些行为当中，有些其实降低了进行保险赔付的可能性。而其他行为，则有可能减少需要赔付的金额。在发生旱灾时，我们知道，采取行动越早，救灾成本就会越低。在那些自然灾害已经成为长期发展问题的国家，这些强制的应急方案也是一种保障方式，确保政府监管和地区治理均已到位。对于非洲风险控制机构的首批捐赠者而言，这一点至关重要。除了保费收入，非洲风险控制机构还从多家国际发展机构那里筹集了2亿美元的资金，这些机构包括英国国际发展局、德国复兴信贷银行、国际农业发展基金会、洛克菲勒基金会、瑞士发展与合作署以及世界粮食计划署等。从投保国政府的角度看，非洲风险控制机构的赔付极具吸引力，因为它不仅目标明确，而且流程透明。负责国家财政预算的官员需要在农忙和农闲时节进行资源配置，对他们而言，资金的可预测性作用非常大。

一国的政府要想掌控救灾过程的所有权，那么这些强制应急方案就很关键。"有了非洲风险控制机构，"维尔科克斯指出，"政府通过财政预算来支付保费，保费也是预算之内的一部分，这与非洲国家原来管理灾害的方式截然不同。"各国支付的保费统一进入一个资金池，由各国共有的非洲风险控制保险有限公司（the ARC Insurance Company Limited）进行保管。这样既消除了道德风险，又鼓励了各国的积极参与，尤其是在前期准备阶段。维尔科克斯坚持认为，国家主权和共同所有权巩固了最基本的保险原则——共同覆盖、互惠互利、团结一致，也改善了国家在自然灾害响应融资中发挥的代理作用。用尼日利亚经济统筹部长、非洲风险控制机构管理委员会主席恩戈齐·奥孔约·伊维拉博士（Dr. Ngozi Okonjo-Iweala）的话来说："这种非洲独有的、处理特定的国家级别自然灾害保险方式，不仅减少了各国对外部救援的依赖，还为非洲应对重大挑战提供了一个可持续的解决方案。"[17]

初次赔付及后续步骤

这种保险资金池首创于 2014 年，肯尼亚、毛里塔尼亚、尼日尔和塞内加尔成为首批签订保单的非洲国家。非洲风险控制机构与这些国家合作，根据各国国情，定制保险产品，计算保费，并发放赔付款。各国可以自行选择参与的程度。每笔 300 万至 400 万美元的保费，就可以投保最高赔付 3000 万美元的年度旱灾保险。2015 年 1 月，非洲风险控制机构进行了第一笔赔付：向毛里塔尼亚、尼日尔和塞内加尔支付了 2500 万美元的保险理赔，这三个国家总共支付的保费是 800 万美元。按照已经审核过的应急方案，这些国家利用理赔资金，对旱灾进行了早期干预。虽然非洲风险控制机构的保险模式问世时间不长，但在发展和救灾领域，却吸引了众人的目光。保险赔付并未覆盖全部的救灾需求，但它除了代表未雨绸缪和共同治理所带来的好处之外，还代表着一种新的救灾资金来源。根据联合国萨赫勒地区（Sahel，非洲萨勒赫地区—编者注）区域人道主义统筹官员罗伯特·派珀（Robert Piper）的说法，"在萨赫勒地区政府牵头救灾和金融创新方面，非洲风险控制机构的首次赔付具有里程碑般的意义。"[18]

现在，非洲风险控制机构正在对其他灾害进行研究，包括洪涝灾害和埃博拉病毒。通过其刚刚创建的极端气候基金（Extreme Climate Facility），非洲风险控制机构希望能够向大约 20 个国家提供保险，并在 2020 年前将投资组合规模扩大到 10 亿美元。通过发行一系列气候变化巨灾债券，该机构将自己对各非洲国家的融资义务转化为债券，这些债券会给购买了债券并受到天气事件冲击（包括极热、干旱、洪涝以及飓风等）影响的非盟国家提供额外融资。气候变化巨灾债券的融资将由私人资金提供，捐赠人将对每年债券的息票支付提供支持。和非洲风险控制机构的资金池一样，极端气候基金的设计以历史天气数据为核心，也就是极端气候指数（Extreme Climate Index），该指数代表了非洲每个气候区的多重灾害指数，这些气候区以过去 30 年的非洲气象和气候数据为基线。2016 年，非洲风险控制机构计划发行第一只巨灾债券。

流行病：疫病之灾

2014 年，随着埃博拉疫情席卷了西非大部分地区，非盟成员国认识到，非洲风险控制机构也能够涉足疫病的风险管理。[19] 和自然灾害一样，想要遏制传染病的扩散，救灾资金必须及时到位，以防止疫情暴发，预防传染病逐步升级为流行病；然而，救灾工作往往是滞后的，而且总是拖拖拉拉。人们寄希望于类似保险的金融工具能够让救灾时间点提前到来：这可是生死攸关的大事。此外，和旱灾救援一样，疾病的风险转移是一项重大公共利益，然而仅靠市场，是无法维护该利益的。埃博拉造成的损失难以估量，生命的逝去和经济的损失其实在本质上是重合的。也许，我们无法阻止下一场疫情的暴发，但可以确定的是，我们可以改进我们的救灾工作。

正如很多人说的那样，还有很多疾病甚至比埃博拉更具传染性，也更容易造成病人死亡。[20]1918—1919 年的西班牙流感仅仅在一年之中就导致了 5000 万至 1 亿人丧生。1997 年至 2009 年间，总共暴发的六场严重的、高度致命的人畜共患病，即以动物作为传染源继而传播给人类的动物源性疾病，比如，埃博拉、非典、禽流感以及 H1N1 等，这些疫情造成的经济损失估计达到了 800 亿美元。而救援所耗费的人力成本和社会成本更是难以计算的。根据 2013 年全球保险业专家的调查，在他们密切监控的极端风险（包括成本和潜在覆盖面）名单上，流行病位列榜首。

2015 年，世界银行行长、世界卫生组织前卫生工作者金墉（Jim Yong Kim）表示，对世界流行病应对能力进行投资，实际上"就是对全球经济振兴进行投资"。相应地，世界银行简单介绍了成立流行病应急融资基金会（Pandemic Emergency Financing Facility）的计划。在埃博拉疫情救灾的经验教训基础之上，该基金会以世界卫生组织为救灾工作的中心，与许多联合国机构进行协调合作，包括世界卫生组织、世界粮食计划署以及联合国儿童基金会，其私营部门的合作伙伴还包括：保险公司、药品公司、运输公司以及通信公司等。至于救灾资金，和非洲风险控制机构一样，未雨绸缪，提前干预，将资金分配给政府、多边机构以及非政府组织，在危险的流行病演变为大型疫情之前，将其遏制住。另外，流行病应急融资基金也会建立"为有准备的人买单"的类似机制，把救灾融资和国家层面的、切实可行的大型疫情应急准备方案联系起来。[21]（很多人提议，要为疫情做好充分准备，就需要更好的药物，比如埃博拉疫苗和新近研制的霍乱疫苗，有了药品，才能使早期应急工作更为有效。[22] 这正是我们在第二章中探讨过的金融方程的要素）流行病应急融资基金也会通过非洲风险控制机构或极端气候基金的风险转移机制进行部分融资，很可能通过巨灾债券的形式，释放私人资本，投入到疫情救灾工作中。

巨灾债券 [23]

巨灾（或"灾难"）债券对大家而言，并不陌生。在过去几年中，市场对巨灾债券的需求与日俱增。如今，巨灾债券市场的规模之巨，已经超过了 250 亿美元。2014 年，巨灾债券的发行量创下历史新高。1992 年，飓风"安德鲁"不仅横扫了美国南佛罗里达的大部分地区，还摧毁了保险公司对灾难损失进行赔付的能力。于是乎，人们第一次开始对巨灾债券进行研究。为了尽量赔付 150 亿美元的保险金，十几家保险公司走向了破产。随着时间的流逝，这些自然灾害的发生频率和强度有增无减，它们席卷了许多发达地区，也因此，让保险公司在巨额理赔面前岌岌可危。显而易见，传统的保险产品已经难以招架了。作为回应，为保险公司提供保险服务的再保险公司只好到资本市场寻求出路，从而转移或降低其自身风险。

1994 年，汉诺威再保险公司成功地发行了第一只巨灾债券。从那以后，大约有 230 只巨灾债券被陆续发行给投资人。在美国，飓风债券占到了整个市场的 70%。保险公司把巨灾债券当成一种转移风险的方法，将一系列自然灾害风险从资产负债表上一笔勾销，从加利福尼亚地震、日本地震，到欧洲暴风雪，再到核灾难等极端灾难所带来的致命打击，不一而足。最近，保险公司正在与决策者展开讨论，商议是否可以将巨灾债券应用于诸如恐怖袭击之类的人为危险 [24]，甚至应用于金融危机。无论任何风险，只要可以准确建立其风险模型，并通过成套的参数研判该风险爆发的可能性，那么，就可以设计出相应的巨灾债券。正因如此，巨灾债券才能与非洲的气象灾害风险联系起来，非洲风险控制机构和世界银行才会在诸如埃博拉疫情等救灾响应上狠下功夫。

巨灾债券背后的道理很简单：保险公司将它们的风险转移到资本市场的投资人身上，而投资人则与灾难对赌，比如，飓风不会在某个特定时间袭击某个特定地点等等。倘若灾难没有发生，那么巨灾债券投资人所投的本金将会被返还，同时，投资人还可以得到相对较高的利息。但是，倘若灾难真的发生了，那么投资人就会被套牢，投资本金有去无回。在实践当中，巨灾债券在有些方面比较复杂。要发行巨灾债券，就必须成立专门的再保险单位，同时，债券产品的结构是基于复杂而精巧的灾害风险模型而设计的；在模型当中，灾害的发生必须在特定的时间、特定的地点并达到特定的"级别"（例如，阵风强度或地震级别等），才能够触发赔付。与绿色债券不同，巨灾债券的收益较高，因为其风险也较高。从创新金融的角度看，有两点值得一提：一是债券品种，二是保险范围。

时至今日，大部分巨灾债券的发行目的都是为了预防发达国家的自然灾害。在这些经济体中，保险市场发展得比较成熟，飓风和地震等灾害发生的可能性和潜在损失都可以通过模型很好地体现出来。在非洲风险控制机构的案例当中，我们看到了，发展中国家希望通过巨灾债券，吸引私人投资人参与救灾，政府十分需要依靠私人资金，来吸收自然灾害所带来的风险。[25] 在那些案例中，巨灾债券是一个支持经济发展的重要工具，也是发展中国家更加积极地参与并规划本国发展和风险管理的一个途径。

在这些理论的支持之下，2009 年，世界银行启动了多元自然灾害项目，让该项目的成员国得以进入巨灾债券市场。在该项目中，墨西哥于 2009 年和 2012 年分别发行了针对地震和飓风的巨灾债券。2014 年，世界银行也发行了自己的关于自然灾害风险的巨灾债券。这个为期三年、耗资 3000 万美元的资金风险券项目 [26] 为加勒比灾害风险保险机构提供了针对风暴和地震的再保险服务。

对于其他级别的公共部门保险公司乃至主权级别的保险公司而言，资金风险券项目预示着一个崭新的开始。发展中国家正在寻求通过独立于世界银行的其他途径，进入巨灾债券市场。比如，2013 年 4 月，土耳其发行了一只价值 4000 万美元的地震债券。中国于 2015 年发行了首只巨灾债券。尽管这只地震债券的规模相对较小，仅为 500 万美元，但是，它代表着中国的第一只公私合营的保险项目，也标志着从后灾难金融向未雨绸缪的风险管理的转变。[27] 许多人认为，印度会是下一个发行巨灾债券的国家，因为印度的耕地常常会发生干旱灾害。[28]

目前，因自然灾害爆发触发了赔付的巨灾债券仅有区区 300 多只。2005 年的飓风"卡特琳娜"以及 2011 年的日本地震海啸就是其中的两次灾害。赔付的出现并不常见，因为用来测算灾害风险的各种参数设置都相当之严格，包括地点、时间段以及灾害的具体强度等。在墨西哥湾地区，一次像"卡特琳娜"那种级别的飓风仅仅触发了 9 只巨灾债券的赔付。即便如此，由于近来风暴越来越频发，破坏力越来越严重，从再保险公司的角度出发，对于这些灾害产品的胃口也越来越大。尽管成本很高，有时候，事实证明巨灾债券才是灾难过后最有成本效益的赔付产品，因为在这种情况之下，传统保险的赔付金额往往高得令人咋舌。

试想一下，2012年，在飓风"桑迪"肆虐之后，纽约大都会交通管理局（MTA）所面临的是什么样的情形。尽管为了抵御飓风，交通管理局已经关闭了纽约的地铁，但是飓风还是横扫了曼哈顿的巴特里地区，淹没了城市的地铁站和隧道，造成了城市内涝，腐蚀了陈旧的电气控制系统，给西半球最大的地区交通服务提供商造成了高达50亿美元的经济损失。飓风"桑迪"过后，巨额赔付数字浮出了水面，纽约交通管理局终于明白了，要想靠购买传统保险产品来抵御未来的风暴灾害，是绝对行不通的。

为了应对未来的灾害，纽约交通管理局发行了一只专门针对风暴的巨灾债券。通过与第一相互运输担保公司（FMTAC，交通管理局旗下的保险公司）、GC证券和高盛的合作，纽约交通管理局成立了地铁灾害再保险公司，该机构拿自己为第一相互运输担保公司提供的再保险赔付作为抵押，向20位投资人出售了2亿美元的灾害保险。这些投资人赌的是，在未来的三年当中，纽约将不再会遭受"桑迪"那种级别的风暴袭击，而且他们的胜算很大。戈登·吴风险管理解决方案公司是一家风险评估公司，据其估算，每年，发生这种风暴灾害的概率仅为1.67%。

在纽约交通管理局的交易中，存在着许多创新金融领域中的第一次。这是首只专门为保护公共交通基础设施而设计的巨灾债券。而在以往的巨灾债券市场发展过程中，大部分赔付范围都是针对私人财产的。正如上文中指出的，该债券是第一只完全由风暴级别触发赔付的债券。这意味着，只要在巴特里、桑迪胡克及洛克威等地，海水上涨了 8.5 英尺以上，那么，那些对地铁灾害再保险公司进行投资的投资人就要进行赔付，而这些地区，也正是飓风"桑迪"对地铁系统带来损害最为严重的地区。如果到了 2016 年 8 月，还未出现这种级别的风暴，那么，债券投资人不仅能获得返还的投资本金，还可以获得高额回报，年回报率比国债利率高出 4.5 个百分点。

如此之高的收益合理地解释了为什么地铁灾害再保险公司的债券会供不应求，也解释了为什么巨灾债券市场会出现指数级增长。在过去的十年间，总共发行了 400 多亿美元的巨灾债券。目前，有大约 250 亿美元的巨灾债券仍在有效期，而在 2004 年，当时的巨灾债券规模仅为 40 亿美元。[29] 机构投资人对巨灾债券的高收益情有独钟，在普遍低息的年代，投资人对巨灾债券的需求与日俱增，并将投资巨灾债券作为丰富投资组合的一种方式，因为自然灾害与经济状况或股票市场之间，并没有什么关联。在投资人看来，巨灾债券的收益与风险是对等的。就在去年，巨灾债券的收益出现了缩水，也就是说，与传统债券相比，巨灾债券的收益没有从前那么高了。发展专家们认为，投资人的需求将继续保持强劲，足以满足公共资金的赈灾需求；不过，现在也该是密切留意巨灾债券市场动向的时候了。

对于投资人来说，巨灾债券的确充满着吸引力。可是，这些债券究竟能不能为公共政策带来好处呢？巨灾债券价格不菲，而且，在纽约交通管理局的案例当中，巨灾债券还给其他赈灾选择带来了不利影响。从理论上讲，美国政府的资源如此庞大，应该足以为自身保险，足以吸收灾害的风险，在进行灾害理赔时，是无须动用任何市场上的私人资金，就可以对保单进行赔付的。然而，更典型的情况却是，当某地发生了自然灾害之后，绝大部分的救灾工作都得依靠州政府和市政府来完成。在全球赈灾的大背景下，救灾资金和灾后重建资金的到位时间往往会有所滞后，无法满足灾区人民和受灾地点的迫切需求。纽约州长在飓风"桑迪"登陆的一年多之后，才宣布了一项姗姗来迟的救灾计划，州政府将投入数十亿美元的联邦救灾援助资金，修缮本市和本州的基础设施，抵御未来的自然灾害。

不论是在纽约，还是在撒哈拉以南的非洲，灾后重建之路都不只关乎更好、更优的基础设施建设；它还关系到创新的融资方式。面对传统保险市场中高企的价格，纽约交通管理局找到了一条创新的解决方式，来解决风暴所带来的这种极为特殊、极为严重的财产损失问题。非洲风险控制机构创建了一种风险转移机制，来处理大同小异的风险问题。"现在，它已经成为我们的一种重要的风险融资工具了。"纽约交通管理局风险和保险管理部主任劳林·科因表示。[30] 尽管这种融资工具只是为了满足纽约交通管理局对保护交通设施的特定需求而量身定制的，而且相较于飓风"桑迪"的破坏力而言，其规模并不足够，但是，对于其他容易遭受自然灾害的州府而言，纽约州的做法还是值得借鉴的。这样的州不在少数。有数据统计，全球90%的城市都包含水系资源（湖泊、河流或海洋等），因而容易发生洪灾。而那些沿海城市，例如纽约，还面临着飓风引起的风暴潮灾害的威胁。

这种创新金融是否能够在美国成为一种常规工具，用来抵御市政管理风险，我们将拭目以待。2015年3月，破纪录的冬季暴雪给美国造成了严重破坏。这让马萨诸塞湾运输局（MBTA）开始探索保险创新的可能性，通过发行巨灾债券，来抵御下一次如此规模浩大的暴雪灾害，目前，政府仍在考虑是否要做这样的选择。一旦马萨诸塞湾运输局将其财产保险的赔付金额耗费殆尽，就必须向联邦应急管理机构（Federal Emergency Management Agency）寻求帮助，以获得额外的应急支持。31 2014年和2015年的冬天，大暴雪袭击了波士顿地区，降雪量高达110英寸（约合279.4厘米），马萨诸塞湾运输局被迫封锁了交通很长时间。到了三月，马萨诸塞湾运输局花费了至少3500万美元，为雪灾善后（电力中断、杂物移除以及维修等等），这些费用中并不包含由于交通封锁而造成的约10亿—20亿美元的误工损失。

最近，刚刚进行了一项名为"100个复兴城市"的举措，旨在加强各个城市应对自然灾害和其他气候变化事件冲击的能力。该举措由风险管理解决方案机构（RMS）牵头进行，帮助各市政府的领导们更好地了解并管理他们的风险。风险管理解决方案机构将为这些城市提供模型和技术，该机构将在其总部所在地旧金山首先开始这项工作。通过这种合作，各个城市将了解各自面临的灾害、灾难和天气风险，并对其受灾可能性进行量化分析。当它们越来越好地管理其自身风险时，有些城市，例如纽约，将有可能将自然风险转移至资本市场。或许，比起他们如何挨过灾难，也许安全性和自治性反而更为重要，而要实现这些，就必须以更好的风险管理和灾害应急计划为基础。

小微保险：这样的安全保障能否走进千家万户？

巨灾债券为国家和城市管理宏观风险提供了一条创新之路。但是，这些保护措施能不能很好地服务于现实中的穷人和弱势群体呢，能不能造福千家万户呢？多年以来，针对穷人的有效小微保险一直都是发展的助推剂。在前面几章中，我们考察了关于健康或意外的保险产品。但问题在于，是否存在类似的零售保险产品，来保护穷人免受我们所讨论的这些灾害冲击，例如洪水或干旱等，这些灾害威胁着全球 10 亿穷人的食品安全。穷人们每天的生活费不足 1 美元，庄稼地里的收成关系着他们的生死存亡。

对于城乡接合部的穷人而言，保险给他们的生活带来了不同，这是安全与危难、生存与死亡的差别。正如我们所见，保险保障了公共利益。然而，在非洲和亚洲，在那里的 10 亿最穷苦人口当中，98% 的人都没有任何保险。如此严重的市场失灵，究竟该如何解释？

在推广保险服务的过程中，存在着诸多的困难，但其中最根本的原因就是成本太高。尽管从经济学角度看，购买农业保险是有道理的，但是农民太穷了，他们交不起定期保费。有时候，成本问题还牵涉到购买保险的渠道问题。对于农村家庭而言，并不是总有针对他们的保险产品。文化问题也可以成为一个巨大的障碍。由于没有买保险的传统，贫穷家庭对保险产品没有任何了解，也不愿信任这样的产品（对保险推销员也缺乏信任）。除非他们亲身感受到了保险所带来的好处，否则，他们是绝对不会买保险的。因此，为了扫除这样的购买障碍，向农民证明保险产品的价值，保险公司进行了一系列试验，来刺激农民对保险的需求。保险公司还希望，通过此举能够证明在微观层面，即便是贫穷的消费者也存在对商业保险产品的潜在需求，在贫穷地区也存在着广阔的市场可以挖掘。

非洲之角风险转移项目与 R4 农村振兴倡议

非洲之角风险转移项目（Horn of Africa Risk Transfer for Adaptation）就是一项为了刺激农业保险需求而实施的举措。该项目于 2008 年启动，旨在保护埃塞俄比亚穷人免受旱灾的损失。在埃塞俄比亚，85% 的人口都依赖着庄稼的收成过活。当旱灾来临时，广大的贫困农民只得变卖生产工具，让孩子辍学，在家坐吃山空，节省下购买种子的钱，留着来年继续种地。旱灾导致他们只能借钱度日，结果越过越穷。尽管农作物保险可以降低这种灾害的风险，但是，在埃塞俄比亚 8500 万人口当中，购买了保险的人仅占 0.4%。

非洲之角风险转移项目、瑞士再保险公司、美国乐施会及其他援助合作机构经过通力合作，设计了一套能够解决购买力问题的风险管理方案，农民们按所属社区，参与到规定项目中，以工代赈，用自己的劳动赚取购买保险的保费。在产品的设计过程中，参与劳动项目的家庭起到了帮助作用，保险公司通过他们的劳动，确认了哪些经济振兴活动可以帮助其所在社区，进而将这些活动确认为可以赚得保费的工作。[33] 这样的过程对于所有权、购买行为和机构而言，都至关重要。在埃塞俄比亚提格里州的亚迪哈地区，共有 200 个家庭参与了首个试点项目。该项目成功地向农民们展示了，保险可以为他们带来好处，同时，还向潜在的投资人及保险公司展示了小微保险市场的萌芽讯号。随后，非洲之角风险转移项目扩大了项目范围，截至 2010 年，该项目共计服务了 1.3 万个家庭。对该项目所做的历次评估均显示，许多家庭都从保险中获益，尤其是妇女们。

三年之后，R4 农村振兴倡议（R4 Rural Resilience Initiative）启动了。它延续了非洲之角风险转移项目的模式，让贫困农民和农村家庭付出他们的时间和劳力，参与农作物灌溉或造林工程当中，以此来支付他们自己的保费。[34] 到了 2014 年，已经有 2.6 万农民参与其中了。农民们因此得以对自己生活中的风险进行管理，尤其是食品安全问题。而且，该项目不光是在埃塞俄比亚开展，还逐步推广到了塞内加尔、马拉维和赞比亚等国。据发展研究学院的最新报告显示，R4 倡议在许多方面都起到了积极的作用，包括妇女赋权等。通过参与项目，妇女们不仅获得了更多的土地、种子、灌溉水、饮用水等，还学会了算术、写字和做生意。报告还显示，妇女们所面临的压力有所缓解；有了保险带来的经济收益，她们在交学费和支付生活费方面，变得更有信心了。保险产品实现了其更有意义的目标：帮助农村家庭打破了坐吃山空的恶性循环，在必要时为他们提供短期现金，让他们有钱进行长期投资。报告还指出，在埃塞俄比亚，农民们既可以通过现金购买保险，还可以通过劳动换得保费，而通过现金购买保险的比例有了显著增加。[35] 这个结果很重要，因为这些试点项目的重要目的之一，就是要证实小微保险市场的商业化可行性究竟几何。

KS 农业安全保险及规模问题

当然，说到这些试点项目是否能够推而广之，其商业化可行性就变得至关重要了。如果商业化运作是可行的，那么，还要看商业化模式在执行过程当中，是否能够贯彻这种最初的模式。在农业小微保险领域，R4 农村振兴倡议恐怕是最广为人知的试点项目了。不过，从墨西哥到卢旺达，在世界各地，其实还存在着许许多多别的小微保险试点项目。在印度，商业保险公司 ICICI Lombard 每季销售 4 万到 5 万份农业保险合约，但是，5 年时间过去了，该公司依旧认为，它仍旧处于产品开发和市场渗透的初级阶段。

正如我们在 R4 农村振兴倡议试点项目中所看到的，要想扩大规模，保费的价格是一个切入点。其他的切入点就是购买途径和分红了。除此之外，还可以通过建立互信来扩大保险业务规模。"Kilimo Salama"在斯瓦西里语中是"安全农业"的意思。Kilimo Salama 保险（简称"KS 农业安全保险"）是一款手机上的农业指数保险产品，它正试图从上述三个切入点出发，三管齐下，努力扩大其保险规模。在先正达农业可持续发展基金会（Syngenta Foundation for Sustainable Agriculture）、非洲保险公司 UAP、非政府机构 CNFA/AGMARK、肯尼亚气象局和萨法里电信公司等多家单位的共同努力下，KS 农业安全保险于2009 年面世。农民可以通过手机购买该保险产品，对农业指数进行追踪，并获得分红。

在肯尼亚的莱基皮亚地区进行的"即用即付"试点实验，向农民们证明了保险的价值，也成为 KS 农业安全保险的产品设计基础。和其他国家一样，肯尼亚的农民也对保险一无所知，心存疑虑。在农业指数和手机产品出现之前，保险的价格对于农民来说，真的是高到离谱。[36]

KS 农业安全保险为农民提供了"边种边买"的机制，农民们可以对价值很小的物资进行投保，例如 1 公斤的玉米种子或化肥，通过这种低风险、低成本的方式，来校验保险产品的价值。当发生旱灾时，农民们可以立即获得赔付。旱灾的测定标准是根据气象站提供的降雨不足指数来确定的，保险赔付是通过农民手机上的 M-Pesa 支付平台进行支付的。在手机上查询指数简单快捷，这也意味着交易成本得到了明显降低，从而使 KS 农业安全保险得以实现单笔小额交易，农民们获得了低价的小额保险服务。此举也有助于建立双方的相互信任，农民们购买了低价的小额保险，尝到了甜头，下一次就会买的更多；久而久之，农民们可以利用存下的钱，对自己的农场进行投资，从而提高生产力，保障家庭的经济安全。

　　在 KS 农业安全保险的案例中，还有其他的创新之处。通常而言，农民们不会将指数保险作为单独产品进行购买，因此，先正达基金会利用现有的手机支付平台，在销售保险产品的同时，将农民需要购买的其他商品，如种子、化肥等，进行捆绑销售。农民们只需支付半价保费即可购买保险。种子或化肥的农产品销售公司负责支付另外一半保费。这种均摊成本的方式在小微保险领域尚属首次（同时，均摊成本也被认为是农业综合公司的一种保险类型，而并不属于捐赠资助）。KS 农业安全保险通过当地的农业商账来进行分销，据估计，在肯尼亚，这样的兽医总共有 8400 人。农业商账可以利用扫描软件，对农民进行低成本、无纸登记，现场确认用户的保单。他们还负责收取保费，并通过 M-Pesa 支付平台，将保费打包转账给保险公司。作为农产品销售者，农业商账本身就已经取得了农民的信任，他们还会经常给农民一些建议，包括农场管理、农药使用及其他服务等；现在，通过联系当地气象站，兽医和农民们都能够更便捷地获得实时天气信息，这也让他们之间的互信得以加深。就像我们在印度金融管理研究学院理财经理的案例以及尼日利亚世界妇女银行 BETA 储蓄账户案例中所看到的，创新出现在金融、科技和相互信任的人际互动的交界之处。2013 年是 KS 农业安全保险运营的第四个年头，在国际金融集团的全球指数保险机构（International Finance Corporation's Global Index Insurance Facility）的支持之下，KS 农业安全保险在肯尼亚和卢旺达的小额保险客户数量达到了 15 万人。看起来，这种模式已经走上了规模发展之路。

非自然灾害：解决人为危机

尽管上述自然灾害的规模和范围如此之大，但是，它们只是灾害历史中的一个部分而已。从某种程度上讲，尽管气候灾害造成的破坏和损失令人触目惊心，但是相对而言，天气风险还是比较容易管理的。

在全球范围内，由于地区冲突和迫害而造成的人道主义危机四处爆发，规模之大史无前例，人为灾难又会带来什么样的影响呢？有没有办法能够让创新金融发挥作用，来削弱这些人为灾难所造成的负面影响？在难民危机日益成为长期发展问题的当下，这样做尤为必要。

在保险行业，人为灾难的定义包含了火灾、火车出轨、石油泄漏等事故，甚至还包括了一些政治冲突：由于这种人为事故常常反复出现，从某种程度上讲，可以通过某些方法对政治冲突进行大致的预测，还可以通过买保险，抵御相关风险。[37] 在此，我们非常明确地认为，战争和地区冲突是极为复杂的人道主义灾难，目前，这种灾难的风险暂时还无法进行转移。放眼全球，这种类型的灾难不光影响了身陷动荡中心的国家的人民，还影响到了那些承受着难民逃难过程中发生的混乱和暴力事件的国家。同时，由于这些极端复杂的政治危机与金融解决方案或创新解决方案之间的关系并不明显，导致越来越多的人道主义人士达成了一个共识：我们必须重新思考该如何对人道主义援助进行资助，并对资助方式进行改革和优化，而援助之外的灾难预防、灾难应急处理和灾后重建等方面的资助问题，也应做相应考虑。

人道主义援助的内涵包括许多方面，十分复杂，很难对其下一个简单定义。但是，大家都认同的一点是，人道主义援助的目的就是要在危机发生之时和之后挽救人的生命，减轻人的痛苦，维护做人的尊严。[38]毫无疑问，这种流离失所的痛苦，绝不是光靠各国政府和私人捐助者的主动捐助就可以解决的。显而易见，这是关乎负面外部环境和全球公共利益的大事。问题在于，在本章及前面几章中，我们探讨了许多创新金融工具，比如"只为成功买单"、建立资金池进行风险转移以及移动支付等，这些创新的融资方法又是否能够获取新的资金来源，是否能够缩短危机响应时间，是否能够更加有效地利用现有资源呢？[39]

在 2014 年和 2015 年，人道主义援助的需求达到了历史顶峰水平。我们没有办法去精确地估算，在叙利亚、南苏丹、伊拉克等地所爆发的危机当中，究竟有多少人的生活受到了严重影响，因为有许多人我们都接触不到；此外，由于时局变化很快，有许多人并未被纳入统计范围。据说，在 2015 年，由于战争、迫害或暴力冲突而背井离乡的难民人数多达 6000 万人，其中半数为儿童，这真是个史无前例的数字。[40]世界各地的冲突让国内流离失所的人口和国际难民的人数双双激增。

为了应对这些危机，2014 年，国际社会通过联合国呼吁程序，自愿筹集了 120 亿美元的援助，创下了历史筹款数额之最。

然而，相较于官方发布的 195 亿美元的资金需求，依然存在着很大的缺口。[41] 高达 75 亿美元的资金需求尚未得到满足，相当于总体需求的 40%，援助资金的缺口规模也创下历史之最。2015 年的情况同样让人触目惊心。截至 2015 年 3 月，国际社会关于解决全球人道主义危机的资金诉求达到了 187 亿美元，这些资金将用于援助 33 个国家的 7.47 亿人口，其中，光处理叙利亚难民危机这一项需求，就需要多达 50 亿美元的援助资金。叙利亚难民正在快速逃离叙利亚边境地区，这不仅是场悲剧，而且往往还会付出生命的代价；同时，还会给其他国家带来不稳定因素。

美国是全世界最大的人道主义捐助国，而且已经蝉联榜首数年之久（2014 年，美国的资助在世界各国政府资助中占比32%）。在各国捐助的国际人道主义援助资金中，约有半数流向了联合国机构，最大的救助机构当属世界粮食计划署，其次还有联合国难民署等；在人道主义救灾响应与合作当中，这些机构发挥着核心作用。私人捐助者主要以个人为主体，包括一些信托公司、财团和基金会；不过，私人资金更多地是在自然灾害发生时参与救灾，比如地震和海啸等，针对与地区冲突有关的各种长期危机，私人资金参与救助的情况比较少。国际非政府组织是私人资金最活跃的渠道，它们所获得的人道主义援助资金大约占其总募资的 20%。[42] 尽管在人道主义活动中，世界各地的非政府组织的重要性越来越被认可，但是，它们所获得的人道主义援助资金大约占其总募资的 20%。身陷政治危机当中的国家很难用好我们在前面几章中所提到的各种发展资源，在这些冲突爆发的国家中，国外直接投资和资金流入都相对较少。尽管诸如海外私人投资公司和多边投资担保机构等发展金融机构可以针对某些政治风险提供保险产品，但是，针对与严重政治冲突有关的许多风险，保险公司就是无法提供相关保险产品。与旱灾不同，内战和宗教冲突并不是纯粹的数学问题，因为它们的风险很难进行转移。

在现有体制中，是否还有改进的可能呢？在筹资方面，是否还存在着创新的空间呢？有没有更新更好的资金来源？有没有更佳的资金利用途径？

新的资金来源

目前，欧洲正在承受巨大移民潮的压力，欧洲各国看在眼底，苦在心头。在这些居无定所的难民中，有86%的人依然奔波在从一个国家到另一个国家的流亡之路上。[43] 不过，最近发生的难民大转移，主要是由叙利亚和伊拉克的地区冲突所造成的。这说明，在所有流离失所的人口中，绝大部分人并非只在埃塞俄比亚和肯尼亚等非洲国家；在中东地区、土耳其、伊朗、巴基斯坦等国家和地区，难民的数量也不在少数。[44] 截至2015年，土耳其已经成为全球接纳难民人数最多的国家。为了逃离国内爆发的冲突，约有200多万叙利亚难民逃到了土耳其。[45]

在这种情况下，筹集资金在方方面面都十分重要。首先，在生活必需品方面，难民接收国的成本负担将加重。比如，就2015年而言，土耳其已经在整合叙利亚难民人口上花掉了60亿美元。

这种地理大转移也促使波斯湾各国在全球捐助者排名中发生了变化，在人道主义资金援助上，沙特阿拉伯和阿联酋等国发挥了更大的作用。[46]2014年，沙特阿拉伯跻身全球人道主义援助的十大捐助国行列，同时，阿联酋也进入了前20名。总体看来，中东地区的各国政府2014年的捐助资金比2013年增加了120%，达到17亿美元。

因此，国际社会也在留心观察中东和伊斯兰各国的资金来源问题，寄希望于这些国家可以更加毫无保留地参与到灾难响应和发展援助当中来，就像它们在国际免疫筹资基金项目中发行的伊斯兰债券，抑或是规定将年度纯收入的2.5%拿出来赈济穷人的伊斯兰天课制度那般竭尽全力。的确，世界上的主流宗教都有乐善好施的传统，这也为全球的人道主义救济带来了基于宗教信仰的捐助。据估算，基于宗教信仰的捐助占非政府组织人道主义救济善款的15%以上。[47]

在我们极力增加各国政府、慈善团体和个人的资源捐助的同时，对于我们手头现有的人道主义救助款项，是否可以更好地加以利用呢？近年来，随着一些旷日持久的人道主义危机开始转变为长期发展问题，人们的思想开始了转变，救济的内涵变成了灾后重建，于是乎，在灾难救济筹款方面，出现了一些创新的融资方法。

新方法

建立资金池

同自然灾害一样，对于人为灾难而言，早期警告和早期行动也至关重要。然而，也许由于定义不同的关系，大多数人道主义救援行动都来得太迟了。世界粮食计划署是各类危机中的最终保障者，而通过相关案例，我们可以看到，只有在确认本地资源不足以满足危机严重性的需要时，联合国才会出手相助。相比之下，非洲风险控制机构向我们展现了，通过建立资金池，我们是有可能更早地进行危机干预的。

即便它们不采用与保险相类似的手段来进行风险转移，通过建立资金池，也可以对加快人为灾难的响应速度起到重要作用。为了让赈灾资金及时、有效地到位，联合国于 2006 年首次动用了人道主义救助资金池。资金池是在正式的呼吁程序之外建立的资金储备，不仅降低了交易成本，还增加了资金使用的灵活性，缩短了灾难响应时间 [48]，填补了待援助灾区 [49] 的资金缺口。尽管这部分资金的规模较小，而且美国、日本等主要捐助国也鲜有参与，但是，它让人道主义援助资金的利用变得更加有效 [50]，因而引起了人们越来越多的关注。在联合国探索的所有资金利用新方法中，资金池只是其中的一种。2014 年，联合国人道主义事务协调厅（UN Office for the Coordination of Humanitarian Affairs）成立了一个社会影响力创新基金孵化机构（Social Impact Innovation Fund and Incubator），专门来研究如何通过创新金融，来改进我们的集体灾难救济工作。

现金援助

近年来，在人道主义救助过程中，实物援助逐渐被现金援助所替代，现金援助在援助交付中发挥着越来越重要的作用。从过去十年的各类研究、试点实验和项目中，我们看到了，这种现金援助完全可以成为人道主义救助的一种有效形式。当本地市场正常运转时，现金让人们可以挑选他们所需的商品及服务，从而刺激本地经济的发展。经济学家将这种刺激称为"正乘数效应"，它可以加速当地社会的灾后重建过程。[51]

尽管在全世界，实物援助依然是一种主流的援助形式，但现金援助也越来越频繁；在发展中国家，现金援助在国家保障网络中变得越来越重要了。比如，在 2004 年印度洋海啸、2010 年巴基斯坦洪水及 2011 年索马里旱灾和饥荒的救灾过程中，现金援助就是救援的重要手段。在台风"海燕"过后，通过菲律宾政府的社会保障计划，世界粮食计划署向灾民们发放的援助就是现金。[52]

在应对叙利亚难民问题时，现金和购物券被广泛使用。世界粮食计划署将自己变成了食品支持机构，而非食品援助机构。因为在救助过程中，它大量增加了现金发放，让人们可以自己去选购食品。2014 年，世界粮食计划署对叙利亚难民提供的食品支持中，有 98% 都是通过食品券的形式下发的。在世界粮食计划署进行的类似项目中，叙利亚项目是规模最大的一个，援助范围覆盖了叙利亚地区难民振兴计划（Syria Regional Refugee and Resilience Plan，简称 3RP）的各参与国：埃及、伊拉克、土耳其、约旦和黎巴嫩；援助对象为难民营内和难民营外的叙利亚难民；援助人数高达 100 万人。在大多数情况下，难民们得到的不是固定口粮，而是纸质购物券或电子购物券，他们可以凭券在援助计划的指定商店中选购商品。世界粮食计划署和万事达合作开发了电子一卡通，可以在不同国家、不同环境中，由多家机构同时使用。2015年，联合国儿童基金会在约旦启动了一个现金援助项目，用的就是世界粮食计划的这张电子一卡通；而在黎巴嫩，由六家非政府组织共同策划的类似项目也正处于筹备过程中。

购物券不能等同于现金，因为购物券的选择范围更窄，而且由于供货商数量有限，缺乏竞争，购物券可以购买的商品价格往往会偏高一些。不过，现金援助也有其缺点：充分的自主加上丰富的选择意味着监管难度高，这难免让人们产生关于援助款滥用的担忧。在某些情况下，这还牵涉到男女平等问题：在家庭中，谁来管钱，谁来花钱？不过，截至目前的证据表明，在人道主义救助过程中，不论是现金还是购物券，援助效果都是不错的。例如，约旦的信用券评估结果表明，信用券有助于拉动就业，增加政府税收，并刺激本地基础设施建设的投资：所有这些价值加起来，相当于约旦国内生产总值的1%。[53]

许多人认为，在整体的人道主义援助中，尽管现金和购物券所占比例还相对较小，但是它们潜力巨大，随着人们开始从长远发展的角度去加以理解，它们将有可能彻底改变人道主义援助的交付模式。根据一份最近的人道主义现金援助高级评价小组调查报告，这些创新融资机制"挑战了人道主义援助的'商业模式'，改变了传统的资助、交付和组织方式"，而且"有可能给人道主义援助行动乃至整个人道主义体制带来深远变革"[54]。

救济与发展目标相结合

总体看来，难民危机尤其是叙利亚的难民危机已经引发了人们对人道主义救济、经济振兴及长期发展需求等问题的大讨论。这种融合是呼吁程序中的一个显著变化，它与时间跨度息息相关。2013 年，由联合国出面协调的各种呼吁行动往往都为期一年或是更短。第一个时长超过一年的呼吁行动，发生在 2012 年 12 月的索马里。截至 2015 年，总共发生了 14 个为期多年的呼吁行动，其中萨赫勒地区的援助项目最多。在这些呼吁行动中，多数都是关于长期振兴的举措；2014 年，这些项目影响了超过 4500 万人。[55] 实际上，2014 年，随着叙利亚地区难民振兴计划项目的实施，振兴成为应对叙利亚难民问题的官方概念框架，由于难民危机已经成为一个长期发展问题，该项目呼吁，从政治和经济两方面，为难民危机寻找持久和长期的解决方案。[56]

黎巴嫩案例

作为叙利亚难民的主要接收国，黎巴嫩是人道主义救济和长期发展目标相结合的重要代表。截至 2015 年春天，叙利亚难民人数已经达到了黎巴嫩国内人口的二分之一。[57] 由此引发了各种各样的混乱：许多人无家可归；失业现象十分严重；没有经验的年轻人普遍找不到工作；学校由于吸收了许多新学生，开始"三班倒"地上课，扰乱了教学秩序。据世界银行估算，由于难民危机，成千上万黎巴嫩人的生活陷入了贫困境地，而在此之前，黎巴嫩的穷人就已经多达 100 万人了。[58] 黎巴嫩是一个小国，总人口为 450 万人，国土面积为 1 万平方公里，流入的难民给当地资源造成了严重压力，而想要国际救济机构增加救助支持，也变得越来越难。

在这样的条件之下，创新金融究竟有没有用武之地？如果有，又该如何发挥作用呢？

世界银行和国际金融集团都在黎巴嫩积极地开展行动，然而，它们的努力并不足以缓解这里大规模的人道主义危机。而且，在黎巴嫩和约旦这样的地方，官方救济和社会各界的救助都被高度政治化了。尽管当地的非政府组织无法提供多边发展金融机构的那些资源，但是，它们的行动往往都是在国际呼吁程序的政治体制之外进行的。在黎巴嫩，人道主义突发事件已经变异成为发展项目了，富有经济发展和普惠金融经验的当地机构已经开始涉足融资领域，以填补资金短缺的空白。

例如，Al Majmoua 是黎巴嫩最大的小微金融机构，拥有客户 5 万人。该机构已经开始着手研究叙利亚难民问题了。现在，它在为 1.3 万叙利亚难民（其中许多都是在家里做主的妇女）提供从商业培训到专业技能的一系列服务。此外，它还在进行联保贷款试点项目，贷款的对象既包括叙利亚难民，又包括黎巴嫩市民。这个项目的初衷，一是为了资助人们进行提高家庭收入的活动，二是为了加强不同人群之间的社会凝聚力。

为经济繁荣和社会和平而投资

从某种意义上讲，人道主义救济和社会发展之间的这种联姻把我们带入了一种完整的循环当中。这是包括世界银行和国际货币基金组织在内的原布雷顿森林体系机构给我们带来的回报。之所以成立这些机构，就是为了重建饱受二战摧残的各国经济，促进国际经济合作。尽管当时人们关注的焦点是在货币政策上，但是，其目的是为了利用金融机构，进一步促进经济的发展与繁荣，建立稳定的全球政治格局——这也是大家的终极公共利益。

切分银行的市场占有率

近年来，我们看到了，人们对明确应用下列宗旨的兴趣被重新点燃：为社会稳定而发展经济，或者说"切分银行的市场占有率"。[60] 在最近的一次"经济繁荣为和平"会议上，美国前财政部长拉里·萨默斯（Larry Summers）将经济与政治之间的由来已久的这些关系比喻为全球繁荣的"左腿和右腿"。[61]

最近发生的许多行动就仿佛是布雷顿森林体系 2.0 版，各类投资活动、中小企业发展扶持及其他举措层出不穷，为的就是鼓励创业，刺激公司发展，以此来应对地区冲突问题，而这些活动的关注焦点，就是中东地区。在这些活动中，不乏金融方面的创新之举，例如，由奥巴马政府创建的突尼斯美国企业发展基金（Tunisian American Enterprise Development Fund），该基金由美国国际开发署出资，成立于突尼斯革命之后的复苏时期。

该基金主要通过促进投资、鼓励企业发展的方式，来推动突尼斯经济发展，重点解决突尼斯年轻人的就业问题。20 世纪 90 年代，美国国际开发署创建的一批相当成功的企业基金，来帮助苏联解体后的东欧各国从中央计划经济向市场经济过渡；这个突尼斯基金与另一个与其类似的埃及基金均是建立在美国成功经验的基础之上的。

除了这些由政府主导的举措，还涌现出了许许多多慈善项目及商业投资项目，包括巴勒斯坦投资基金（Palestine Investment Fund）和波特兰信托（Portland Trust），这两家机构的成立旨在发展巴勒斯坦的私人部门，促进创业和投资，并通过这样的方式来巩固地区的和平与稳定。由美国前国务卿马德琳·奥尔布赖特（Madeleine Albright）牵头负责的中东投资计划（the Middle East Investment Initiative）也属于类似的项目，只不过是区域性的。这些创新金融方面的尝试带给了我们坚定不移的信念，让我们对经济发展、繁荣和地区和平抱以希望，相信通过自主创业、发展企业、制造就业机会等方式，一定能在地区冲突中寻求出路，从长远的角度，巩固和振兴区域经济；有人也将这些创新金融举措称为"远征经济学"[62]。

任何与灾难相关的事情都不简单，也不容乐观，世界各地发生的种种灾难的程度如此之深，范围如此之广，可见一斑。但是，在自然灾害面前，科技与金融的结合可能会带来风险管理方面的重大突破。非洲风险控制机构向我们展示了，不论在国家层面，还是在整个非洲大陆，这一点都毋庸置疑。非洲之角风险转移项目、R4 农村振兴倡议、KS 农业安全保险以及其他创新金融项目都展现了指数保险正在向农村社区前进。上述每一个项目都提醒着我们，保险不仅仅与金钱有关。它是一种融资工具，为家庭带来保障，让他们可以追求更好的生活而进行长期投资，不论是购买农场设备、化肥，还是投资孩子的教育。同时，当国家为了长期振兴需要而进行投资时，保险也让大家的投资信心更足，投资前景更具确定性。我们已经领略到了，保险是如何赋予个人和机构更大的能力的，它不仅赋予人们所有权和代理权，还带给他们自主的权利；不论是埃塞俄比亚的农民为自己量身打造"以劳动换保费"的保险产品，还是非洲各国通过非盟旗下的保险公司为自身发展进行融资，我们都可以看到这一点。最后，我们了解了保险在促进早期干预中的重要作用。阻止干旱升级为饥荒，或阻止传染病演变为大范围疫情，迅速的反应能力意味着挽救成千上万的生命，节省不计其数的金钱。

这个充斥着人道主义危机的、复杂而痛苦的世界，又是另外一回事了。尽管在制订金融解决方案上，我们还有很长的路要走，但显而易见的是，长时间的人类突发事件和长期发展问题之间的界限已经越来越模糊了。这说明在创新金融领域，不论是资金池管理、现金援助、保险、小微金融，还是任何其他创新产品，创新的发展方式是迫切需要进一步探索的领域之一。

注　释

1. Gordon Woo, "Fighting Emerging Pandemics with Catastrophe Bonds," *RMS Blog*,

January 28, 2015, http://www.rms.com/blog/2015/01/28/fighting-emerging-pandemics-with-catastrophe-bonds/.

2. Joanna Syroka and Richard Wilcox, "Rethinking Disaster Aid Finance," *Journal of International Affairs* 59, no. 2 (Spring/Summer 2006): 197.

3. "Global Humanitarian Assistance Report 2015," Global Humanitarian Assis- tance, http://www.globalhumanitarianassistance.org/report/gha-report-2015.

4. "The Economic and Human Impact of Disasters in the Last Ten Years," UN Office for Disaster Risk Reduction, 2015, http://www.unisdr.org/files/42862_economichuma nimpact20052014unisdr.pdf.

5. The Future Humanitarian Financing Initiative estimates $532 million for prevention versus $19.4 billion for disaster response. "Humanitarian Assistance in Numbers," Global Humanitarian Assistance, 2013: http://www.globalhumanitarianassistance. org/wp-content/uploads/2013/07/Humanitarian-assistance-in-numbers.pdf. See also, "Looking Beyond the Crisis," Future Humanitarian Financing, 2015, https:// futurehumanitarianfinancing.files.wordpress.com/2015/05/fhf_main_report-2.pdf. And "Outcomes of the Interactive Dialogue on Humanitarian Financing," ECOSOC Humanitarian Affairs Segment 22 June 2015. https://futurehumanitarianfinancing. wordpress.com/blog/

6. For example, how we finance disaster response and relief has been on the agenda of the Third UN World Conference on Disaster Risk Reduction in Sendai, Japan; the Third International Conference in Financing for Development in Addis Ababa, Ethio- pia; and the Summit for the Adoption of the Post-2015 Development Agenda in New York—and, of course, it will be front and center at the May 2016 World Humanitarian Summit in Istanbul, which falls outside of the formal UN framework.

7. Swiss Re, "Sigma," November 2014. http://www.swissre.com/media/news_ releases/nr_20140326_sigma_insured_losses_in_2013.html#inline, Full report available at http://media.swissre.com/documents/sigma1_2014_en.pdf.

8. "R4 Rural Resilience Initiative: January–December 2014," Oxfam America, 2015, http://www.oxfamamerica.org/static/media/files/R4_AR_2014_WEB_2.pdf.

9. "Health and Climate Change: Policy Responses to Protect Public Health," Lancet Commission on Health and Climate Change, 2015, http://www.thelancet.com/ commissions/climate-change-2015.

10. Martin Parry et al., "Climate Change and Hunger: Responding to the Challenge," World Food Program, 2009, http://home.wfp.org/stellent/groups/public/documents/newsroom/wfp212536.pdf.

11. This framework builds on the 2005–2015 United Nations Office of Disaster Risk Reduction Hyogo Framework for Action, "Building the Resilience of Nations and Com- munities to Disaster." See, for example, https://www.unisdr.org/we/inform/publications/1037 and https://www.unisdr.org/we/coordinate/hfa.

12. Syroka and Wilcox, "Rethinking Disaster Aid Finance."

13. Syroka and Wilcox, "Rethinking Disaster Aid Finance," 198.

14. Ibid. Also, Richard Wilcox, presentation at the "Bringing Innovation Back to Innovative Finance," convened by the Rockefeller Foundation, Bellagio Conference Center, Bellagio, Italy, April 2015; and interview with Joanna Syroka June 25, 2015.

15. See, for example, D. Clark and R. Vargas Hill, "Cost-Benefit Analysis of the African Risk Capacity Facility" (discussion paper, No. 01292, International Food Policy Research Institute, Washington, DC, September 2013).

16. Interview with Syroka, June 25 2015.

17. "Drought Triggers ARC Insurance Payout in Sahel Ahead of Humanitarian Aid," PR Newswire, January 22, 2015, http://www.prnewswire.com/news-releases/drought-triggers-insurance-payout-in-sahel-ahead-of-humanitarian-aid-300024479.html.

18. Ibid.

19. Charlie Hamilton, "An African Insurance Outbreak," Africa Report, June 2, 2015, http://www.theafricareport.com/East-Horn-Africa/an-african-insurance-outbreak.html. See also "ARC to Develop Outbreak & Epidemic Insurance for African Sovereigns" (press release), African Risk Capacity, February 3, 2015, http://www.africanriskcapacity.org/do c uments/35025 1/84 45 79/PI_Press+R ele a s e+O utbre a k+Insurance_EN_20142701_v06_FK.pdf.

20. Gillian Tett, "A Little Market Medicine to Prevent the Next Pandemic," *Financial Times*, January 22, 2015.

21. See, for example "Pandemic Emergency Facility: Frequently Asked Questions," http://www.worldbank.org/en/topic/pandemics/brief/pandemic-emergency-facility-frequently-asked-questions

22. See, for example, Donald G. McNeil, Jr., "Promise Is Seen in an Inexpensive

Cholera Vaccine," *New York Times*, July 8, 2015, http://www.nytimes.com/2015/07/09/
health/promise-is-seen-in-an-inexpensive-cholera-vaccine.html?_r=0.

23. Adapted from Georgia Levenson Keohane, "Preparing for Disaster by Betting
Against It," *New York Times*, February 12, 2015.

24. See, for example, Erwann Michel-Kerjan, "How Terror-Proof Is Your Econ- omy?"
Nature 514, no. 7522 (October 16, 2014): 275; and Howard Kunreuther et al., "TRIA
After 2014: Risk Sharing Under Current and Alternative Designs," Wharton School,
University of Pennsylvania, July 30, 2014, http://opim.wharton.upenn.edu/risk/library/
TRIA-after-2014_full-report_WhartonRiskCenter.pdf.

25. See, for example, J. D. Cummins and O. Mahul, "Catastrophe Risk Financ- ing in
Developing Countries: Principles for Public Intervention," World Bank, 2009, http://
siteresources.worldbank.org/FINANCIALSECTOR/Resources/CATRISKbook.pdf.

26. "World Bank Issues Its First Ever Catastrophe Bond Linked to Natural Hazard Risks
in Sixteen Caribbean Countries" (press release), World Bank, June 2014, http:// treasury.
worldbank.org/cmd/htm/FirstCatBondLinkedToNaturalHazards.html.

27. "First China Cat Bond, Panda Re 2015-1, Raises $50m for China Re," *Artemis* (blog),
July 1, 2015, http://www.artemis.bm/blog/2015/07/01/first-china-cat-bond-panda-re-
2015-1-raises-50m-for-china-re/.

28. "India Explores Catastrophe Bonds for Nuclear Liability Issue," *Artemis* (blog),
January 23, 2015, http://www.artemis.bm/blog/2015/01/23/india-explores-catastrophe-
bonds-for-nuclear-liability-issue/.

29. See "Catastrophe Bonds & ILS Issued and Outstanding by Year," Artemis, http://
www.artemis.bm/deal_directory/cat_bonds_ils_issued_outstanding.html; and "Perilous
Paper: Bonds That Pay Out When Disaster Strikes Are Rising in Popularity," *Economist*,
October 5, 2013, http://www.economist.com/news/finance-and-economics/21587229-
bonds-pay-out-when-catastrophe-strikes-are-rising-popularity-perilous-paper.

30. Keohane, "Preparing for Disaster by Betting Against It." The quote is from an
interview conducted in preparing the article.

31. Felipe Ossa, "Snow Bank: Boston Takes Another Look at Catastrophe Bonds,"
Structured Finance News, March 25, 2015.

32. Patrick Gillespie, "Blizzard Mania Costs U.S. Over $1 Billion," CNN, February16,
2015, http://money.cnn.com/2015/02/16/news/economy/boston-blizzard-2015-cost-

economy/.

33. In development, it is a widely held belief that donors should not directly sub- sidize or pay the premiums for insurance recipients. In developed countries—in par- ticular, the United States—premium subsidy happens on a wide scale. However, most insurance experts argue that in poor countries, where insurance markets are underde- veloped, premium sharing, rather than subsidy, is preferable. Although some invoke the moral hazard argument—the idea, in this case, that when someone else pays the premium, it can lead to risky behavior on the part of the beneficiary—most of the argument has to do with pool size and risk portfolio: that is, subsidizing or paying the premium keeps the pool small. Therein lies the importance of HARITA's labor-for- premium scheme, which is not considered a subsidy but rather provides a way to pay for premiums with productive work activities. Similar trades have been tested elsewhere, including by the World Food Program, which employs a food-for-assets design for its resilience-building initiatives.

34. The four pillars of R4 include risk transfer, risk reduction, prudent risk taking, and risk reserves.

35. "R4 Rural Resilience Initiative: January–March 2015," Oxfam America, 2015, http://www.oxfamamerica.org/static/media/files/R4_Rep_Jan_Mar15_WEB_8june_1. pdf.

36. In 2007, the Kenya FinAccess survey found that 69 percent of Kenyans believed insurance was generally unaffordable (FinAccess, 2007). Whereas the cost of general insurance is perceived as high, the actual cost of agricultural insurance is indeed high: insurance is expensive when extreme weather events happen every ten years.

37. Although insurance and reinsurance firms like Swiss Re cover what they describe as "man-made" hazards—things like fires, train derailments, oil spills, terror- ist attacks, and the nebulous category of "political unrest"—we refer here more to the human emergencies caused by conflict and persecution.

38. This definition of humanitarian aid is set out in "Principles and Good Practice of Humanitarian Donorship," International Federation of the Red Cross and Red Crescent Societies, June 17, 2003, http://www.ifrc.org/Docs/idrl/I267EN.pdf.

39. See, for example, "Looking Beyond the Crisis."

40. "World at War: Global Trends: Forced Displacement in 2014," Office of the United

Nations High Commissioner for Refugees, June 2015, http://unhcr.org/556725e69.html.

41. "Global Humanitarian Assistance Report 2015."

42. Chloe Stirk, "Humanitarian Assistance from Non-state Donors: What Is It Worth?" Global Humanitarian Assistance, 2014, http://www.globalhumanitarianassistance.org/report/humanitarian-assistance-non-state-donors.

43. Somini Sengupta, "60 Million People Fleeing Chaotic Lands, U.N. Says," *New York Times*, June 18, 2015.

44. "Global Humanitarian Assistance Report 2015."

45. Don Murray, "World Faces Major Crisis As Number of Displaced Hits Record High," Office of the United Nations High Commissioner for Refugees, June 18, 2015, http://www.unhcr.org/5582c2f46.html.

46. "Global Humanitarian Assistance Report 2015."

47. Chloe Stirk, "An Act of Faith: Humanitarian Financing and Zakat," Global Humanitarian Assistance, March 2015, http://www.globalhumanitarianassistance.org/wp-content/uploads/2015/03/ONLINE-Zakat_report_V9a.pdf.

48. There are two types of pooled funds: the Central Emergency Response Fund, which is 45 percent of all pooled funds, and Country-Based Pooled Funds, made up of Emergency Response Funds and Common Humanitarian Funds.

49. "The CBHA Early Response Fund (ERF)," Global Humanitarian Assistance, October 30, 2012, http://www.globalhumanitarianassistance.org/the-cbha-early-response-fund-erf-3892.html.

50. "Looking Beyond the Crisis."

51. Sarah Bailey and Paul Harvey, "Cash Transfer Program and the Humanitarian System: Background Note for the High Level Panel on Humanitarian Cash Transfers," Overseas Development Institute, March 2015, http://www.odi.org/sites/odi.org.uk/files/odi-assets/publications-opinion-files/9592.pdf.

52. Sarah Bailey and Paul Harvey, "State of Evidence on Humanitarian Cash Trans-fers," Overseas Development Institute, March 2015, http://www.odi.org/sites/odi.org.uk/files/odi-assets/publications-opinion-files/9591.pdf.

53. Arif Husain, Jean-Martin Bauer, and Susanna Sandström, "Economic Impact Study: Direct and Indirect Impact of the WFP Food Voucher Programme in Jordan," World Food Program, April 2014, http://documents.wfp.org/stellent/groups/public/documents/

ena/wfp264168.pdf.

54. Sarah Bailey, "Background Summary: High Level Panel on Humanitarian Cash Transfers" (unpublished working paper, March 2015). See also Bailey and Harvey, "State of Evidence on Humanitarian Cash Transfers." March 2015

55. "Global Humanitarian Assistance Report 2015."

56. Ibid.

57. The Office of the United Nations High Commissioner for Refugees estimates there are 1.5 million Syrian refugees in Lebanon; the Lebanese put that estimate closer to 2 million.

58. "Lebanon: Overview," World Bank, 2015, http://www.worldbank.org/en/country/lebanon/overview.

59. Alia Farhat, "Rebuilding in Crisis Environments" (webinar), Women's World Banking, May 21, 2015, http://www.slideshare.net/womensworldbanking/rebuilding-in-crisis-environments-experiences-from-financial-institutions-webinar (summary available at http://www.womensworldbanking.org/news/blog/6-ways-financial-institutions-can-help-clients-cope-with-crisis/).

60. See, for example, Saumitra Jha, "Can Financial Innovations Mitigate Civil and Ethnic Conflict?" *World Financial Review*, March 14, 2013.

61. http://www.economicprosperityforpeace.org/#!media/c1pcx.

62. Carl J. Schramm, "Expeditionary Economics: Spurring Growth After Conflict and Disaster," *Foreign Affairs*, May/June 2010.

第五章

遍布美国的社区创新金融

2015 年，在纽约乘坐一次单向地铁或巴士需要花费 2.75 美元。对于每天乘坐公共交通的上班族而言，一年要乘坐 500 次公交，这可是一笔不小的开销。好消息是，纽约市交通局推出了一种公交月票，在 30 天期限内，乘坐公交不限次数，可谓相当优惠。而坏消息则是，许多依靠公交出行的人，却拿不出 116 美元来提前购买下月的公交月票。结果，由于纽约市民无法一次性支付月票的费用，每天要多花 50 万美元的冤枉钱。何不去找爱丽丝公司（ALICE）帮忙，因为这家创业公司可以为纽约市民提供贷款，让他们买得起公交月票，还可以通过手机按周进行分期还款。

截至目前，我们一直都在讨论发展中国家的需求，讨论如何通过创新金融解决他们的问题。在相对富裕的国家，其实也存在亟待解决的资金问题。然而，这些问题之所以未能解决，要么因为政府缺乏资金，要么由于政府缺乏为未来投资的意愿。这意味着，如果希望全球经济不断发展成熟，就必须依靠良好的、持久的合作关系，更要依靠创新金融，这样才能满足 21 世纪的需求：强劲的经济增长，共享的繁荣盛世，以及富有活力和包容力的社会。无论是为了让人们坐得起地铁而提供的小微金融，还是利用数十亿美元的混合资金投资建设新铁路，创新金融都可以发挥极其重要的作用，把更多更好的资源利用起来，为全美各个社区的发展做出贡献。

美国的社区和经济发展

首先，我们将谈一谈美国的社区发展。社区发展是研究区域经济发展的必由之路，恰恰是这个领域，形成了第一批创新金融最为成功的路线图。就像前几章那样，第五章亦可以独立成书。我们的讨论并不是点到即止，相反，其中囊括了许多引人入胜的创新金融案例，这些案例既有公共部门的，也有私人部门的，它们不仅应对了市场失灵，还解决了代代相传的贫穷问题，为美国最弱势的群体提供了更好的机会。

在美国，有时候社会发展关注的是地区，比如生活社区、住宅及商业设施等；有时候它关注的是人，比如在上述地区生活并工作的居民，他们的健康、教育及就业需求等等。纵观历史，在19世纪的定居住房运动孕育和罗斯福新政改革者们的不懈努力之下，产生出一种新的社会福利，它既包含了以人为本的投资，也包含了以地区为本的投资。最近，实物资产投资成功地吸引了私人资金，来投资落后社区的发展，尤其是房地产及住房开发项目。这并不奇怪，因为在合适的条件之下，这些资产可以给资本市场的准投资人们赚钱，带来投资回报。可问题在于，我们是否能够应用创新金融工具，来支持社区的全面发展进程，既满足了人们的生活需求，又将他们所居住的地区建设得更好。

我们今天所说的社区发展，追根溯源，其实就是20世纪50—60年代的城市更新运动。在当时，出现了第一批社区发展公司（CDC），它们通过商业方式来处理社会和经济问题。生机勃勃的城市，基础广泛的繁荣，这就是一直以来，我们眼中的一种公共利益。不过，在决策者和社区活动家们的眼中，这种公共利益并不是单单靠市场本身就能够实现的。所以说，这些早期的社区发展公司先是得到了慈善捐助，然后得到了政府财政给各州及各个城市的大量拨款。这些资金，反过来，也让社区发展公司得以吸引更多的善款。在很大程度上，社区发展还得益于非营利中介公司的出现，比如沿海企业公司（Coastal Enterprises, Inc.）、地方倡议支持公司，以及在全美其他地区涌现的类似机构。时至今日，在美国 30 多个城市当中都活跃着地方倡议支持公司，它们将企业、政府和慈善资源集中起来，为当地社区发展机构提供资金、贷款、股权投资及管理协助服务。[1]

住　房

如果你觉得社区发展的轨迹听起来耳熟，那是因为，和小微金融行业一样，社区发展领域也是借助慈善捐助和政府拨款起家并发展起来的，但是，只有在商业资本也加入进来后，社区发展才渐成气候。1977 年的《社区再投资法案》（CRA）尽管重要，但很难称其为创新金融的催化剂。《社区再投资法案》在 1977 年被制定并通过，旨在禁止"画红线"，即禁止在低收入生活社区当中开展歧视性贷款业务，故意将某些贷款客户排除在外。这个词的起源可以追溯到 20 世纪 30 年代，当时受到政府支持的房主贷款公司给全美社区画了一张地图，并用不同颜色为代码，标注出它们认为值得贷款的对象。"不和谐"的族群被归为 D 类，并用红色圈出，这种做法在商业贷款人中亦被广为采纳。大家有目共睹，信用是一种至关重要的公共利益，不论是低收入人群的信用，还是社区的信用，均是如此。《社区再投资法案》试图通过规定商业银行的业务区域，要求其在所有授权社区内开展贷款业务，以此来克服各种市场失灵及非市场失灵。

尽管《社区再投资法案》在这些年中经历了数次修订和改动，但在很大程度上，人们都把它理解为一种成本效益的方法，它能够实质性地增加中低收入等小额借款人获得信贷服务的可能性。[2]此外，该法案并不会导致次级贷款和过度负债等问题，次贷和过度负债相当于是在画反向的红线，会加剧按揭市场的崩溃，从而导致更大的金融危机。[3]众所周知，《社区再投资法案》——外加一整套激发并促进了该法案发展的创新金融税务抵免政策——引领了数十亿美元的资金，投向了社区贷款和平价房开发项目。

在接下来的金融创新及政策中，最引人注目、最具变革性的可能就是低收入住房税务抵免计划（LIHTC）了。和《社区再投资法案》一样，低收入住房税务抵免计划也是创新金融中的一大成功案例。该计划最初曾是 1986 年《税务改革法案》当中的一个条款，总的来说，它主要关注的是以地区为基础的发展，尤其是房地产开发。人们往往会认为，体面的住房是公共利益的一种体现，而如果没有创新金融这只"看得见的手"，光靠市场的话，想要住上体面的房子是不可能的。这并不新鲜。在美国的各个社区中，平价房的供给与需求一直都是个不易解决的难题。住房建设的基本情况说明，资金的市场利率成本、营运和投资回报都将转化为房租，而这些房租，已大大超出了低收入家庭的承受能力。

在第二次世界大战之后，美国决策者们曾通过投入资金以及监管大规模公共住宅建设项目等方式，试图解决这种市场失灵。然而，随着时间的流逝，人们越来越清楚地认识到，在 20 世纪 50 和 60 年代建造的大部分公共住宅都没有让穷人住上，也没有建设在他们居住的城市当中。到了 70 年代，政府出台了需求侧解决方案，采取了诸如《1937 年住房法案》"住房券"等措施，允许穷人在他们选择居住的区域，以更加接近市场价格的租金来租房。其中的基本原理——政府是一个缺钱的房地产开发商，市场以外的力量应该对房地产业的未来产生一定的影响——同样左右着低收入住房税务抵免计划的到来。不过，与住房券不同的是，该计划是由美国财政部来运作的；财政部先将抵免拨款划拨给各个州府，然后各州再向私人房地产开发商提供资金，在全美各地修建平价房，尤其是在高成本地区。这是一种明确的供给侧方案。

与其他章节中提到的政策相比，尽管在规模和设计上，收入住房税务抵免计划都有所不同，但它也代表着一种"只为成功买单"的新型创新金融。通过对拨款的安排，该计划确保资金只会流向在公共承受范围之内的那些目标住宅单元，也就是说，租金不超过当地中等收入的 30% 到 60% 的那些住宅单元。重要的是，在这些单元当中，满足收入规定的住房占比如果达不到规定的最小比例，就不可能得到政府的拨款。在该计划中，私人投资人先将资金提供给开发商，用于建造低收入家庭可以负担得起的出租房。当施工完毕时，租户迁入新居之后，投资人可以从联邦政府那里获得税务抵免的优惠，作为回报。投资人要想获得税务抵免的优惠，就必须满足一个前提条件，即在 15 年至 30 年的期限当中，开发商必须一直将租金维持在穷人可以承受的范围之内。倘若在规定期限内，租金未能维持在可承受水平，那么，政府则有权拒绝兑现税务抵免优惠。总而言之，只有当项目已经成功时，政府才会买单，也就是说，投资人承担风险，开发商建造平价房，并将租金维持在可承受水平至少15年，只有这样，政府才会兑现优惠。[4]

津贴制度并不完美。因为它是静态的，无非是减少开发商的资金成本而已。它并不追踪租户的长期福利，也无意于创造与之相关的积极结果。租金收多少是固定的，不会由于租户的收入低于门槛下限，而在一定范围相应地上下浮动。之所以会这样，是因为在确认租户是谁之前，这笔交易早就签完了。收入明显低于门槛的租户可以通过使用额外津贴的方式，补齐租金与其承受力之间的差额，例如住房券。当租户的收入增加时，他们也可以继续住在这里。这意味着，在低收入住房税务抵免计划的住宅中，常常也会住着一些收入稍稍高于传统直接津贴项目水平的住户。展望未来，低收入住房税务抵免计划可以朝着这些设计思路继续改进，更好地服务于低收入居民，从他们更广泛的需求出发，做出通盘考虑。

如今，在对美国平价房建设项目进行的所有新投资当中，低收入住房税务抵免项目住房占到了90%。据估算，这些项目所带来的私人投资杠杆效应高达1000亿美元——在过去数年中，每年大约为80亿美元——在城市、郊区和农村社区中建设了2600万户出租住宅。（图5.1）另据估算，每年，这些房地产开发项目支撑着大约 9.5 万个就业机会。[5] 低收入住房税务抵免计划取得了这么多成绩,几乎没有违约记录,也没有丑闻,还得到了两党的大力支持。[6]

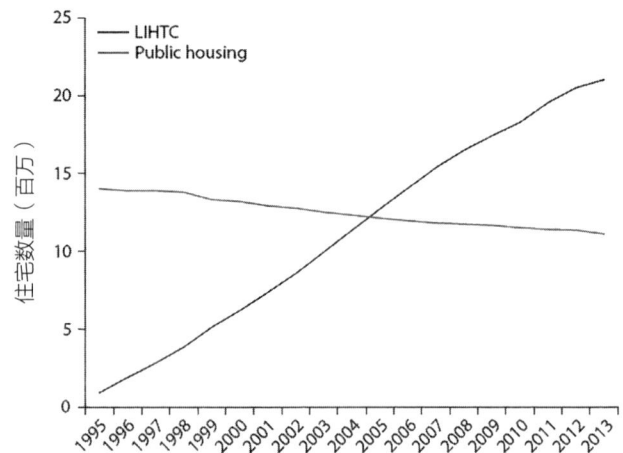

图 5.1　低收入住房税务抵免计划(LIHTC)住宅数量与公共住宅数量比较,1995-2013

* 来源:美国住房与城市发展部

　　尽管成绩斐然,但平价房仍旧是全美各个社区所面临的主要问题。公认的"可承受"租金标准为收入的 30%,而根据哈佛大学住房研究联合中心的估算,2013 年,在美国的所有租户中,房租超过收入 30% 的占了半数之多。对于比较贫困的家庭而言,房租在收入中的占比甚至更高。许多在贫困线之下挣扎的家庭,都需要拿出收入的一半以上来交房租,在食品、医疗服务和其他生活支出方面只得能省则省。与此同时,几十年来,平价房的供应却在不断萎缩。[7] 这表明,低收入住房税务抵免计划还需要扩大规模，或者需要推出类似的行之有效的方案，广开思路，为这些方案筹集资金。例如，2015 年 6 月，纽约房屋发展公司发布了第一个可持续社区债券，筹集了 5.9 亿美元的资金，用于纽约平价房的建设和维护。这些债券在一定程度上以绿色债券为模板（受市场对绿色债券需求以及对更广泛的社会投资需求的启发），纽约的多家银行对其进行了认购，其中包括花旗银行和摩根士丹利。

2000 年，由于低收入住房税务抵免计划成功地调动了私人资金的积极性，美国国会批准成立了一个新市场税务抵免计划（NMTC），旨在鼓励私人资金通过社区发展单位，对贫困地区的房地产和商业企业进行投资。从 2003 年到 2013 年，新市场税务抵免计划实现了 350 亿美元的直接投资，在贫困地区带动了约 700 亿美元的企业投资和振兴项目，在这一过程中，还创造出了 75 万个就业机会。新市场税务抵免计划已经在 2014 年结束了，不过，2015 年提出的《新市场税务抵免延期法案》有望将新市场税务抵免计划继续延续下去。

企业资本

在新市场税务抵免计划中，尽管大部分资金都流向了房地产开发，但是，从该领域的企业构成看，近年来出现了明显发展。本章中，我们对个人及家庭融资需求的讨论会相对较多，对中小企业需求的讨论则相对少一些。不过，无论是在美国，还是在发展中国家，都存在着一个不争的事实，即对于经济发展而言，中小型企业的融资渠道至关重要，这是一种重要的公共利益。几十年来，决策者都在千方百计地对市场力量进行相应的调整。美国小企业管理局（Small Business Administration）的主要服务目标就在于此，而数不胜数的各州和各地的各项措施，都是为该目的服务的。尽管社区银行业、贷款业以及风险资本机构已经存在了几十年了，但在1994年美国财政部成立了社区发展金融机构（CDFI）基金会的时候，社区发展行业才真正活跃起来。财政部对社区发展金融机构在各地的、包括贷款和社区发展风险资本在内的各种活动给予支持。在低收入住房税务抵免计划中，只要通过社区发展金融机构进行投资，就可以满足《社区再投资法案》的需求，服务于中低收入社区。[10] 我们经常听到这样的统计，每年，美国的金融机构会发放价值2000亿美元的《社区再投资法案》相关贷款，其中有470亿美元都属于社区开发贷款。1992年至2007年间，借出人共计发放了4.5万亿美元的《社区再投资法案》贷款。[11]

房屋所有权

当然，租房市场只不过是平价房中的一个部分而已。有房，是数百年来美国人民及其决策者一直都有的强烈渴望。有房的愿望植根于美国梦、1862年的美国《宅地法》（Homestead Act）、1934年的国家住房建筑法、房利美和房地美等政府背景的住房抵押贷款公司，甚至可以说，它还植根于扩大信贷以粉饰已经形成的次级抵押贷款崩盘的违规操作。在社区发展领域中，存在着以地区为本及以人为本等双重目标的经济繁荣，他们主张的是，增加的住房应该惠及个人、家庭以及社区。从20世纪90年代到21世纪初，美国的住房数量出现了显著增加，尤其是为低收入家庭提供的住房，这反过来，也有助于缩小各种族之间的财富差距。

然而，金融危机的到来让这些好处荡然无存，美国人民对这一点深有体会。贷款行为和银行监管改变了，不择手段的次级贷款出借人和往往不明真相的借款人步入了灾难性的融资方案当中，造成了成千上万的债务违约和止赎事件，借款人的信用被毁，以至于日后没有资格购房，在资产建设方面，也遭受了巨大打击。

哈佛大学住房研究联合中心的最新数据显示，2015年，美国自有住房率下降至64.5%，为20年来的最低水平，抹杀了过去20年间的所有涨幅。[8] 随着住房市场在崩溃之后逐渐复苏，人们亦开始争论有房的价值究竟几何。曾几何时，拥有住房是财富建设和发展的硬指标。有证据表明，“千禧一代”对住房市场和（或）其自身的经济实力（包括必要的信用记录）并没有信心，很难将购房变为现实。在金融危机中，有许多中低收入家庭的信用评级遭到了破坏，如今早已被按揭贷款市场扫地出门了。这种情形同样提醒着我们，金融创新并不等同于创新金融。在创新金融领域，所有的发明和创造都必须用于或意在改善生活。

如果你具备某种程度的融资担保，那么，住房市场可能会对你有利。同时，在住房融资领域，新型发展正在兴起，并有可能最终改变住房行业的长期前景。比方说，所有权共享等新品种的按揭贷款正在改变住房市场的"非有即无"的所有权结构，在这种旧的结构中，你要么租房，要么享有100%的房屋所有权。所有权共享重新调整了这种安排，不仅为买房者提供了拥有部分所有权的机会，还有效地销售了房产。在这种安排当中，银行或他人可以拥有部分所有权或股权，作为减少购房者负债或债务的交换。

与此同时，机构投资人也在租房市场中越来越活跃了。2013年11月，私募公司黑石（Blackstone）发行了第一只单亲家庭房租债券，在美国南部及西南地区，有3000户家庭购买了该债券。2014年，顺着这些思路，9个相关的证券产品又被接连推出，主要针对更广泛的房地产投资人，极大地增加了出租房产的可用性。这些房产并不在平价房的范围之列，也不解决社区和经济发展之间的危机。但是，它们却在真真正正地开始解决美国住宅中的一些结构性问题。

近年来，在美国的中小企业融资领域，出现了一些新的参与者，其中就包括像安信永（Accion）这样的小微金融机构，它们向小型公司提供资金、信用及技术支持等服务。然而，小微信贷在美国的规模仍旧相对较小。此外，谈到影响力投资行业，人们常常联想到新兴市场或是前沿市场等大环境，而很少联想到美国。影响力行业正在不断发展壮大。据摩根大通估算，在600亿美元的影响力投资行业当中，40%的投资都发生在北美地区，由美国过桥风险投资（Bridges Ventures U.S.）这样的基金公司负责运作。

在这些影响力投资人中，有些是经验丰富的社区发展金融机构，它们正在不断寻求新的投资方式。例如，卡尔弗特基金会社区投资券（Calvert Foundation's Community Investment Note）让更多的投资人得以参与到社区发展领域中来。个人投资人的投资额最低可为 20 美元，而投资期限可以从 1 年到 10 年，投资利率从 0 到 3%。截至 2014 年，该基金会的累积投资金额已经突破了 10 亿美元大关，投资总人数达到 1.5 万人，投资年限超过 20 年。2015 年，该基金会在全美 50 个州以及世界 100 多个国家中，总共向 250 家社区机构投放了约 2.29 亿美元的资金。卡尔弗特基金会的官网看起来倒像是一个众筹网站，投资人只需轻点鼠标，便可以购买它的投资券。

最近，卡尔弗特基金会在丹佛和双城启动了一个名为"建设自己的家园"的活动，让人们通过购买社区投资券，来进行小额投资，支持本社区的项目和公司。在这项活动中，卡尔弗特基金会的合作人之一是社区再投资基金。这家创新的社区发展金融机构通过对金融和证券化产品进行结构设计，大幅增加了落后社区小型公司的可用资金。社区再投资基金目前正在着手研究，社区发展金融机构是否有可能为典型的小型公司提供专门的在线融资服务或市场贷款服务。大家有目共睹，曾经所谓的"点对点"贷款出现了爆炸式发展，新的信贷市场让传统银行业发生了根本性变革。尽管有许多人将这种新的贷款模式视为小公司的福音，为它们雪中送炭，帮它们打开了新的资金渠道，但是，像社区再投资基金这样的社区发展金融机构也逐渐发现了一些问题，小公司在办理贷款时的自主意识不强，方式也不恰当。比如，如果小公司需要周转资金，却通过甲板网贷平台的商业预付现金服务进行筹资，那无异于自找麻烦。为小公司设计合适的在线银行产品，尤其是落后社区的小公司，这是创新金融的一块重要阵地。[12]

从地区到人

不论是投资于年轻企业的发展，还是投资于商用写字楼或民用住宅的开发项目，在大多数情况下，这些资金流在代表了一种以地区为本的社区发展方向。作为私人资本的众筹策略，这样做是有道理的，因为此类项目可以通过衡量风险、测算回报等方式，满足投资人的需要。

多年来，一说到社区发展，人们就不由自主地去关注社区的基础设施建设，包括医疗、教育，还有穷人就业问题等等。可以想象，此类项目要想吸引金融投资或补贴等资金，所面临的挑战将更大。早期教育或母婴健康等项目的投资回报之高不言而喻，但这些项目要想吸引投资，也同样面临着困难，因为其获得回报的时间跨度、衡量方式及变现方法等，时常都不能满足私人资本的需求。在未来发展中，创新金融的重要作用之一，就是改变投资人和社会服务提供商对资金利用的老眼光，向他们证明，资金可以通过不同方式，改善社区基础设施建设，让个人及家庭生活得更加幸福。

普惠金融与资产建设

在以人为本的社区发展当中，有一些重要创新与资产建设息息相关。资产建设这一说法是迈克尔·谢若登（Michael Sherraden）在 20 世纪 90 年代首次提出来的，它的前提是，与单纯衡量收入相比，财富才是衡量人民幸福与否的更好标准，也是更加可靠的脱贫方法。在《资产和穷人》中，他指出资产建设可以增加家庭的稳定性，同时为家庭的未来规划提供保障，让人们可以通过承担短期投资风险，获得长期投资收益。此外，他还认为，资产建设还为社区参与和民众参与提供了更多机会。[13]

要开始积累资产，人们就需要接触基本金融服务。然而，约有三分之一的美国人连基本的银行账户都没有，或者说他们不在"银行服务的覆盖范围之内"[14]，他们当中，绝大部分都是穷人。[15]不过，是否拥有银行账户是次要的，他们是否正在使用适合他们的且负担得起的金融服务，他们是否对生活有规划，是否准备存钱，这些才更为关键，万事皆备，才能让未来的财务蓝图更加美好。金融服务创新中心（CFSI）的最新研究结果表明，超过 50% 的美国人的财务状况均存在问题。这并不意味着他们不需要金融服务；当铺、支票提现、透支费用、汽车贷款、发薪日贷款（最后这一项每年产生的贷款金额约为 270 亿美元），这些影子银行服务的大爆发，充分证明了他们需要金融服务。[16]实际上，为了获得这些金融产品和服务，这些不被金融服务范围所覆盖的人在 2015 年花费了大约 1470 亿美元的手续费和利息。[17] 事实告诉我们，穷人们使用的是更加昂贵和不正规的个人金融服务。在经济大萧条之后，穷人获得可负担的信贷服务的渠道愈发少了。[18]

这意味着，就像我们在讨论普惠金融的第三章中看到的那样，对于发展中国家以及美国的穷人来说，金融产品和服务还有很大的提升空间。但是，他们目前可以获得的具体金融服务是什么？而进一步的创新又将发挥什么作用呢？

谢若登和包括瑞德·克莱默（Reid Cramer）在内的其他专家在资产建设领域进行了长达数十年的研究。他们构建了该领域的框架，并不断推动其继续向前发展。他们指出，尽管已经有不少项目在帮助家庭建设财富，但他们大多通过涉税的方式进行，包括补贴贷款、退休储蓄账户捐款以及 529 大学储蓄计划等，而穷人们则被有效地排除在这些项目之外了，因为他们的收入根本不足以存下钱来，因此，他们也就不可能参与到这些项目当中了。[19] 而且，当问题涉及资产建设时，有些帮助低收入家庭的政府项目初衷是好的，但却会收到意想不到的效果。举例说明，第 8 节购房券对符合要求的资产的上限是有要求的，这么一来，就会打消人们存钱或进行其他投资的念头，将许多家庭拒之于主流金融服务的门外。在创新过程当中，谢若登、克莱默、企业发展公司和其他专家都极力倡导个人发展账户和通用儿童储蓄账户，因为这两种美元支付账户正好可以服务于个人和家庭的积蓄，帮助穷人增加财富。美国、英国、新加坡等国家率先试用了这些产品的城市显示,个人和家庭的长期经济保障均得到了提高。[20] 在各项社会政策中,社会保障改革无疑是最有力的扶贫行动,而储蓄是否是改革前景的重中之重,还存在疑问。从目前的替代率看来,要想帮助老人、孩子和残疾人摆脱贫困,过去的那套社会保障并不可靠。[21]

进一步研究表明,虽然储蓄是至关重要的,但是传统储蓄账户之外的金融创新也是必要的,因为这些产品能使贫困家庭对其短期收入波动和现金流波动进行管理,偿还债务,并做好未来的财务规划。例如,发展经济学家乔纳森·默多克(Jonathan Morduch)最近刚刚和金融服务创新中心一道,承担了美国金融日记(USFD)这个研究项目(与第三章中提到的"穷人的金融日记"其实是一回事)。美国金融日记项目发现,家庭面临的主要问题来自于现金流"高峰和低谷"的不确定性。对于家庭而言,他们也同样渴望经济的稳定性和流动性;这种起伏不定"加上人们对于工作、预算、安排、个人计划,以及贷款还是存钱的选择,会让情况变得更加复杂"。美国金融日记的研究结果表明,短期财务管理工具或产品可以令这些家庭受益,比如紧急储蓄或自动储蓄等。简言之,如果这些家庭能够更好地了解自己有资格申请哪些金融产品、项目和服务,比如政府福利等,将令这些家庭受益良多。[22]

所得税抵免

我们观察到,如果美国的穷人能够更好地接触到现有的公共资源，他们将从中受益，这个话题开展讨论的话可以写成一本书，不过，我们尽量言简意赅。显而易见，人们需要更好地接触到金融产品，而最近几十年来，所得税抵免（EITC）则是最有效的扶贫措施。从航空税到低收入住房税务抵免，税收和税务抵免很少被包含在创新金融的讨论之中。然而，在产生新的、额外的公共利益资源方面，它们的作用不容小觑。作为一种负税收，所得税抵免不涉及额外的私人资本，但它却可以给低收入人群带来巨大的利益，为社会福利和经济发展做出重要贡献。所得税抵免相当于一种对低收入工人所欠税款（往往金额较低甚至为负）的"退税"，每多挣一美元，退税的金额就会随之增加，直到达到上限水平为止。所得税抵免政策于1975年首次草拟，随后被大幅扩展，成为"986年税法"的一个部分，低收入住房税务抵免计划就是在这个法案中提出来的。所得税抵免政策经历了数度延期和不断强化，最近一次是在2009年的《经济复苏法案》中。2013年，所得税抵免帮助600多万人摆脱了贫困，其中半数为儿童。它还降低了另外2100万人的贫困程度，其中包括800万儿童。[23] 尽管所得税抵免并没有发挥杠杆效应，带动额外的直接投资，但它的扶贫效果却更加迅速而有效，让个人和家庭得到了额外的收入，有钱来进行消费、储蓄和投资。

批评者认为，这些所得税抵免项目尽管有效，但参与者必须有工作；也就是说，没有工作的人是无法参与到这些项目当中的，而失业的人往往才是最为边缘化的人。[24] 的确，所得税抵免政策确实是在鼓励并奖励那些工作的人，但是，这样的批评也是有道理的，尤其是在近年来经济增长疲软、失业率高企的情况下，更是如此。这种批评说明，以税务抵免为基础的各类项目，例如所得税抵免、新市场税务抵免和低收入住房税务抵免等，有助于政府摆脱在各种各样扶贫项目上花费更多钱的困境。作为对社会"金融化"的各种担忧之一，该批评进行了一个与事实不相符的假设，即这部分钱是由政府来出的。而在多数情况下，那些真正战斗在扶贫一线的人们一直都在呼吁，从联邦政府和州政府的层面，加大所得税抵免力度。[25]

一些与所得税抵免及其他福利相关的、更加吸引人的创新金融发展并非来自于政府，而是一些非营利的创新领军机构和公司，它们帮助人们接触到已具备资格申请的金融资源。"一站式美国"项目（Single Stop USA）就是个很好的例证。2007 年，该项目在罗宾汉基金会（Robin Hood Foundation）正式启动并逐步发展起来，它将民众与一定范围内的政府福利联系起来，从金融援助和食品券到儿童医疗补贴、健康保险和所得税抵免等等，应有尽有。据麦肯锡公司估算，由于人们无从得知这些福利，又或者申报和认领的手续复杂、费用高昂且没有市政府、州政府及联邦机构的协调，每年大约有 650 亿美元的社会福利无人认领。社区大学拥有训练有素的工作人员，接触的人群众多，智能软件也比较发达，通过与这样的机构进行合作，"一站式"项目帮助具备申请资格的人们获得了一系列的社会福利，在需求和供给之间牵线搭桥。平均算下来，机构每花掉 1 美元的成本，客户就会得到约 20 美元的福利，其中大部分来自于所得税抵免。截至目前，一站式项目已经为 8 个州的 100 万个家庭提供了服务，帮助他们积攒了近 10 亿美元的福利。为了减少成本并增加规模，"一站式"项目改进了软件功能，提供了更多的自助服务。它还开发了一个手机 APP。不过，该项目之所以取得了历史成就，依靠的是在人际互动和科技创新的交集上进行创新。

金融科技

利用科技发挥杠杆作用，为有需求的人群提供金融服务，是金融创新的探索之路上最有前途的领域。社会企业家基金（TSEF）是一家活跃在科技和贫困交集地带的影响力投资基金。在其投资组合当中，有不少类似"一站式"项目这样的公司，在对人群和资源进行匹配。例如，伯莎姨妈公司（Aunt Bertha）让人们可以通过输入邮政编码来寻找人性化服务，包括像"一站式"项目所在地等地点信息。贝尼溪公司（Benestream）是另一家从事社会企业家基金投资的公司，它外包医疗救助招募体系，让雇主得以节省 90% 的低收入工人医疗保险开销，同时帮助了数百万满足申请资格的在职困难家庭，帮他们获得了医疗保险和食品券福利。社会企业家基金的其他投资领域还包括：新型金融技术、"即用即付"融资手段、信用评分数据分析及能源效率等金融科技领域。无独有偶，罗宾汉基金会的蓝岭实验室（Blue Ridge Labs）为社会创新者提供奖学金、拨款以及其他资金支持，这些创新机构为 7500 万年均家庭收入低于 2.5 万美元的美国人创造了技术产品及服务，其中包括帮助人们申请食品券的 APP 普罗宝（Propel），以及为低收入纽约人提供更好的购物选择和银行服务选择的 Rebank 网站等。

罗宾汉基金会蓝岭实验室的另一个副产品是爱丽丝全融，该公司为不能一次性付清价值 116 美元的 30 天不限次地铁月票的纽约市民提供融资服务，帮他们省下大部分持票钱，并从中获益。如果不使用 30 天地铁卡，而使用单日或单周地铁卡，那么纽约市民每天将多花费 50 万美元的交通费。爱丽丝金融公司还提供了"即用即付"分期付款计划，让乘客们可以通过每周支付 28.5 美元来分期还款。尽管用户是通过邮件收到他们的地铁卡的，但是大部分关于卡片的沟通和支付，都是通过手机实现的。爱丽丝金融公司所提供的，也许并不是一个能够解决纽约穷人问题的完备方案，但是它改变了许多居民的生活，尤其是令贫困的地区发生了变化。许多纽约最穷的人已经不住在城里了，而是住得远一些，因为他们付得起交通费，可以每天坐地铁来城里上班。

尽管现在要评价结果还为时尚早，但是爱丽丝公司通过其创造性合作，获得了巨大的发展。例如，它与纽约的社区信托金融合作机构（NT）开展合作，将 20 世纪的信用社模式改为 21 世纪的创新金融机构。社区信托的前身是社区发展信用社，也就是合作社性质的金融服务机构，由其成员所有并经营。随着时间的推移，它演化成为以顾问和低收入客户之间的信托关系为基础的金融理财机构。社区信托顾问和客户密切合作，制订个性化理财计划，主要关注的是减少债务，改善信用评分及存款问题等。为了扩大这种信托模式，社区信托开始与雇主们展开合作，将职场和职场机制（例如，工资单）当成接近理财客户的一种方式。

最近，社区信托已经开始照着爱丽丝公司的融资思路，开发新的金融科技产品，它推出的信托卡是美国的首张"社会责任"信用卡。有了信托卡，客户就可以根据其自身财务状况，量身定制可管理的还款计划，偿还他们的高息贷款，修复他们的信用记录。同时，信托卡还可以将客户的信用变成客户管理和偿还债务能力的一种体现。此外，社区信托正在开发各种各样的、可以在手机上应用的工具，包括信用快照、数字理财计划以及帮助人们进行储蓄的手机 APP 支付标（PayGoal）等。

社区信托展现了科技创新和人际互动的重要性，我们以前就见识过金融、科技和创新这三者的这种交集。其金融理财产品服务的成功取决于教育和咨询，其理财顾问不论是看上去，还是听起来，均和印度金融管理研究院信托的财富经理人十分相似。在两种案例中，他们都寻求取得客户的信任，并帮助他们匹配到合适的产品。社区信托目前已经是一种全国的金融理财模式了。

有趣的是，在肯尼亚这种手机使用率极高的国家，他们在数字支付和手机金融服务等方面的创新尝试，比美国这样的富裕国家还要多。美国最新的金融科技创新，不论是 ATM 取款机、信用卡、贩售机、网上银行，还是谷歌、贝宝、脸书、苹果提供的消费者支付及理财业务，抑或是 Venmo、Dwolla、Lemon、Isis 及 Crirpify 之类的"钱包到钱包"支付平台，都不是以为穷人服务为目的的，也不是为了改善普惠金融的。然而，事实告诉我们，对行之有效的金融产品及服务的需求是存在的。利用科技创新，扩大普惠金融，这是创新金融领域中，最让人心潮澎湃、前途最为光明的方向之一。

社会影响力债券及"只为成功买单"

正如本书通篇在讲的，在经济发展领域中，有一个一直困扰大家的关键问题，那就是我们应该如何像考察实物资产那样，去考察人力资本。在教育、医疗或劳动力发展方面的投资极具价值，我们如何将这种投资转化为与创新金融相协调的语言和结构？这与简单地去创造一个新的金融产品是完全不同的。这意味着，我们应该考虑投资回报，而不是只考虑一次性投入成本，我们也不应该尝试对将来会升值的社会和经济价值进行量化，以便眼下就将其"货币化"。这既关系到节约成本，又关系到正面效益。

我们也看到了，未雨绸缪是有回报的。在公共卫生干预方面，打疫苗比等疾病全面暴发才治疗的效益要大得多。干旱与饥荒，暴发与蔓延的区别就在于反应及时。与修复气候变化的灾难性后果相比，一开始就预防污染，会少花很多钱。在人力资本开发上，也是同样的道理。从幼儿园、学前班到高等教育，我们对各个层次的高质量教育进行投资，因为我们相信，这样的投资在经过日积月累之后，会为个人乃至整个社会积累一系列重要效益。在美国，为低收入家庭的孩子在早教方面每多花 1 美元，就会在更好的生活前景中获得 7 美元的回报，而且在可能的补习服务方面，可以节省大量开支。为无家可归者提供居所，比将其收容在庇护所和急诊室花费更低。而预防犯罪的成本也比大规模监禁的成本要更低。

然而，尽管我们知道未雨绸缪是有回报的，可是政府对预防方案的资金投入，却往往不够。有的时候，政客们并不欢迎针对无家可归者、已定罪囚犯及问题少年的这类提案。通常情况下，要么投资效益不易察觉，要么只有在获选官员离任后方才实现，这使得投资决策遭到扭曲，让成本——而非投资价值或长期回报——成为决策的初衷。最常见的情况是，由于预算的现实、满足当前需求的资源不足、长期投资越来越少，直接导致了这样的结果。2008 年之后，这种情况则更是有过之而无不及，政府的钱袋子被金融危机和随后的经济衰退掏空了，尤其是在美国州政府和地方政府级别，许多人道服务项目都在进行融资。这种对眼前的关注既代表着管理的失败，也代表着市场的失灵。[26]

多年来，学者和从业者们一直都在探索如何攻克这种对预防方案进行投资的难题：如何让政府在困难和障碍面前，依旧掏钱来进行这样的干预。面对这种情况，社会影响力债券（SIB）代表了一种新的、创新公共融资工具，它建立在一个耳熟能详的观点之上，那就是未雨绸缪是有回报的——而且，我们还可以给这些预防性投资进行估价。

我们知道，社会问题的成本巨大，如果能避免付出这样的成本，就可以节省很多资金。有人会问，能否将私人资本纳入该项投资。比方说，慈善捐款或商业投资人为预防方案进行担保，并从所节省的开支中，拿走一部分作为回报。如果私人投资人可以分享节省下来的资金，他们或许愿意承担风险，这也就是说，如果这种干预没有起到作用，那么他们的投资就有可能形成损失。这是影响力债券的一个特殊设计：政府只会为成功的结果买单。影响力债券的理论支柱有两点：一是预防性投资必须具备可以估算的"货币化"价值，二是只有在证明了干预行为已经成功之后，纳税人才会为这些行为买单。

而在现实中，影响力债券是什么样的呢？它的发展历程既新颖，又曲折。作为一种创新金融工具，影响力债券在不断演化和发展，而我们才刚刚起步。我们刚开始通过各式各样的影响力债券实验，去理解它的真正含义。

2010 年，首只影响力债券在英国的彼得伯勒镇正式启动。这个小镇上有一间很大的监狱，而这里的重复犯罪率也相当之高。每年，在彼得伯勒所释放的囚犯中，有 60% 的人因再次犯罪而被判一年以下的监禁。这种社区犯罪的循环成本很高，而关押囚犯的花费也很大：一个囚犯的关押成本平均每年在 3 万到 4 万英镑之间。这比预防人们不进监狱的项目成本或服务成本要高多了。

通过彼得伯勒的影响力债券试点，人们希望了解由私人注资的干预行为能否降低重复犯罪率。英国社会金融（Social Finance UK）是一家非营利中介机构，它起草了影响力债券的合约，缔约人为英国司法部、慈善投资人以及呼吁为 3000 名囚犯提供支持的四家非营利服务提供商。干预行为首先为服刑囚犯提供支持，并且在他们被释放后，继续为他们提供社区服务。慈善家们向服务提供商们提供了运营资金，让它们为囚犯提供服务。在六年期满之时，如果这些干预起到了减少重复犯罪率的效果，并达到了目标值，那么投资人就可以获得回报。改善的效果越显著，投资回报也就越大。在这种情况下，如果这些非营利机构成功地把重复犯罪率降低 7.5 个百分点，甚至更多，那么英国政府将从所节省的长期成本中，拿出一部分钱，回报投资人，最高回报率不超过 13%。如果降低程度不足 7.5 个百分点，投资人就会一无所获。

只为成功买单

投资人的回报因投资效果的好坏而有所不同，从这个意义上讲，社会影响力债券的名字起得是不对的：它不是一种债券，而更像是一种股权投资。随着投资效果有好有坏，回报也潮起潮落，投资人既分享收益，同时也共担风险。而只有在干预有效的情况下，政府才会掏钱回报投资人。

"只为成功买单"并非什么新鲜事物。在美国，州政府和地方政府已经尝试了不同种类的"只为成功买单"型合约，例如在低收入住房税务抵免案例中的那些关于平价房建设的合约，或是关于道路或桥梁之类的基础设施合约等——只有当项目完成且取得成功的时候，投资人才能获得回报。而在历史上，社会服务领域的运行规则并非如此。在政府支付回报之前，非营利服务提供商没有现金储备来支持干预行动，因此，政府和慈善家们会提前给干预行动拨款。社会影响力债券将支付过程放在任务结束且成果确定之后，从而完成了从物质资本到人力资本的转化。在彼得伯勒案例中，这就相当于只有当重复犯罪率下降的时候，才能获得回报。要证明结果成功，必须通过严格的考察和评估。在彼得伯勒案例中，这意味着，我们需要利用没有接受过社区服务的"随机对照"囚犯组，来对干预效果和影响进行评估。

新的领域应运而生

我们一直在探索如何利用融资来解决根深蒂固的社会问题，彼得伯勒案例既是深思熟虑的产物，也是灵感的火花。在社会影响力债券首次试水之后的五年当中，"只为成功买单"产业开始渐渐浮出水面，社会影响力债券模型走出了英国，也走出了重复犯罪的领域（见图 5.1）。（在美国，"只为成功买单"这种说法几乎已经成为"社会影响力债券"的代名词了。）目前，在全世界范围内，有众多影响力债券正在营运，放眼北美洲、欧洲、亚洲和中东地区（见表 5.1），目前正在积极开发中的社会影响力债券数量为前者的两倍。这些债券解决了各种各样的社会问题，从医疗卫生、人力发展、收养、教育、住房、老兵就业等到司法公正问题，无所不包。当前，社会影响力债券市场规模为 1.5 亿美元，在未来数年中，其规模有望扩大至 3 亿 –5 亿美元。

2012 年，第一只美国社会影响力债券在纽约发行，纽约市长迈克尔·布隆伯格（Michael Bloomberg）希望通过此举，来降低从赖克斯岛监狱刑满释放人员的重复犯罪率。债券一经推出，就引起了极大关注。这是美国的第一次，而且它的干预对象是这个国家最难搞定的监狱。其主要投资人并不是哪位大

善人，而是全球投行中鼎鼎大名的高盛。这次投资标志着社会
影响力投资在设计方面的早期创新，然而，它的设计并非出自
高盛基金会之手，而是来自城市投资集团（Urban Investment
Group，高盛旗下的一家投资单位，其投资满足了高盛对《社区
再投资法案》的应尽义务）。然而，其资金结构中，还包含了
巨额贷款担保。高盛的9600万美元的股份得到了来自布隆伯格
慈善捐助的720万美元的担保支持。在被认定为"失败"之前
的2年中，"高盛—布隆伯格—赖克斯岛"社会影响力债券受
到的关注反而更多。然而，干预行动没有令重复犯罪率降低，
各方的期待最终落空了。纽约市终止了这只试点债券，高盛和
布隆伯格承担了损失。

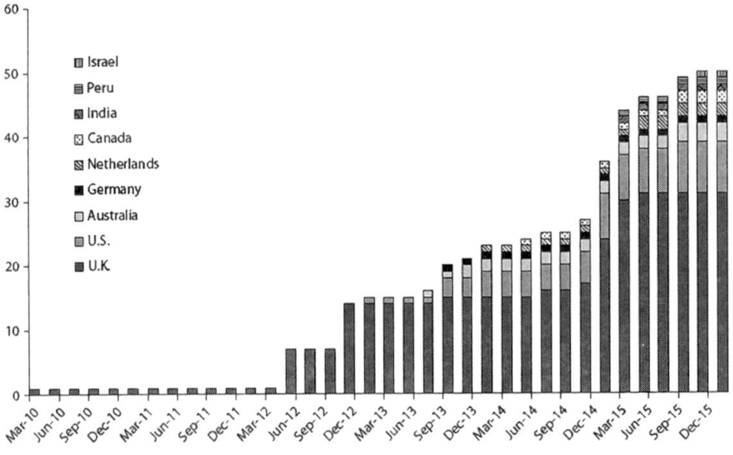

图 5.2　2010-2015 年社会影响力债券发展情况

★ 来源：美国布鲁金斯学会

表 5.1 2014 年全球社会影响力基金

国 家	影响力债券的设计阶段	影响力债券的执行阶段
英国	8	25
美国	8	11
荷兰	0	2
澳大利亚	1	2
奥地利	0	1
比利时	0	1
芬兰	1	1
德国	0	1
爱尔兰	0	1
葡萄牙	0	1
瑞士	0	1
秘鲁	0	1
加拿大	0	1
以色列	4	1
印度	0	1
韩国	0	1
哥伦比亚	1	0
哥斯达黎加	1	0
智利	1	0
乌干达	1	0
墨西哥	1	0
新西兰	1	0
南非	1	0
共计	29	52

* 来源：截至 2016 年 1 月，英斯蒂格里奥影响力投资机构（Instiglio）公布

的影响力债券互动地图，http：//www.instiglio.org/en/sibs-worldwide/。随着新交易进入设计阶段和设计的逐步实施，交易数量在不断变化。关于社会影响力债券的数量和类型，还有一个极好的来源，那就是布鲁金斯学会的艾米丽·古斯塔夫森-赖特（Emily Gustafsson-Wright），她在 2015 年 7 月更新了《影响力债券的潜力和局限：前五年中各国的经验教训》中的数据，这是她在布鲁金斯学会所做的重要报告。http://www.brookings.edu/~/media/Research/Files/Reports/2015/07/social-impact-bonds-potentiallimitations/Impact-Bondsweb.pdf?la=en。另见非营利金融基金"只为成功买单"活动地图：http://www.payforsuccess.org/pay-success-deals-united-states。

经验总结

尽管纽约的社会影响力债券出现时间较早，但是和美国及全世界所存在的其他几十只影响力债券一样，它依然向我们提供了洞见这种创新金融方法演化过程的角度。在纽约案例中，平心而论，作为一种对新融资工具的测试，这份合约是起到了作用的。如果社会影响力债券如同其他创新金融工具那样，意味着确认身份、制定价格、转移风险，那么，该做的它都做到了。这一点很重要。遗憾的是，年轻人重返监狱的概率与从前相比并没有降低，但是对于不起作用的认知干预疗法，市政府和纽约的纳税人们并没有上钩，上钩的是高盛。有人会说，高盛不应该拿布隆伯格慈善基金会的贷款担保做挡箭牌，可是，长久以来，高盛一直在慈善事业中发挥重要作用：在社会领域尝试那些政府不可能尝试的实验，并通过降低风险的方式，将额外的商业资本投资人吸引进来。[27]

在其他案例中，我们也能看到这一点。比如，在全球健康投资基金的案例中，来自盖茨基金会的贷款担保吸引了投资人的参与，如果没有这份担保，投资人们恐怕就不会来了。这是创新金融的一个更大的课题；慈善有助于降低风险，解锁新的私人资金来源。至于"只为成功买单"型合约，继纽约的社会影响力债券之后，在马萨诸塞州、犹他州、芝加哥、凯霍加县、俄亥俄州等美国各地，后续的债券交易均涉及慈善资金的参与，要么是以善款的形式，要么是以担保的形式。[28]

慈善界的参与也至关重要，因为基金会的拨款创造了必要的生态环境，从而支持了这个崭新领域的发展。2009 年，在彼得伯勒社会影响力债券进行交易之前，洛克菲勒基金会向英国社会金融提供了运营支持，以便对这种融资安排进行评估。其实，2010年以来，在研发、评估、可行性研究、政策推荐和信息交换等方面，有不少基金会都为推动社会影响力债券的发展提供了资金支持，例如珀欣广场基金会（Pershing Square Foundation）、美国银行慈善基金会（Bank of America Charitable Foundation）、加利福尼亚健康基金会、各家普利策慈善分支机构、奥米迪亚网络以及劳拉和阿诺德基金会等。他们也支持了越来越多的中介机构，例如美国社会金融和第三部门资本等，让他们得以与政府及私人部门合作，筹划并执行社会影响力债券交易，并在社会影响力债券领域不断坚持创新。[29]

在其他方面，这些中介机构管理着社会影响力债券交易的重大的复杂操作及操作风险。纽约的社会影响力债券实验带给我们的主要教训，也许就是在执行过程中的问题和风险。

奥斯本联合公司（Osborne Associates）为赖克斯岛监狱提供了道德重塑疗法（Moral Reconation Therapy），这是一种循证研究的方法，也就是说，之前的研究结果显示，这种方法有助于年轻人降低重复犯罪率。然而，操作的细节十分重要，赖克斯岛监狱囚犯的年龄均相对较大。这意味着，对于赖克斯岛监狱的囚犯而言，这种干预并不对症。要知道，这里可是美国最具挑战性的刑事司法环境之一。[30] 这一切都说明，对于新的康复策略而言，赖克斯岛监狱或许不是一个最佳测试地点。它也提醒了我们，无论金融工具的理论多么完美，魔鬼总是存在于执行的细节当中。[31] 在纽约宣布终止其赖克斯岛社会影响力债券的当月，英国公布了三只社会影响力债券的结果。这三只债券签订于 2012 年，签约双方是英国就业及退休保障部，这些项目分别由职业联系慈善基金（Career Connects）、青少年和儿童基金会（Teens and Toddlers）以及埃德瓦萨慈善基金（Adviza）运营。其中每个项目都在关注问题少年的教育、培训或就业等问题。这些社会影响力债券的效果均高于预期，最后的干预结果足以向投资资金提供回报，而且比投资人预期的时间还要早。在这几笔交易中，每个项目中的干预行为都或多或少地比较直接，而其操作风险和执行风险则均相对较小。

操作过程之所以重要，是因为社会影响力债券不仅仅关系到战胜市场失灵，在贫困问题及其社会病理如此复杂的当下，越发是这样。正如第二章所讲到的，仅仅是降低药价，让穷人们买得起药，就足以让我们向改善健康迈出一大步，在全世界的贫困地区亦是如此。然而，在美国这样的地方，干预行为或许更加复杂，因为他们常常涉及行为变化。俗话说"只要你种树，自然有人会来乘凉"，但事实并非总是如此，因为人们并不总是能找到他们所需要、能让他们从中受益的教育、职业及健康服务，即便他们有资格享受这些服务，他们也未必能找到。帮助人们摆脱贫困，常常牵涉到对预防措施和行为改变进行投资，教会人们开设银行账户，购买农业保险，学习他们需要的技能，以便有效育儿或寻找工作，这些都是对资源的合理运用。要实现这一切，必须依靠良好的项目执行和服务交付。

社会影响力债券的发展

社会影响力债券的发展十分迅速。每一只新的社会影响力债券都在结构、方法和领域方面增加了一些创新。这种改变就是克莱·克里斯坦森(Clay Christensen)所讲的可持续创新，也就是说，这种创新可以促进产品或服务价值的不断改进。

首只社会影响力债券关注的是重复犯罪率，这并不令人惊讶：众所周知，监禁囚犯的成本是很高的。[33]重复犯罪率在出狱后的一年发生概率最高，因此，评估干预是否成功的时间框架很短暂。从政治角度看，很少有公众会对重复犯罪的问题表示同情。因此，尽管这些服务在节省成本方面具备很大潜力，但说到给有罪的犯人提供服务，纳税人也是不会支持的。[34]就连刑事司法类的社会影响力债券都很快改进了第一批模型。例如，在纽约的案例中，我们看到了它吸收了银行投资与慈善资助。纽约关于重复犯罪率的社会影响力债券由社会金融、就业中心（Center for Employment Opportunities）、哈佛大学社会影响力债券实验室（Harvard SIB Lab）和美林银行（America Merrill Lynch）联袂打造，次年，该债券又吸收了美林银行客户的私募资金支持。

更加引人注目的，社会影响力债券还涵盖了刑事司法以外的各种问题：无家可归和安置住房、人力资源发展、儿童与家庭的需求，以及年轻人在健康与教育方面的需求等（见图5.3）。有两只美国的社会影响力债券主要关注幼儿早教问题，一只在盐湖城，另一只在芝加哥。尽管这些干预行为所带来的好处不会立竿见影，而是在多年后儿童长大成人时才会显现，但是有些价值其实可以早一点被货币化，比如，高质量的幼儿园学前班可以减少孩子上幼儿园之后的特殊教育需求。[35]幼儿园、学前班的案例进

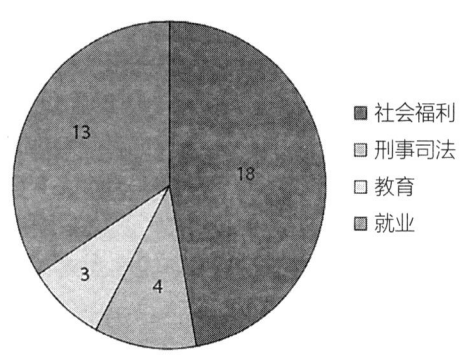

图 5.3 按行业划分的社会影响力债券，2015 年

*来源：布鲁金斯学会

一步拓宽了影响力投资债券的思路，加深了人们对预防行为渐进效果的理解。2016 年 2 月，家庭护士合作项目（NFP）联手社会金融（Social Finance）宣布，将在南卡罗莱纳州推出迄今为止最大的社会影响力债券，价值 3000 万美元。家庭护士合作项目旨在促进贫困家庭的母子健康，在打破祖祖辈辈的贫困循环方面成效卓著。其他各州也都在探索类似的、在干预母子健康方面的社会影响力债券。

从长远来看，健康将会成为社会影响力债券的最有前途的探索领域和应用领域。此外，为了研究母子健康问题，有不少州正在考虑如何对社会影响力债券进行调整，以便更好地管理"超级用户"的健康保健系统。而其他州则在考察，社会影响力债券是如何通过对慢性病的预防来节约开销的，例如糖尿病和哮喘，后者是美国最为流行的儿科慢性疾病。

大约 700 万年龄在 18 岁以下的儿童都患有哮喘，而在贫困的少数族裔儿童中，哮喘患儿更是不成比例。哮喘是 15 岁以下儿童住院治疗的第三大病因，在急诊中，哮喘患儿的数量也在增加。同时，它还是学龄儿童请假的主要原因之一，共计造成了 1440 万天的儿童请假天数和 1420 万天的家长请假天数，目的就是为了照顾患儿。[36] 据估算，每年，美国的健康保健系统在流行性哮喘病上，要花掉 560 亿美元的直接保健费用和因旷班造成的间接成本。搬家、其他环境诱因、家庭拜访、儿童及家长教育等等，这些非药物治疗在减少哮喘患病及相关急诊及住院治疗方面，可以起到关键作用。事实证明，这种投资的回报相当丰厚

（在预防治疗方面，每投入 1 美元，就能获得 5.3 美元到 14 美元的回报）。[37]

在萨克拉门托市，有 20% 的儿童患有哮喘。每天，急诊都会接待 20 个因哮喘而就医的患儿。每年，该市在哮喘治疗方面的花销高达 3500 亿美元。目前，萨克拉门托市正在研究开发一只医疗方面的影响力债券，从预防着手解决问题。这次试点旨在减少 30% 的急诊治疗和 50% 的住院治疗，有望在每位儿童身上平均节省 1000 美元到 5000 美元。巴尔的摩和加利福尼亚的阿拉米达县也在进行类似的尝试。其他包括医疗保险（Medicaid）在内的州级和联邦医疗保险项目以及私人保险公司，已经因成本的降低而开始受益了。因此，在一个类似于社会影响力债券的创新金融产品结构当中，这些保险机构可以成为最终的回报受益人。

社会影响力的主题变化

在萨克拉门托以外的地区，这种替代付款人的融资模式也有应用。近年来，发展经济学家们一直都在进行研究，探讨在更加贫穷的国家，社会影响力债券这种融资结构是否行得通。最初，他们认为不行：社会影响力债券依靠的是来自政府对投资人支付的回报，只有当政府无须在安全保障预算方面花那么多钱，并且还有结余时才行得通。而在更为贫穷的国家，政府是拿不出钱来支付这种回报的。2013 年，为了推出发展影响力债券的最佳方式，发展影响力债券工作组提出了初始建议，允许捐赠者或发展金融机构扮演付款人的角色。[38]

首只发展影响力债券关注的是在拉贾斯坦和印度其他地区的女子教育问题，在这些地区，有 40% 的女孩在 5 年级以前就辍学了。在这次小规模计划中（低于 25 万美元），瑞银慈善基金会（UBS Optimus Foundation）将为印度非政府机构"女子教育"（Educate Girls）提供资金，改善当地女孩的入学和学习条件。儿童投资筹款基金会（Children's Investment Fund Foundation）是为项目结果买单的投资人，而英斯蒂格里奥影响力投资机构则是项目的管理人。社会金融公司一直都在对发展影响力债券进行研究，以解决非洲的昏睡病问题，而私人资本公司 D 资金正在打造一只影响力债券，以解决莫桑比克的疟疾难题。

最近，在这条替代付款人的发展之路上，又出现了新的创新。格莱珉社会事业机构（Grameen Social Business）是格莱珉银行旗下一家推动社会公益事业的分支机构。它与洛克菲勒基金会达成合作，测试社会成功券（Social Success Note）的可行性。社会成功券是一种为成功买单的融资机制，它的设计初衷是为了吸引主流资金为穷国的社会事业进行投资。它意味着私人投资人同意投资债券，或同意向某家社会公司发放低息贷款。该公司必须偿还贷款，但是，和社会影响力债券的道理一样，如果这家公司达到了预设的社会影响目标，那么，慈善捐助人将向投资人支付影响力"奖金"，或为了良好结果付钱给投资人，倘若没有最初的投资，就不会有如今取得的成果。

在社会影响力债券的启发下，最近出现了另一种"只为成功买单"型融资工具——森林复兴影响力债券。要知道，扑灭一场森林大火所花费的时间是避免火灾的 40 倍。该债券从私人投资人那里募得资金，用于森林的恢复，并改善当地的生活设施，增加可供给水源。其设计者是蓝森林保护机构，该机构于 2015 年荣获了摩根士丹利颁发的可持续投资挑战奖，并且在筹集更多善款以及影响力投资人支持的道路上勇往直前。

雨后春笋般的创新令人感到振奋，这是从前的社会影响力债券带给我们的最宝贵的财富。但是，这些努力大部分处于萌芽期，每一次都要花费很长时间做计划，且都属于劳动密集型尝试。随着社会影响力债券的逐渐发展壮大，这些批评不绝于耳：每一个债券交易都相对复杂，设计产品结构的时间也很长。每次交易都涉及多个行为人，其中包括且不仅限于一家政府机构，一组投资人，一个第三方评估机构，外加一个中介机构，大家一起来设计债券交易的结构，并监管其执行过程。在美国，债券交易金额为 300 万—3000 万美元不等，而在英国、欧洲和加拿大等地，通常募集的资金在 100 万—500 万美元之间。请记住，这些都只是试点项目而已。目前，在正在进行的 40 多个项目中，项目服务的最多人数不超过 1000 人。[39]

我们希望，随着时间推移和标准的建立，债券的交易成本和设计时间实现双降。尽管该领域正在稳步走向成熟，参与者也从一次次尝试中学到了最好的实践经验，但是上述双降依然尚未实现。对某个特定债券的交易而言，经济前景在很大程度上都不甚明朗。（时至今日，高企的成本让人们不禁要问，能不能干脆直接减少政府为这些服务支付的报酬。）与此同时，感知风险仍旧是摆在主流商业投资人们面前的一大障碍，他们追求的是市场收益持平的回报。当前，投资人的种类依旧是慈善家和心怀社会的影响力投资人。

人们对社会影响力债券的担忧，并不仅限于回报问题。社会影响力债券要求在确认正确结果的问题上，进行精确测算和评估，这并非总是轻而易举的，也并非总是可行的。对于许多非营利服务提供商而言，即便它们的服务是有效果的，但它们也缺乏足够的证据，来证明自己有资格与社会影响力债券合作。从时间范围上看，鉴于要想把特定的预期结果孤立出来，是十分复杂的一件事，而且还存在别的很重要的测算问题，有些社会问题本身就无法与社会影响力债券产生联系。有人担心，一般来说，由于人们对于社会影响力债券和创新金融充满热情，政府不光会优先考虑"什么措施有效"，还会考虑"什么措施可以进行测算"，而这两者并不总是同一回事。这体现的是一种量度标准的偏移，是一种意想不到的结果。这种偏移十分重要。尽管某些问题与贫困和公正有关，很难去量化，但是我们依然要解决这些问题。而且，有时候一味地要求证明和证据，反而会打消创新和承担风险的积极性。[40]

社会影响力债券和良好治理

追溯社会影响力债券的演变进程，我们不光可以从融资结构上汲取经验，在由此带来的治理变革方面，也收获颇丰。就像非洲风险控制机构和其他创新金融工具那样,社会影响力债券关注的是早期干预。它们都体现了测算和评估的实力,从而才形成了循证决策。在纽约,以结果为基础的合约意味着,如果数据显示该项目没有达到预期效果,那么政府就可以不掏一分纳税人的钱,让降低重复犯罪率计划弹尽粮绝。而且,这份合约并非布隆伯格政府的一次性产品,在布隆伯格卸任之后,该债券在继任市长的任期中继续执行下去。同样的情形也发生在马萨诸塞州的社会影响力债券上,该债券是在德瓦尔·帕特里克(Deval Patrick)担任州长时推出的。通过上述两个案例以及其他各行政区的案例,社会影响力债券形成了一套与循证决策有关的方法,该方法有可能改变政府的工作方式。而且,当问题与项目设计、评估和筹资有关时,不论来出钱买单的人是谁,这套方法都可以有效实施。[41]

从这个角度讲,社会影响力债券和"只为成功买单"型融资工具的广泛发展,成为了循证决策的更大动力,无论是在政府内部还是民间社会,均是如此。在联邦政府的层面,奥巴马政府的早期就通常会确认"什么措施有效",并衡量有效到何种程度,有部分原因是因为奥巴马及其预算团队在经济危机时期实现了连任,当时,所有的社会支出都要精打细算,因此在压力之下,只能对拥有"严密证据"的项目进行资助。[42]这条原则将关系到教育部、劳动部以及新的白宫社会创新和公民参与办公室(OSICP)对于创新资金的规划与配置。尤其是白宫社会创新和公民参与办公室,在"只为成功买单"型融资工具领域,它一直在各个方面身先士卒，曾用其创新基金奖励那些在各州和各地打造影响力投资债券项目的中介机构，例如哈佛社会影响力债券实验室、健康家园倡议（Healthy Homes Initiative）以及非营利金融基金（Nonprofit Finance Fund）等等。

循证决策及"只为成功买单"型融资工具获得了美国两大党派的支持。2014 年的总统预算中包含了接近 5 亿美元的"只为成功买单"项目资金，其中，有 3 亿美元放在了财政部，用于鼓励各州各地政府进行社会影响力投资试点项目。目前，该资金依然是 2014 年托德·扬（Todd Young）和约翰·德莱尼（John Delaney）向国会递交的《社会影响力债券法案》之核心内容，与此类似的还有迈克尔·贝内特和奥林·哈奇（Orin Hatch）所支持的《为效果买单法案》，以及 2015 年被再次提交的《社会影响力合作法案》。[43] 2016 年 2 月 16 日，身为共和党人的南卡罗莱纳州州长妮基·黑利（Nikki Haley）和身为民主党人的康涅狄格州州长（Dan Malloy）双双宣布，将在各自州内推行"只为成功买单"的举措。当我们考虑政策引导创新金融未来的时候，这样的共同点就显得十分重要了。

在政府之外的领域，询证决策运动也开展得如火如荼。循证政策联盟（Coalition for Evidence-Based Policy）一直都在从事该领域的工作。最近，名为美国成果（Results for America）的一家公益机构也加入其中，米歇尔·乔林（Michele Jolin）在这里负责点球成金政府倡议（Moneyball for Government Initiative），她呼吁大家更好地使用数据、证据和评估，为决策提供支持。[44] 索纳尔·沙赫（Sonal Shah）是白宫社会创新和公民参与办公室的第一任主任，也是位于乔治敦的社会创新和影响贝克中心（Georgetown's Beeck Center for Social Innovation and Impact）负责人，他常常提倡通过循证决策的方式"扩大影响力"。[45]

混合金融的广阔前景

社会影响力债券既是引导公共金融走出更强趋势的机缘，也是其产物。它呈现了混合资本结构如何开启私人投资渠道，为重要的社区经济发展举措提供资金支持，不论是关注地区，还是关注人群，或者两者兼而有之。这就是说，社会影响力债券代表了一种新的公私合作的思维方式。创新金融这只看得见的手必然会涉及各行各业的投资人。

在美国的社区和经济发展领域，继混合金融研究之后，涌现出了一批创意模型，进一步推动该领域的发展。在平价房的案例当中，决策者越来越多地从基金会那里寻求资金，这些投资的形式往往是低息的、与项目相关的投资，这会让更多的商业投资人以众筹或津贴的形式参与到投资当中，扩大总体资金池。这就是纽约购房基金的设计原理。市政府的住房委员肖恩·多诺万（Shaun Donovan）利用公共资金、慈善资金和贷款担保，吸引了更多的商业资金（汇丰和摩根大通等机构投资人），为平价房开发项目筹款。最近发生了另一个类似的案例，那就是股权信托住房合作项目（Housing Partnership for Equity Trust），该项目归非营利机构所有，并由这些机构来运作。它利用了来自慈善投资工具领军机构——福特和麦克阿瑟基金会的资金，来进一步吸引花旗集团基金会和美国宝德信金融集团（Prudential Financial）的投资。

住房、健康和以转型为本的发展

以地区为本的投资投向了平价房开发和企业发展，而以人为本的投资投向了教育及健康等社区需求，而类似上述举措将二者结合了起来。这再次说明了，一个更为整体化的社区发展方式的价值所在。[46]

《平价医疗法案》（*Affordable Care Act*）为数百万美国民众提供了医疗保险，也带来了对更多健康中心的需求。[47]因此，类似于健康未来基金（Healthy Futures Fund）这样的投资机构，纷纷开始为针对低收入市民的新型平价房开发项目提供资金，这些住房项目均拥有配套的医疗方案和新的健康中心。健康未来基金的合作规模高达1亿美元，其中包括地方倡议支持公司的税务抵免（住房项目的低收入住房税务抵免以及社区中心项目的新市场税务抵免），同时，克雷斯吉基金会（Kresge Foundation）的贷款担保也为摩根士丹利的8700万美元投资铺平了道路。无独有偶，2015年秋，克雷斯吉基金会、罗伯特·伍德·约翰逊基金会（Robert Wood Johnson Foundation）、科凯银行（KeyBank）和高盛联手打造了一个7000万美元的强大家庭基金（Strong Families Fund），当低收入家庭购买具备配套社区服务的平价房时，为其提供融资服务。该基金利用了低收入住房税务抵免政策来发展资金，同时结合"只为成功买单"型资金发展模式，以居民的医疗健康、家庭稳定和教育等方面的成果为基础，来判断最终的回报情况。高盛通过低收入住房税务抵免计划，提供了3000万美元的股权投资。其中2000万美元源自于社区发展信托基金（Community Development Trust）的贷款，慈善家们也慷慨解囊，进行了与项目相关的投资。

　　除了将住房与健康相结合，开发商和社区经济发展的倡导者们还在探索住房与交通的关联，他们意识到了，贫穷已经蔓延到了城中心以外的地区，有了这样的契机，政府就有可能将人口转移至不同地区。在城市的郊区，贫困问题也日趋严重。这意味着，与其他因素相比，人口流动性更为重要，公共交通成为新社区发展的核心问题，也成为一种更加刻不容缓的公众利益。

　　如此一来，交通导向发展不仅包括了平价房及其配套服务和设施，还包括了当地和该地区的交通目的地，更加需要新型创新金融的支持。海湾地区公交导向平价房基金（Bay Area Transit-Oriented Affordable Housing）就是一个最新的例子。这5000万美元的主要融资对象是平价房开发项目及其他社区服务项目，包括儿童保健中心、健康门诊、新鲜食品店以及遍布海湾地区的交通线路等。海湾地区公交导向平价房基金在成立之初，资金规模为1000万美元，这笔钱是由大都会交通委员会（Metropolitan Transportation Commission）投资的，并由低收入投资基金（Low Income Investment Fund）负责运作。其他融资伙伴还包括支持性住房公司（Corporation for Supportive Housing）、企业社区贷款基金（Enterprise Community Loan Fund）、地方倡议支持公司、北加利福尼亚社区贷款基金（Northern California Community Loan Fund）以及机会基金（Opportunity Fund）等机构。此外，随着福特基金会、生活城市催化剂基金（Living Cities Catalyst Fund）、圣弗朗西斯科基金会（San Francisco Foundation）及硅谷社区基金会（Silicon Valley Community Foundation）等机构的参与，花旗社区资本和摩根士丹利又对该项目投资了 2500 万美元。[48]

在底特律，生活城市催化剂基金还监管着另一个类似项目，该项目是底特律整合举措的一个部分。这项举措的投资对象，是底特律社区发展集团之一的城市中心公司（Midtown, Inc.）和伍德沃德走廊（Woodward Corridor）振兴计划。2012 年，生活城市催化剂基金会同克雷斯吉基金会、宝德信金融集团、大都会人寿和摩根士丹利一道，推出了规模为 3050 万美元的伍德沃德走廊投资基金（Woodward Corridor Investment Fund），为城市主动脉周边混合用途、混合收入、"交通友好型"房地产开发项目方提供融资服务。

这些公交导向开发工程提醒着我们，区域经济和全球经济越来越重要，而将二者结合起来尤为重要。正如生活城市催化剂基金的总裁本·赫克特（Ben Hecht）所指出的："现如今，机会的地域性早已延伸到社区和城市以外，由于人口流动性，地点的首要性已经不复存在了。"[49] 这意味着，我们必须将人们和机遇连接起来，将人们与资本市场连接起来，以便在这些机遇到来时，为他们提供融资服务。[50] 在这些公交导向开发项目中，每个项目的融资渠道都是混合资本：对回报要求较低的投资人新近加入进来，外加私人部门的资金。当我们认为较大的基础设施建设项目不需要小额创新金融支持时，这些经验有着很重要的参考价值。

注　释

1. For a longer discussion of the evolution of the community development field, see Georgia Levenson Keohane, *Social Entrepreneurship for the 21st Century* (New York: McGraw-Hill, 2013), chap. 12.

2. See, for example, Michael Barr, "Credit Where It Counts: The Community Reinvestment Act and Its Critics," *New York University Law Review* 80 (2005): 513.

3. Importantly, CRA-regulated banks made many fewer bad and subprime loans to low-income borrowers than did their unregulated counterparts. See, for example, Kevin Park, "Subprime Lending and the Community Reinvestment Act," Joint Center for Housing Studies, Harvard University, November 2008, http://www.jchs.harvard.edu/ sites/jchs.harvard.edu/files/n08-2_park.pdf. See also "The CRA and Subprime Lending: Discerning the Difference," Federal Reserve Bank of Dallas, 2009, https://www. dallasfed.org/assets/documents/cd/bcp/2009/bcp0901.pdf; Testimony of Chairman Ben S. Bernanke at the Federal Reserve System's Sixth Biennial Community Affairs Research Conference, Washington, D.C. April 17, 2009, Financial Innovation and Consumer Protec- tion," http://www.federalreserve.gov/newsevents/speech/ bernanke20090417a.htm; and Paul Krugman, "Armey of Ignorance," *New York Times*, November 10, 2009.

4. Terri Ludwig, "Pay for Success: Building on 25 Years of Experience with the Low Income Housing Tax Credit," *Community Development Investment Review* 9, no. 1 (April 2013), http://www.frbsf.org/community-development/files/review-volume-9-

issue-1.pdf.

5. See, for example, Arthur I. Segel and Nicolas P. Retsinas, *Affordable Housing and Low-Income Tax Credits in the United States* (Harvard Business School Case No. 9-214-107) (Cambridge, MA: Harvard Business Publishing, April 30, 2015). See also "The Low Income Housing Tax Credit Program at Year 25: A Current Look at Its Performance," Reznick Group, 2011, http://www.cohnreznick.com/sites/default/files/reznickgroup_lihtc_survey_2011.pdf.

6. See, for example, Barry Zigas, "Learning from the Low Income Housing Tax Credit: Building a New Social Investment Model," *Community Development Investment Review* 9, no. 1 (April 2013), http://www.frbsf.org/community-development/files/review-volume-9-issue-1.pdf.

7. "The State of the Nation's Housing," Joint Center for Housing Studies, Harvard University, 2015, http://www.jchs.harvard.edu/research/state_nations_housing.

8. Ibid.

9. See, for example, Monica Potts, "The Post-Ownership Society," *Washington Monthly*, June/July/August 2015, http://www.washingtonmonthly.com/magazine/junejulyaugust_2015/features/the_postownership_society055896.php?page=all#.

10. "The Community Reinvestment Act and Its Effect on Housing Tax Credit Policy," CohnReznick, 2013, http://www.cohnreznick.com/sites/default/files/CohnReznick_CRAStudy.pdf.

11. "CRA Commitments," National Community Reinvestment Coalition, September 2007, http://community-wealth.org/sites/clone.community-wealth.org/files/downloads/report-silver-brown.pdf.

12. See, for example, Harold Pettigrew and David Newville, "Are Nonbank Lenders Good for Small Businesses?" Corporation for Enterprise Development, October 20, 2015, http://cfed.org/blog/inclusiveeconomy/are_nonbank_lenders_good_for_small_businesses/.

13. Michael Sherraden, *Assets and the Poor: New American Welfare Policy* (New York: Routledge, 1992).

14. "2013 National Survey of Unbanked and Underbanked Households," Federal Deposit Insurance Corporation, 2014, https://www.fdic.gov/householdsurvey/2013execsumm.pdf.

15. Federal Deposit Insurance Corporation, *National Survey of Unbanked and Underbanked Households* (Washington, DC: FDIC, December 2009). See also "A Phoneful of Dollars," *Economist*, November 15, 2014, http://www.economist.com/news/briefing/21632441-worlds-poor-need-stability-and-security-banks-have-traditionally-offered.

16. "Payday Lending Basics," Center for Responsible Lending, http://www.responsiblelending.org/payday-lending/tools-resources/payday-lending-basics.html.

17. "Financial Health Opportunity in Dollars and Cents," Center for Financial Services Innovation, December 2015, http://www.cfsinnovation.com/CMSPages/GetFile.aspx?guid=47ad4f2b-70d3-4147-8e1c-2a50e84e081f.

18. Center for Financial Services Innovation, *CFSI Underbanked Consumer Study* (Chicago: CFSI, June 2008). An estimated 42 percent of financially underserved households face challenges accessing traditional forms of credit because of insufficient credit history.

19. Reid Cramer and Trina R. Williams Shankes, eds., *The Assets Building Perspective: The Rise of Asset Building and Its Impact on Social Policy* (New York: Palgrave Macmillan, 2014). See also Suzanne Mettler, *The Submerged State* (Chicago: University of Chicago, 2011); and Jacob Hacker and Paul Pierson, *Winner Take All Politics* (New York: Simon and Schuster, 2011).

20. Jennifer Tescher, "Household and Community Financial Stability: Essential and Interconnected," in Federal Reserve Bank of San Francisco and Low Income Investment Fund, *Investing in What Works for America's Communities: Essays on People, Place and Purpose* (San Francisco: Low Income Investment Fund, 2012). See also "Children's Sav- ings Accounts Expand Opportunity," Corporation for Enterprise Development, January 2014, http://cfed.org/assets/pdfs/Policy_Brief_-_CSAs.pdf; and "Rebuilding American Success: Savings and Financial Security for All," Corporation for Enterprise Development, April 2013, http://cfed.org/assets/pdfs/PolicyMemo_April2013_3.pdf.

21. Indeed, Social Security is arguably the most effective antipoverty tool in U.S. history. It is a savings and retirement program that keeps millions of seniors, as well as children and persons with disabilities, out of poverty each year. In the United States

and across the developed world, there are fewer young people to support the growing number of retirees, making it impossible to sustain the replacement rate of 35 percent of a typical family's income and leaving a tremendous gap that cannot be filled by the savings of the average American household. This means Americans will have to work longer, save more, and/or invest their retirement savings in riskier investments. This is an area ripe for innovative finance.

22. Anthony Hannagan and Jonathan Morduch, "Income Gains and Month-to- Month Income Volatility: Household Evidence from the US Financial Diaries," U.S. Financial Diaries, March 16, 2015, http://www.usfinancialdiaries.org/paper-1/.

23. See, for example, "Policy Basics: The Earned Income Tax Credit," Center on Budget and Policy Priorities, January 20, 2015, http://www.cbpp.org/research/policy-basics-the-earned-income-tax-credit.

24. The program is also limited to people with children, although a pilot program in New York City is testing the EITC for those without children.

25. For example, the Kellogg Foundation recently made grants to organizations in Maine, Michigan, New Mexico, Virginia, and Arizona to expand an EITC rapid response, create a pooled fund, and build larger public support from state EITCs.

26. For more on the political failures related to pay-for-success and social impact bonds, see Georgia Levenson Keohane, *Can Social Impact Bonds Unlock Private Money for Public Goods? Innovation in Pay-for-Success and Social Finance* (New York: Roosevelt Institute, August 5, 2013). See also Keohane, *Social Entrepreneurship for the 21st Century*, chap. 17.

27. "MDRC Statement on the Vera Institute's Study of the Adolescent Behavioral Learning Experience (ABLE) Program at Rikers Island," MDRC, July 2, 2015, http://www.mdrc.org/news/announcement/mdrc-statement-vera-institute-s-study-adolescent-behavioral-learning-experience. See also Eduardo Porter, "Wall Street Money Meets Social Policy at Rikers Island," *New York Times*, July 28, 2015, http://www.nytimes.com

/2015/07/29/business/economy/wall-st-money-meets-social-policy-at-rikers-island. html?ref=topics&_r=0; John Rowman, "Putting Evidence First: Learning from the Rik- ers Island Social Impact Bond," Huffington Post, July 13, 2015, http://www. huffingtonpost.com/john-roman-phd/putting-evidence-first-le_b_7738994.html; and

Steven Godeke and William Burckhart, "Can Capitalism Keep People Out of Prison," Quartz, July 10, 2015, http://qz.com/435182/social-impact-bonds-catalytic-or-just-conversation/.

28. In Goldman's second SIB deal in Utah, philanthropist J. B. Pritzker provided a subordinated loan of up to $2.4 million to reduce the risk for Goldman, which came in with $4.6 million. In the 2014 New York State deal, the Rockefeller Foundation offered a $1.3 million guarantee for nonphilanthropic investors' principal. See, for example, Emily Gustafsson-Wright, Sophie Gardiner, and Vidya Putcha, "The Potential and Limitations of Impact Bonds: Lessons from the First Five Years of Experience World-wide," Brookings Institution, July 2015, http://www.brookings.edu/~/media/Research/Files/Reports/2015/07/social-impact-bonds-potential-limitations/Impact-Bondsweb.pdf?la=en.

29. These intermediaries—some new and some long-standing in the fields of community and economic development, nonprofit capacity building, research, knowledge building, policy formation, and cross-sector partnerships—include, but are not limited to, Social Finance; Third Sector Capital Partners; New Profits, Inc.; the Nonprofit Finance Fund; the Case Foundation; the Center for American Progress; the Harvard Kennedy School's Social Impact Bond Technical Assistance Lab (SIB Lab); Twin Cities Rise; MDRC; the Vera Institute of Justice; the Urban Institute; Living Cities; the Corporation for Supportive Housing; the National Council on Crime and Delinquency; the Green and Healthy Homes Initiative; the Institute for Child Success; the University of Utah; and Instiglio. For more on the role of philanthropy in the SIB ecosystem, see, for example, "Foundations for Social Impact Bonds: How and Why Philanthropy Is Catalyzing the Development of a New Market," Social Finance, 2014.

30. "Ending the Rikers Nightmare," *New York Times*, June 24, 2015, http://www.nytimes.com/2015/06/24/opinion/ending-the-rikers-nightmare.html?ref=topics. See also Neil Barksy, "Shut Down Rikers Island," *New York Times*, July 17, 2015.

31. Eileen Neely, a seasoned community development finance investor and the director of capital innovation at Living Cities, explains the change in mindset and investment thesis when moving from traditional community development finance to pay-for-success. Typically, she says, community development finance requires assessing 4Cs: character, collateral, capacity, and capital. Because, in a SIB, collateral and capital

are either absent or entirely different, the new paradigm evaluates and relies on 4Ps: partnerships, program, policy, and process. See Eileen Neely and Andy Rachlin, "From the 4Cs of Credit to the 4Ps of Pay for Success," Living Cities, March 18, 2015, https://www.livingcities.org/blog/798 from the 4 cs-of-credit-to-the-4-ps-of-pay-for-success

32. Clayton Christensen and Michael E. Raynor, *The Innovator's Solution* (Cam- bridge, MA: Harvard Business School, 2003).

33. The costs are high and known on both an aggregate and a per capita basis. In connection with its work on SIBs, McKinsey estimated that high prisoner recidivism drives corrections spending to approximately $70 billion per year in the United States, which also spends $6-$7 billion a year on remedial services for the homeless. "From Potential to Action: Bringing Social Impact Bonds to the U.S.," McKinsey & Company, May 2012, http://mckinseyonsociety.com/downloads/reports/Social-Innovation/McKinsey_Social_Impact_Bonds_Report.pdf.

34. Ibid.

35. At the time of this writing, preliminary results from the Goldman Sachs early childhood SIB in Utah have come in. Some concerns concerns have been raised about the quality of the data, some suggesting that the evaluations are "too good to be true." See, for example, Nathaniel Popper, "Success Metrics Questioned in School Program Funded by Goldman," *New York Times*, November 3, 2015, http://www.nytimes.com/2015/11/04/business/dealbook/did-goldman-make-the-grade.html?_r=0.

36. Childhood Asthma Leadership Coalition and Green & Healthy Homes Ini- tiative, "Issue Brief: Using Social Impact Financing to Improve Asthma Outcomes," Green and Healthy Homes, October 2014, http://www.greenandhealthyhomes.org/sites/default/files/Social-Impact-Financing-Asthma_CALC_10.14.14.pdf.

37. These findings from the U.S. Department of Health and Human Services are reported in D. D. Crocker et al., "Effectiveness of Home-Based, Multi-trigger, Multicomponent Interventions with an Environmental Focus for Reducing Asthma Morbidity: A Community Guide Systematic Review," *American Journal of Preventive Medicine* 41, no. 2, supp. 1 (2011): S5–S32.

38. "Investing in Social Outcomes: Development Impact Bonds," Development Impact Working Group, 2013, http://international.cgdev.org/sites/default/files/investing-in-social-outcomes-development-impact-bonds.pdf.

39. Emily Gustafsson-Wright, Sophie Gardiner, and Vidya Putcha, "The Potential and Limitations of Impact Bonds: Lessons from the First Five Years of Experience Worldwide," Brookings Institution, July 2015, http://www.brookings.edu/~/media/Research/Files/Reports/2015/07/social-impact-bonds-potential-limitations/Impact-Bondsweb.pdf?la=en.

40. See, for example, Amartya Sen, "Why Health Equity?" *Health Economics* 11, no. 8 (2002): 659–66. See also Jodi Halpern and Douglas Jutte, "The Ethics of Pay for Success," *Community Development Investment Review* 9, no. 1 (April 2013), http://www.frbsf.org/community-development/files/review-volume-9-issue-1.pdf.

41. See, for example, Christian Henrichson, Joshua Rinaldi and Ruth Delaney, "The Price of Jails: Measuring the Taxpayer Cost of Local Incarceration," Vera Institute of Justice, May 21, 2015, http://www.vera.org/sites/default/files/resources/downloads/price-of-jails.pdf; and John K. Roman et al., "Pay for Success and Social Impact Bonds: Funding the Infrastructure for Evidence Based Change," Urban Institute Justice Policy Center, June 2014, http://www.urban.org/sites/default/files/alfresco/publication-pdfs/413150-Pay-for-Success-and-Social-Impact-Bonds-Funding-the-Infrastructure-for-Evidence-Based.PDF.

42. See, for example, Peter Orszag, "Memorandum for the Heads of Executive Departments and Agencies: Increased Emphasis on Program Evaluations," Executive Office of the President,OfficeofManagementandBudget,October7,2009,https://www.whitehouse.gov/sites/default/files/omb/assets/memoranda_2010/m10-01.pdf. See also Office of Man- agement and Budget, "Paying for Success," 2012, https://www.whitehouse.gov/omb/factsheet/paying-for-success.

43. "Bennet, Hatch Introduce Social Impact Partnership Bill," April 28, 2015, http://www.bennet.senate.gov/?p=release&id=3323.

44. Michele Jolin, editor, *Moneyball for Government* (Disruption Books, November 2014). See also Moneyballforgov.com.

45. "Funding for Results: How Governments Can Pay for Outcomes," Beeck Center, November 2014, http://static1.squarespace.com/static/54418805e4b015161ccb0b27/t/55a d047de4b0eff766fb1420/1437402274532/May+2015+Funding+for+Results.pdf.

46. Part of the conceptual innovation that fuses place- and people-centered development involves the recognition that decent and affordable housing, although a vital

human need and public good, is not sufficient by itself for a family's or neighborhood's well-being. Accordingly, in recent years, we have seen a renewed commitment to integrated and holistic community development approaches, which, in effect, combine housing with things like health or education needs. For example, Harlem's Children Zone, which concentrates on a section of Harlem that extends from 116th to 124th Street, offers a full range of educational and other services—including prenatal education, early childhood education, charter schools, and other K–12 supports—and serves as the model for the Obama administration's Promise Neighborhoods. In Boston, the Codman Square Health Center in the Dorchester neighborhood centers community development through health; Codman is a major medical facility focused on the physical and social well-being of the community and, in addition to medical care, includes an array of adult and youth education programs and other services. Similarly, the Annie E. Casey Foundation's Rebuilding Communities Initiative, Enterprise Community Partners' Neighborhood Transformation Initiative, the Ford Foundation's Neighborhood and Family Initiative, Living Cities' Integration Initiative, and LISC's Building Sustainable Communities Initiative are among a number of foundations and community development intermediaries promoting holistic efforts to address the needs of poor communities and their residents. Even though these initiatives have been successful in garnering philanthropic support, it is harder for them to attract the kind of commercial capital that flows to physical assets.

47. The Affordable Care Act, by insuring substantially more people (many in low-income communities), has created the need for more health centers, particularly in underserved neighborhoods. See, for example, Eric S. Belsky and Jennifer Fauth, "Crossing Over to an Improved Era of Community Development," in Federal Reserve Bank of San Francisco and Low Income Investment Fund, *Investing in What Works for American Communities* San Francisco: Low Income Investment Fund 2012), 72. Belsky and Fauth estimate that investments totaling as much as $16 billion will be needed for new community health centers.

48. Half of all Bay Area households spend more than 30 percent of their income on housing costs, a proportion substantially higher than the national average. To afford housing, Bay Area residents must travel farther to get to work, as many jobs have moved away from city centers. The number of Bay Area commuters traveling more

than 45 minutes to work is the second highest in the nation. The dual burden of housing and transit is even heavier for lower-income families. Bay Area households earning $20,000–$50,000 spend 63 percent of their household budgets on the combined costs of housing and transportation, the highest percentage in the country. See, for example, http://bayareatod.com.

49. Ben Hecht, "From Community to Prosperity," in Federal Reserve Bank of California and Low Income Investment Fund, *Investing in What Works for America's Communities: Essays on People, Place and Purpose* (San Francisco: Low Income Investment Fund, 2012), 194.

50. Amy Chung and Jed Emerson, "From Grants to Groundbreaking: Unlocking Impact Investments," ImpactAssets and Living Cities, December 2014, https://www.livingcities.org/blog/198-aligning-grants-with-impact-investments-can-help-catalyze-the-growing-impact-investing-field.

为明天融资：创新金融的经验及其利害关系

世界全球化意味着，我们所面对的问题将不会受到任何地理位置或部门的限制；而其解决方案亦不受限。各地的碳排放造成了全球的气候变暖。传染病蔓延起来穷凶极恶，势不可当。地区冲突让人们为了避难而漂洋过海，背井离乡。贫穷让上述问题雪上加霜。因此，为减轻贫困程度而投资，就是在为最高的公众利益尽一份力。相应地，创新金融让我们得以从整体的、无疆界的角度去思考问题，也鼓励我们这样思考问题；这些思考让我们在世界各地的各种问题之间建立起关键联系，并作出投资决策：从贫困问题到环境恶化，从公共健康到全球变暖，从人道主义灾难到长期重建计划，从以地区为本的社区发展到以人为本的社区发展，等等。这就是为什么当我们一提到金融问题，创新就不仅仅是指一个新产品或一项新服务，而更是一种对金融产品服务在不同环境之下的创造性应用。创新是一位证券化高手，把政府将在未来兑现的援助承诺转变为今天的疫苗；创新是一位创业者，将一部手机转变为"即用即付"的太阳能设备；创新将"只为成功买单"的路桥建设合约转变为平价房开发项目，抑或是儿童早教和母婴健康合约。这种适应性研究方法正是创新金融的标志，这是一种无拘无束的思考能力，能够一次又一次地战胜各种市场失灵。

从定义上讲，创新金融就是要去解决尚未被满足的需求，利用创新和市场力量，为人们提供新的服务，带来更大的福利。当我们的志向很远大，而资源却不够用的时候，我们需要利用创新金融，来释放更多更好的资金，找到新的资金来源，并且提高现有资金的利用效率。通读本书后我们发现，创新金融不仅仅与钱有关。成功的创新金融为我们提供了合适的融资工具和激励机制，在何时投资及如何投资这一问题上，帮助我们做出更好的决策，确保社会和经济发展是普惠的，也是可持续的，从而为大家的长期共享繁荣提供了支持。在以下章节中，我们将重新回顾时间、激励、执行和成功等各种问题，这些问题有着重要的利害关系，同时也指引着我们在创新金融的世界中继续前行。

时　间

融资前置：用明天的资源满足今天的需求

在本书伊始，我们回顾了金融的一些最古老的基本功能。其中有一种功能，经济学家们称之为跨期转移或前置，通过这种功能，个人或机构可以向未来的自己借钱，提前对未来资源加以利用，来满足我们眼前的需求。随着时间的推移，借款人对负债和资产进行配置，通过可管理的小额形式逐渐偿还这些贷款，这种能力让我们抓住从前无法把握的机会，并让各种投资成为可能。

在这个资源稀缺的世界里，不论是个人还是社会，当我们的需求和愿望超出了我们的支付能力时，提前利用未来资源就显得格外重要了。金融101为我们提供了教科书式的前置按揭范例，引爆了前置机制的各种可能性。国际免疫筹资基金将债券与政府的未来援助承诺进行捆绑，将未来的承诺转化为现金，用于今天的疫苗项目当中。社会影响力债券将社会干预行为所节省的成本价值货币化，利用节约下来的这些成本，向服务提供商提供营运资金，有效地满足执行当前任务的需要。"即用即付"融资方式意味着，今天，肯尼亚的家庭也可以通过它们的手机来买电。爱丽丝公司的地铁项目向纽约的地铁乘客们提供了相同的服务，让乘客可以买得起打折的地铁月票，每周进行小额分期还款。更宽泛地说，前置概念激发了诸如国际儿童营养筹资机制"团结税"，它旨在把未来从石油或黄金等自然资源中得到的财富转化为当前的资源，用来投资社会发展。有必要指出的是，上述这些全部都是融资决策：这是一种资源的提前转化机制，目的是为今天的发展提供资金，把钱用在刀刃上。何时利用，如何利用（耗费、节省或投资）这些资源，属于另一套独立的决策，也是创新金融的另一个有趣领域。

预防为主，治疗为辅

在本书中我们看到了，要想补救或预防某个问题，早期干预的成本效益比往往最高。与治疗全面暴发的疾病相比，开发并分配疫苗的成本更低。提供支持性住房比安置无家可归者的成本更低。提供就业培训比监禁囚犯的成本更低。比起处理气候变化造成的灾难性后果，减少污染的可控程度要高得多。贫穷国家，在雨季到来之前提前买好蚊帐，在饥荒到来之前提前应对干旱，对于当地人而言有着生与死的差别。就像利害关系一样，许多问题是盘根错节的。回想一下埃博拉疫情，它既是放高利贷的，又是连环杀手："倘若不迅速筹钱应对病毒的暴发，就会有更多的人染病甚至死亡，那些不情愿拿钱的捐助国反而得掏更多的钱来救灾。"[1]

创新金融可以释放或前置我们眼下所需的资金，把钱用在刀刃上，发挥其最大价值。通过释放未来将节约的成本，社会影响力债券帮助服务提供商拿到所需的营运资金，为孩子们提供早教服务，或者为刑满释放的囚犯提供社区服务。这些预防服务的投资价值不言而喻。蚊帐保障基金和健康保障承诺基金提供的贷款担保，让各国得以立刻购买所需商品，比如抗疟疾蚊帐、药品及避孕药等，在援助到来之前，提前做好预防措施。这些快速投资既挽留了生命，也节省了金钱。国际免疫筹资基金把政府的援助承诺转变为今天的现金，全球疫苗免疫联盟将这些现金转变为疫苗，在这整个过程中，所花成本一定低于20年后为了治疗疾病而所花费的援助金额。

有了非洲风险控制机构的保险赔付，各国得以在干旱发生时进行早期干预，这比传统援助提前了几个月时间。作为一个独立的融资工具，灾害天气债券甚至为非洲风险控制机构的保险资金池带来了更多的资金。同样的，今天我们去预防气候变化的成本要低于明天我们去适应气候变化的成本，基于这一观点，我们应该努力减少碳消耗和排放，并努力将投资引导到可替代能源和可持续发展领域。在做投资决策时，如果我们考虑到了真正灾害级别的气候变化所带来的相关风险，那么早期干预的经济效益就显得更加吸引人了。

有保障，有回报

可矛盾的是，只有当个人、社会、政府及投资人把目光放得长远时，对未雨绸缪的投资才会具备高性价比。创新金融可以进一步改善决策的时间跨度，当决策有能力吸收冲击影响，并提供短期保障时，就可以节省未来的成本，推动未来的投资。

这就是小微金融 2.1 版的眼光：信用之外的产品价值，尤其是储蓄（例如印度金融管理研究院提供的年金产品，或发达国家中的个人发展账户），让家庭得以在收入波动或锐减之时平安度过，也让家庭能够开始积累财富，逐渐改善经济状况。至于保险，也是同样的道理。保险起到了保障公共利益的许多功能，其中就包括风险转移和更好的风险管理等。这两种功能都可以为家庭、公司以及政府提供保障，从而进行长远规划和投资。比方说，有了健康和农作物保险，贫困家庭就可以更好地承受各种冲击，在应对危机时，打破关键资产枯竭的周期。有了保险作为保障，人们就有了承担一定风险的能力，可以在化肥或农业设备购置、子女教育、父母健康、房屋首付等方面进行投资，从而改善家庭福利。

在非洲风险控制机构的案例中，保险让各国在长期发展的时间跨度上保持一致。如果连洪水、干旱这样的自然灾害都可预测地被涵盖在保险范围之内，那么政府则可以依据赔付，来制订临时方案，应对灾害。有了这些保险，政府就可以为灾害提前融资，储备并引导资源，倘若没有保险，那么当长期投资或发展需求遭遇紧急情况时，这些资源就只能被耗费掉了。

激励机制

所有权、治理权与话语权

创新金融的标志就在于它实现许多重要成果的方式，这些成果与投资了多少钱无关，却和如何做出合理决策息息相关。通过调整和改善激励机制，创新金融可以鼓励个人和机构采取行动，并赋予他们行动的能力，做出对自己乃至整个社会的长远发展都有好处的事情。这意味着需要对治理、问责制和自治权进行改进，无论对富裕国家还是发展中国家而言，这些问题都是经济发展议程上的重中之重。

众所周知，所有权可以从方方面面加强机构的运作。公司的所有人会要求经理持有公司股票。同样的道理，当谈及公共利益时，产权和资产所有权也可以鼓励个人和政府领导人做出有利于自己且有利于整个社会的决策。更好的决策不仅可以提高资源利用效率，还可以缓和捐助人和投资人的担忧，他们可是从一开始就掏出了真金白银的人。比如，限额交易形成了污染的产权，从而形成了碳价和减少排放的激励。而反过来，这种机制为节能减排催生了更广阔的市场，包括对可替代能源和技术进行投资等。

在非洲风险控制机构的案例中，我们看到了当问题涉及灾难响应时，非盟保险资金池中各国所有权及其总体所有权是如何与激励措施相结合，改善融资和治理状况的。非洲风险控制机构排除了传统人道主义援助中的道德风险问题。产权意味着为非洲风险控制机构成员国提供了激励政策，刺激它们筹划具备成本效益的响应方案。有了应急响应释放出来的资源，它们便可以决定，如何通过投资来振兴自己的未来了。

从这个角度看，非洲风险控制机构取得了成功。因为在它的成立原则当中，第一条就是相互覆盖的互助保险。这些参与到保险资金池计划当中的非盟国家，既团结一心，又赋予彼此权力，同时还拥有自己独立的保险机构。恩戈齐·奥孔约·伊维拉博士是尼日利亚经济协调部长，也是非洲风险控制机构治理理事会主席，用他的话来说："这是属于我们非洲人自己的方法，从国家层面解决特定的气候变化问题，减少对外界援助的依赖，针对非洲大陆最严峻的问题之一，推行一个可持续发展的解决方案。"[2]确实，在本书各章节中，我们检验了许多创新金融方法，都符合这个道理。从某种程度上讲，全球疫苗免疫联盟模式的建立基础是，利益受援国在债券交易中，也是疫苗的共同付款人。同样地，国际儿童营养筹资机制团结税的构架之所以可行，结合国际药品采购机制的案例，也是因为它允许非洲国家自己对自己征税，从而为它们自身发展需求筹集资金。当 IndiGo 以为国内发展筹资为由，向乘坐国内航班的印度旅行者收费时，也是同样的道理。国际免疫筹资基金的伊斯兰债券向伊斯兰国家筹集了 5 亿美元的资金，用于免疫和健康项目，因为它希望为伊斯兰世界的疫苗接种工作筹资。[3]大家都看到了，在区域危机的人道主义筹资中，海湾国家发挥的作用越来越大。尽管像沙特阿拉伯这样的国家目前并没有为难民提供庇护，但是随着时间的推移，希望它们的政治承诺也能够与经济承诺相匹配。

在发展的过程中，所有权也很重要。多少年来，北半球国家和南半球国家（也可以说富国和穷国）都意识到了，自治在发展过程中的重要性；对于新兴经济体和本地社会而言，自治权代表它们掌握着自身的发展命运，拥有自己的身份，为自己设计谋划，为自己的需求进行筹资。我们见证了创新金融的许多成功，从气候变化到全球健康和普惠金融等等，这些案例都试图在整个发展过程当中，给各个国家和当地社会更大的话语权。

例如，在巴西案例中，减少毁林和森林退化所致排放量之所以取得成功，在很大程度上归功于巴西在接受挪威资助的同时，一直都保持着对自身发展战略的掌控权。通过允许巴西自行设计并拥有其低碳发展方案，挪威注资的亚马逊银行强化了巴西在发展过程中的主权。为此，完全独立自主的巴西国家开发银行充当了诚信的经纪人的角色，从方方面面对政府的安排进行放贷与授信。同样的，全球基金在其许多项目上也取得了成功，因为它也是依靠国家自己去确认自身的健康需求，并据此与合作伙伴一道，设计并实施健康干预行动。

对于普罗大众来说发展过程中的所有权与话语权甚至更加重要。长久以来，他们一直对护林减排密切关注：这些土著居民就生活在巴西和挪威试图保护的森林中，他们的需求、看法、权利和生活环境都必须在巴西的发展战略中体现出来。相比之下，HARITA 和 R4 小微保险倡议成功的原因在于，贫穷的农民要么通过现金，要么通过劳动，来支付自己的保险费，这相当于生产资料所有权的一个范例。这些试点项目的效果都很好，因为农民及其家庭参与到了设计过程之中，制订计划并参与其中，成为"用劳动买保险"行动中的一个部分。

话语权与重要的市场利益相关。新古典主义经济理论从效率的角度对话语权进行了解释：决策过程越分散，信息才越真实、越准确。有人称之为设计思维或消费者视角；大众清楚并理解他们的需求是什么，需要什么样的产品和服务。小微担保机构根据当地投入和需求决定产品，于是经历了指数级增长。在印度，金融管理研究学院财富经理人的成功秘诀在于，他们与每位客户沟通，并让他们了解，对其个人或家庭的长期财富创造而言，什么产品及服务组合是最为有利的。

参与过人道主义援助工作的人特别强调了当地群众参与救济过程的重要意义，尤其是当人的尊严和声音脆弱无力不被重视的时候。这也有助于解释人们为什么会那么热衷于现金援助，因为这特别方便，人们得以为其自身需求进行支付，也在此过程中推动了当地市场的发展。

的确，国内市场的扩张就是自主发展的目标。中小企业发展一方面为本国人民提供了产品、服务和就业，一方面也让企业积累了足够的财富，反过来有能力满足更大的需求。在第三章中，创新金融的发展进程旨在通过不同方式加强本地资本市场，从MFX 解决方案中的货币风险对冲策略，到非洲贷款货币债券基金这样的基金，再到单一险种保险（例如上升市场金融担保公司的保险服务），不一而足，让发展中国家的中小企业发行本地债券的梦想变成现实。

只为成功买单：证据与成果的作用

要想在证据和验证的基础上，改善治理效果和机构运作情况，必须设置正确的激励机制。有了数据和凭证，决策过程就可以更透明且实事求是，从而在优化成果的情况下转移风险，并且在此过程中，为公共利益释放更多资源。这就是"只为成功买单"的力量。

在第二章中，我们以医疗健康为背景，讨论了"只为成功买单"通过先期市场承诺、奖金、挑战等多种形式引导市场活动，应对市场失灵。在全球疫苗免疫联盟的先期市场承诺案例中，购货承诺足以消除潜在生产商的需求风险，激励他们为世界上最穷地区的疫苗接种工作进行投资。先期市场承诺这种设计仿佛一只"看得见的手"，总是将市场的拉动力转变成拨款的推动力。我们也看到了，奖金和挑战也鼓励了大批创新者，凭借自己的双手，为发展中国家谋求解决方案。正如典型的"只为成功买单"的模式那样，由于奖金只颁发给确定的成果，风险被转嫁给了创新者，同时也规避了"挑选赢家"的政治挑战。在这一过程中，奖金也对更多的资源发挥了重要的杠杆效应，这些资源远远大于奖金本身的原始价值。然而，就像先期市场承诺一样，奖金的设计和执行都费用很高。同时，我们也看到了，在社会服务领域，奖金和挑战也渐渐出现了，他们将自己的技术或科技突破很好地结合起来，更易于观察、估量、测试和解决。

依据所属部门及应用方式的不同，"只为成功买单"也有各种各样的表现形式。在护林减排的案例中，"只为成功买单"通过建立减少毁林、降低相关排污权的激励机制，提高了传统发展援助的效率。在巴西案例中，当该激励机制起作用的时候，它将极大地推动并巩固可持续发展。而在印尼案例中，当该激励机制不起作用的时候，它揭示了无干涉主义构架中的一个重要不足：没有服从，何谈执行。"只为成功买单"型发展援助中，护林减排并非首次尝试。在援助领域，有条件援助是一种日益增多且颇具争议的方法，不论其形式是拨款、贷款豁免，还是有条件地将债务转为健康投资这样的债务买断行为。类似护林减排的援助方法启发了其他的项目，其中包括一个"只为成功买单型"甲烷设施试点项目。

有时候，在更为发达的市场中，只为成功买单的形式和感觉也许会有所不同。但是，在美国等国家中，这种创新金融机制同样发挥了重要作用，通过调整激励政策，克服市场失灵，获得额外资金来源，转移风险，并在金融之外的领域，实现了许多重要成果。

比如，我们见证了"只为成功买单"型合约从刚开始的一砖一瓦逐步演变为今天的人道主义服务。回想一下，低收入住房税务抵免计划是何其硕果累累，作为一个极其成功的"只为成功买单"型合约，它众筹到数十亿美元的私人资本，用于投资平价房开发项目。它成功地将风险转移到开发商的身上，开发商在回报政策的激励之下，会加倍努力，让项目取得成功。社会影响力债券也追随了这种购买模式，将私人部门的营运资金用于公益服务。这种理念就是说，在干预行动取得了成果之后，州府、本地政府及纳税人才会掏钱买单。如果干预行动没有效果，那么，投资人将得不到任何回报。高盛在纽约和犹他州均对社会影响力债券进行过投资，从这些案例中我们可以看到，激励机制是很复杂的，因为对成果负有责任的人是服务提供商，而非投资人，可是最后承担风险的，却只有投资人。

也许，从社会影响力债券案例中，我们可以得到更重要的经验，那就是创新金融所发挥作用，可以促进更好的项目成果和治理效果。"只为成功买单"型社会影响力债券合约完全依仗于严格的测算和评估，来确定干预行为是否有效，判断干预是否减少了重复犯罪率、无家可归者的人数、哮喘急诊就医次数以及对特殊幼教老师的需求，从而判断纳税人是否需要为其买单。因此，社会影响力债券将决策者的目光聚焦在早期干预上，通过签署为期数年的合约来进行干预。这意味着，在各种管理领域中，社会影响力债券锁定了询证决策的方法，实现了长期投资决策与短期政治考虑的分离。

即使证据和实证不存在，创新金融依然在代理机构和治理过程中发挥着重要作用。在某些案例中，创建一个受托第三方中介人或审计人，提供必要的实施保障，对受援国和捐助者双方都有好处。这种安排可谓是一种迂回方式，也许并不能解决长期问题，也不会引起腐败或不作为等治理问题，但却可以调整短期激励，满足关键需求。这也正是成立全球基金（Global Fund）的基本动机之一，其他的类似机构亦不胜枚举。例如，国际药品采购机制对多国家的机票征税，并将所得收入用于药品医疗事业，然而，这些国家既不征收也不分配这些资金。相反，隶属于世界卫生组织的国际药品采购机制与一系列医疗合作机构一道，负责管理这些资源。而联合国儿童基金会最新发起的国际儿童营养筹资机制项目亦是如此。国际儿童营养筹资机制通过对一些非洲国家的石油等提取资源进行征税，为当地的儿童营养投资项目进行筹资。在上述举措中，筹资机制从设计上就规避了潜在的政府以权谋私的风险。之所以采取现金援助的方式，也是因为部分考虑到治理的需要。现金援助，尤其是通过手机进行的现金援助，是直接转到受益人账户的。这些资金不会"缺斤少两"，说白了，就是不会因政府的管理不善而中饱私囊。

执　行

合理的 FITT 组合：金融、技术与信任

我们倾向于将创新与巧妙搭配联系起来，不论是在技术上还是在财务上。然而，当问题涉及解决世界上最棘手的问题时，仅凭新的融资工具是远远不够的。创新金融往往出现在技术突破、创意金融与人际互动的交集上。成功的创新金融取决于信任。例如，卫星成像的进步对护林减排项目而言极为有利，但是，正是由于此项技术与"只为成功买单"型融资工具以及巴西国家开发银行这样的受托第三方中介机构相结合，才让该项目得以取得成功。非洲风险控制机构的成功也是同样的道理，全靠非洲风险评估机构的技术以及非盟保险公司的团结与信任。

在社会和个人层面，金融、技术与信任的这种结合更加重要。

好好想想，在小微金融 2.0 版的一些成功案例中，技术革新给针对穷人的经济和金融服务带来了多么大的改变，尤其是手机平台。在某些案例中，单凭技术创新，就足以创造出一整套全新的产品和市场了，例如支付系统、储蓄、信贷、"即用即付"消费者金融，以及指数保险等等。然而，光有技术也难以确保普遍应用。在印度金融管理研究学院的案例中，成功的原因有多种，例如所提供产品的可选择性，包括无数的贷款类型、储蓄、年金及不同保险产品。更重要的是，它利用了当地的受托财富经理人来吸引客户，并用基础技术采集家庭详细的信息，从而为提供个性化产品服务打下了基础。技术让产品推荐的过程变得简单（通过一个算法，就可以得出合适的产品），让潜在客户得以看到自身财务状况全景，不过，要让客户理解为什么这些产品可以帮他们的忙，还得靠个人关系了。在印度金融管理研究学院看来，财富经理人就像医生：他们的工作就是改善其客户的经济福利。

在肯尼亚，农业小微金融的推广也是靠人际关系实现的。在当地，人们对金融产品的不信任由来已久。回忆一下，名为 Kilimo Salama 的农业小微保险公司为农民提供天气保险，以气象局的数据为准，当实际降雨量同雨水指数偏离过大时，向参保农民提供赔付。由于其成本极低，所以保额可以很小，让农民们得以"边买边种"，自己去见证保险是否起作用。但是，在项目开展中，最关键的人当属农业商贩们，农民们对他们早已熟知，会听取他们的建议，并从他们那里购买保险、种子、化肥和其他农业物资。手机软件让注册变得简单实惠，但是，是人们之间的相互信任才让销售及售后服务成为可能。同样，尼日利亚的世界妇女银行 BETA 储蓄账户的成功取决于技术革新带来的方便快捷的银行服务；妇女可以通过手机 APP，在五分钟内开设银行账户。然而，这种方便之所以成为可能，得归功于信托代理机构，是它们来到妇女工作地点，现场指导她们完成注册过程。在纽约，客户与理财顾问的良好私人关系，造就了邻里信托金融合作伙伴（Neighborhood Trust Financial Partners）在推进普惠金融方面的成功。经济理论认为，信任通过减少对手风险（交易中一方不愿完成交易的风险），提高了交易的成本效益。这是有道理的，但是，在这些关系中，也存在难以量化的感情因素，使得这种具备个性的操作模式成为现实。

化繁为简

对于像印度金融管理研究学院这样的机构而言，在项目的操作模式中，良好的执行必不可少，不论是在本地还是在全球范围内，皆是如此；通过巧妙的金融、技术和信任组合，取得客户信任，这是前提。同时，从资本市场寻求必要资金，投资个性化产品，从而扩大项目规模。说起来容易，做起来难。在印度这样的地方，印度金融管理研究学院提供了许多种类的金融服务，而每一项服务都由不同的政府部门进行监管。在这庞大的服务体系中，哪怕想成功地开展其中任何一项，都需要足智多谋的技术和坚韧不拔的精神。然后，将所有这些烦琐规定转化为贫困农民量身订造的一整套流畅、直观的产品，这无疑是经营上的壮举，这样的例子，在这一整本书中还有很多。

例如，小微担保机构服务于 17 个国家的 1500 万人口，共有 200 多项小微保险产品。其发展有赖于它通过提供个性化服务，满足当地市场需求的能力。这意味着与当地机构合作，将它们从深奥和昂贵的任务中解脱出来，比如客户销售、收购及索赔管理与支付等。简言之，小微担保机构帮助合作供应商化繁为简，并最终帮其客户化繁为简。这个一站式方案是这样的：为具备资格的客户建立一站式商铺，简化联邦政府、州政府和本地利益之间的关系网。有时候，人们会说"将复杂问题留在中间环节"，这恰恰就是创新金融中介机构的工作。从消费者和投资人的角度看，相对而言，整个过程和产品看起来都简单明了。

当然，有人批评社会影响力债券的复杂性，无论是产品结构还是执行交易上，都比较复杂。纽约社会影响力债券项目的失败在于操作过程：将过去证明有效的干预行为应用到极具挑战性的监狱环境当中。在美国的社会服务领域，如果想要推行"只为成功买单"型融资工具，操作风险是很高的，中介机构必须管理好操作风险才行。

成　功

重新定义成功：保质保量

在社会领域，追求规模是一个模糊的概念。在创新金融领域亦是如此：研究者们希望了解所谓的"成功因素"，即什么原因会让一个融资工具或方法形成规模。通常，这意味着某个融资工具已经充分标准化了，产品相对简明，成本效益比足以支撑复制，以实现更大的用户市场或资金规模。创新金融的目的是为了解决根深蒂固的社会和经济问题，因此，对于质量的衡量标准，也应该考察这些创新金融工具是否对人们的生活起到明显改善作用，这些改变是否具有变革型？这到底是质量问题，还是数量问题，或是二者兼而有之？尽管这样的标准比较难，但是效果也更好。

在讨论小微金融，尤其是小额信贷时，我们对这一问题进行了透彻分析。一方面，小额信贷在刚开始接触数十亿从未开设银行账户的人们时，它需要商业资本的注入。而今天，小额贷款的规模已经超过了 800 亿美元，贷款客户人数超过 1 亿，贷款资金大部分来于私人投资。然而，小额信贷行业的发展让人们开始关心，它对人们生活的改变到底合不合理。就像诺贝尔奖得主、小微金融创始人穆罕默德·尤努斯指出的，在某些案例中，商业资本出于对营利的迫切渴求，而对借贷的诚信进行了让步，这一点在公开交易的小微金融公司身上表现得尤为突出，其结果导致贷款行为的泛滥。就算可能对更加恶劣的贷款活动进行防范，我们也清楚，规模经济会改变贷款的本质。与非营利机构或格莱珉银行那样的机构提供的小规模信贷相比，商业资本注资的小微信贷为边缘人群服务的方式截然不同。

随着我们进入了小微金融 2.0 时代，寻求扩大金融服务的范围，从信贷到储蓄、保险以及其他产品，我们必须认可数量与质量的交换，这一点至关重要。在寻求扩大规模的同时，我们必须牢记，我们不可以抛弃或无视对于商业成分较少的替代资金的需求。比方说，作为主流保险公司和再保险公司，慕尼黑再保险公司、瑞士再保险公司和劳埃德保险公司开始考虑小微保险市场，它们的目光集中在新兴市场的消费者身上，在发展中国家，它们正在逐步接近中产阶级的购买力。即便是跳蛙公司也投身到新兴市场的金融服务领域当中，将目标锁定到那些提供保险、储蓄、年金和支付服务的公司身上，这些公司的客户日均收入在 10 美元以下。好消息是这个市场正在不断壮大，也许已经不再需要"看得见的手"来干预了。然而，我们必须记住，还有数十亿人口日均收入不到 1.25 美元，他们仍旧需要金融服务，为他们提供普惠金融也是一种重要的公共利益。

关于数量和质量的问题并不仅限于金融服务。让我们仔细思考一下，为什么这两个著名的案例最终的结局会出现两极分化：并非真正债券的社会影响力债券，以及并非特别绿色的绿色债券。在第一章中我们看到，为减缓气候变化或适应这种变化，政府或公司发行了绿色债券为相关"环境友好型"项目筹资，而这些绿色债券供不应求。近年来，该市场取得了长足的发展：2015 年，绿色债券的发行量高达 360 亿美元。然而，在这些举措中，对债券的绿色本质，却并没有正式标准或评级。对发行人而言，既有自愿原则，又有报告指南；但是从融资角度讲，投资人没有贴现，也没有区别于传统债券的额外风险或受益。绿色债券的部分支持者呼吁，应该对"绿色"的定义进行明确，或者像信用评级那样，对环境进行评分；而另一些人则建议，这些规则会限制供给，降低流动性。换句话说，这是数量与质量的交换。诚然，绿色债券在满足投资人对绿色产品的需求方面，发挥着重要作用，它也让人们更清楚地意识到可替代能源项目的投资需求和投资机遇。但是，显而易见的是，绿色债券市场并没有克服市场失灵的问题。它之所以能形成规模的原因在于，它引导资金投资的那些绿色项目的风险，与其他非绿色基础设施项目的风险，在人们心中是不相上下的。在减缓气候变化的技术投资中，我们将看到，资金成本是下降的。而直到今天，绿色债券也没能实现成本的降低。因此，有必要开发更多的创新金融产品，还有许多工作等着"看得见的手"去完成。

尽管谈到炒作，社会影响力债券不亚于绿色债券，但是在美国，社会影响力债券的市场规模不足 1.5 亿美元。（据估计，在未来几年中，社会影响力债券的总体市场规模将发展至 3 亿 -5 亿美元。）尽管社会影响力债券代表着一种新的经营方式，但是其单笔交易的美元金额都不大，由于每只债券均是为特定项目量身定制而成，其产品结构的设计往往耗时较长。倘若社会影响力债券的发展已经可以举一反三地进行复制，那么不论是产品复杂性，还是交易成本，都不是问题。

但是，社会影响力债券的试点项目给我们以启发，让我们从另一个角度看待规模问题。"只为成功买单"型融资产品目前仍属于新生事物，正处在演化发展过程中，也许它可以发展得更加简单、经济，以便于在别的地方进行复制，或扩大某个特定社会影响力债券合约的规模。或许，正如我们在前文中所讨论的，第一只影响力债券给后人留下的经验，将为循证决策和良好治理打开局面做出贡献。谈到混合融资，它们也为后人提供了一幅路线图，阐释了如何利用慈善捐助和政府财政津贴来降低商业资本的投资风险，并为基础设施建设等项目众筹到巨量资金。尽管同交易规模或资金流相比，这些衡量指标与影响力的关系更大，但是，它们仍旧可以也应该被理解为对规模有影响。

合作金融

创新金融的最后一个话题就是——合作金融。创新金融并非简单的融合，而是跨品种、跨部门的合作。正如我们所见，它还是一种不断演变的公私合作方式，通过对不同部门资源加以利用，用新的更好的方式来解决问题。尽管这听起来任务艰巨，但同时，它也时刻鼓舞并提醒着我们，为了大家共同的未来，我们都可以在融资领域发挥自己的作用。

对于慈善家而言，这不仅意味着捐钱，还意味着更多的活动和更大的影响。一切从捐助资金开始，这是社会研发部门的命脉，这部分风险是政府和商业资本所不愿意承担的。这些研究实验将取得确定的结果，从而可以减少公共财政及私人投资人的投资风险。因此，我们可以说，慈善捐款注资的创新金融工具，有助于为一系列项目吸引到商业资本的投资。

通过为研究、测算、评估及中介活动提供资金，慈善捐助在创新金融领域中，起到了至关重要的作用。从航空税到社会影响力债券，以及各个中间环节产生的创新金融机制，我们观察到了，当我们在设计、执行和审计不同部门的、各种各样的项目的时候，这些中介机构在风险管理上是多么的关键。中介机构充当着社会部门和商业部门之间的经纪人或翻译。从投资的角度看，我们看到了，影响力带来的动力越来越足，而更多的主流资金开始也在环保、社会和治理等不同层面，寻找将资金和价值结合起来的投资项目。有时候，是公司自己主动来推动对成本、收益和风险的重新研判的，因为它们意识到了，长期可持续操作的价值可以令所有的利益相关方受益：客户、员工、供应商以及他们所在的社区。它们的创新金融活动有许多形式：碳的内部定价、供应链融资、金融教育投资，以及投资员工的健康及福利，等等。

当然，各行各业的领军公司是这项工作的核心，也是各自行业的倡导者。我们看到了不少引人注目的佼佼者，其中包括健康领域的比尔及梅琳达·盖茨基金会，影响力投资领域的罗纳德·科恩爵士，以及护林减排领域的挪威政府等等。但是，在没有如此大的号召力的领域，情况又会如何呢？政治领导人在各个层面都很重要，对于创新金融的每个分支而言，都有一整套可以推动该领域向前发展的政策和政治杠杆。要推动这些工作，民选官员需要靠另一种资本：即大家对于能够促进共同繁荣的相关措施的热情与支持。作为国民、消费者、员工、老板和投资人，我们都要为之做出力所能及的贡献。

注　释

1. Gordon Woo, "Fighting Emerging Pandemics With Catastrophe Bonds," RMS

blog January 28th 2015. http://www.rms.com/blog/2015/01/28/fighting-emerging-
pandemics-with-catastrophe-bonds/.

2. "Drought Triggers ARC Insurance Payout in Sahel Ahead of Humanitarian Aid,"
PR Newswire, January 22, 2015, http://www.prnewswire.com/news-releases/drought-
triggers-insurance-payout-in-sahel-ahead-of-humanitarian-aid-300024479.html.

3. Fifty percent of the vaccinations IFFIm funds take place in Islamic countries. Recall
that a *sukuk* is an Islamic equivalent of a bond that is consistent with Sharia prin- ciples,
which technically prohibit the charging or payment of interest. Unlike a conven- tional
bond, which confers ownership of debt, a sukuk technically grants the investor a share
of the asset, along with the commensurate cash flows and risks. This IFFIm sukuk
was coordinated by Standard Chartered Bank, working with Barwa Bank, CIMB, the
National Bank of Abu Dhabi, and NCB Capital Company.

前路漫漫

在本书中，我们所讨论的"创新金融"并非一个最终定义，也不是一个确切的词语。相反，通过提出"创新金融"这一主题，本书考察了在为公共利益融资、通过市场方式解决市场失灵等方面，我们所能够发挥的个人作用和集体作用。本书没有涉及的方面尚有很多，这些都将成为孕育下一代创新金融解决方案的肥沃土壤。在教育和基础设施建设方面，更是如此，它们全都是确保人类未来繁荣的重要投资领域。

教育：以创新金融为榜样

毋庸置疑，投资教育对公共利益带来的好处是最大、最普遍的，这一点任何其他投资都比不了。[1]但荒唐的是，也恰恰是因为这一点，教育在创新金融领域得到的关注反而相对更少，其主要原因在于，在教育的提供和支付问题上，各国政府在很大程度上承担了这个责任。（每年，世界各国在教育上所花经费高达2.5万亿美元，其中的绝大部分，约2万亿美元，全都来自于公共财政或政府资助。）截至目前，在教育领域，还未曾发生过公共财政与私人资本的较大规模合作或融资项目。关于教育的讨论，尤其是关于如何提高受教育机会等问题，对于全球而言都极具挑战性，因为，对贫穷的新兴国家而言，其国情与富裕国家是截然不同的。不过，不论在富国还是穷国，人们对更好教育投资的需求都同样存在，创新金融也同样都有用武之力。

发展中国家

尽管在过去的十年间，孩子们受教育的概率大幅提升，但全球依然有 5700 万儿童上不了学，同时，更多的孩子正在接受着劣质教育。在这些儿童中，女孩的比例比男孩要更多。虽然在教育方面，低收入国家也加大了投入，但是，许多国家依然不能满足其公民的教育需求。这种教育投入的短缺，加上停滞不前的官方发展援助资金以及通货膨胀的影响，意味着在教育投入方面，大约存在着 260 亿美元的资金缺口。[2] 问题在于，创新金融能否填补这个资金缺口，且应该如何填补。正如我们所看到的，教育不同于道路、桥梁、住房这种硬资产，甚至不同于疫苗这样的先进技术；在社会服务领域，创新金融面临着更大的挑战。

我们观察到，近年来，越来越多的影响力投资人开始投身教育事业，发挥的作用也越来越大。他们通常直接对学校进行投资。因为，在发展中国家，许多地方要么没有公立学校，要么已经举步维艰；私立学校以营利为目的，以收费为基础的，为数百万家庭提供了一个不错的选择。例如，全球规模最大的连锁小学——肯尼亚桥梁国际学校（Bridge International Academies）的教学质量很高，但学费却并不高，它为大量每天收入不足 2 美元的家庭提供了优质教育服务。此外，还有许多的类似教育机构，例如巴基斯坦公民基金会（Citizens Foundation in Pakistan），及公立学校的相关配套服务，比如幼儿早教、课外辅导及职业培训项目等。

在有些地区，教育行业的贷款项目正在兴起。例如，小额贷款公司基瓦（Kiva）与肯尼亚首都内罗毕的斯特拉斯莫尔大学（Strathmore University）合作，为学生提供低息的学费贷款和购买笔记本电脑的贷款。然而，市场的目光还是更多地投向了中高等收入消费者的身上，他们更具经济实力，可以负担得起更多以营利为目的的市场化教育服务产品。同时，产品模式也开始更多地关注科技产品，更多地关注如何改进教师培训和管理方式等。

最近，我们看到了，教育行业借鉴了其他行业中的一些创新金融的方法，其中就包括了首次发行的发展影响力债券，关注的是印度拉贾斯坦地区的女子教育问题。而花旗银行启动了其首只教育、青年和就业（EYE）债券，旨在对相关教育领域进行投资；该债券总共筹集了 5 亿美元资金，成交金额实现了成倍增长。这只债券所筹集的资金主要用于拉丁美洲的幼儿护理和教育、正规中小学教育以及劳动力市场安置和职业培训等，由美洲开发银行负责具体运作。有人曾呼吁，应该成立一家全球的教育投资银行。[3] 与此同时，在 2015 年夏天，国际妇女儿童金融机构（Every Woman Every Child International Finance Facility）在埃塞俄比亚首都亚的斯亚贝巴正式成立了。该机构主要关注健康问题，同时，也可以对教育领域进行直接投资。对于创新金融而言，搞清楚教育、健康、贫穷和冲突之间的相互联系，既是一个挑战，又是一个机遇。在没有学上的 5700 万儿童中，许多儿童要么生活在战火当中，要么是难民；在他们的教育问题上，显然需要有人去牵头解决。朱莉娅·吉拉德（Julia Gillard）是澳大利亚前总理，2014 年起，她开始担任全球教育合作伙伴机构（Global

Partnership for Education）的董事会主席，她曾经说过："我们还尚未发现教育行业中的比尔·盖茨。"⁴

美国及发达国家

有趣的是，比尔·盖茨夫妇关注的投资地区主要集中在发达国家，而他们所关注的投资领域，则是教育问题。然而，在富裕国家中，绝大部分地区已经实现了普遍的中小学教育，其国情和环境同贫穷国家有着天壤之别。在发达国家，问题更多地牵涉到教育质量、教育公平性以及接受高等教育的途径等。总体说来，美国的中小学教育由州政府和地方政府提供。自从创新金融开始在教育行业发挥作用之后，它就一直在为各种政府改革提供支持。从纯投资角度看，创新金融就像是为公立学校服务的融资部门，公立学校属于公共部门，但是它们所使用的不动产和房屋，却是花的私人资金（据估算，每年投资额约为15亿美元）。对于投资人而言，关于课程设置、远程授课和个性化学习的相关技术，还有职业发展，都是极富吸引力的热门投资选择（尤其是那些具有创新精神的影响力投资人，例如反思教育、美国过桥投资以及城市之光资本等），不过，这些投资也不能说完全没有风险，情况总是在不断地发展变化。关于高等教育，关注焦点在于接受高等教育的途径。随着以营利为目的的高校和大学逐渐增加，不仅带来了争议，还带来了巨大的学生贷款问题。部分创新者提供了"人力资本合约"〔这一概念由米尔顿·弗里德曼（Milton Friedman）于1955年首次提出〕，学生们在合约中约定，将在 10 年期限内，将他们收入中固定百分比的钱支付给投资人。这种方法让学生们得以利用资产而非负债，来对其学业进行融资，但是这样的做法同样存在着争议。[5] 有不少的众筹模式都能够让人们对其学生贷款进行再融资。尽管如此，我们仍需要对教育投资体系进行重大调整。这是一个与公共政策有关的问题，而对于创新投资而言，教育已经是一个足够成熟的市场了。

基础设施：匹配供需

关于投资基础设施的紧迫性，我们既不缺数据，也不缺第一手经验。在美国和全球各地，基础设施投资的重要性不仅与经济增长有关，还与共享程度更高的经济繁荣有关；在美国，公司的未来发展取决于道路、桥梁、铁路、民航旅行、公共交通、宽带、电网等基础设施的改善。正如我们所见，美国人的需求正在发生地理上的转移，人口流动性成为获得机会的关键。[6] 根据世界经济论坛的数据，全球每年在基础设施方面的实际投资，比投资需求少了 1 万亿美元左右。据麦肯锡公司估算，在未来的 10 到 15 年中，我们在新建基础设施方面的花费将超过 57 万亿美元。[7]

近年来，在美国和全球范围内，人们讨论的热点话题并不是政府有没有足够的公共财政，来满足日益增长的基础设施建设需求（其实政府没有），而更多的在于我们应该如何释放私人资本。在美国，早在 20 世纪 90 年代，就有人呼吁成立一个国家基础设施银行了，基础设施主要依靠州政府和地方政府筹资兴建。中国宣布成立亚洲基础设施投资银行，再次点燃了关于基础设施建设的全球争论。

之所以把基础设施及其投资与本书中讨论的其他公共利益区分开来，是因为可以进行基础设施投资的商业资本数额巨大。据估算，每年至少有5万亿资金可以投放到基础设施项目上。为什么可用资金会如此之多，原因就在于，在过去五年中，包括养老金和主权财富基金在内的许多机构投资人，都对基础设施进行了资产配置。基础设施已然成为一个投资类别。[8]然而，尽管这些资金池已经存在，尽管各家机构投资人都对基础设施进行了配置，但这并不意味着，资金流向了最需要资金的地方。就基础设施领域的创新金融而言，下一步的重中之重就是进行供给与需求的匹配。

通过建立基础设施方面的合作关系，我们找到了正确的方向。例如，2015年7月，世界银行启动了全球基础设施基金（GIF），将新兴市场的各国政府、发展银行及私人融资人组织起来，通过该基金，为基础设施投资项目的筹备、设计和融资提供支持。世界银行的乔丹·施瓦茨（Jordan Schwartz）表示："我们发现了，市场中有充足的流动资金。我们要做的是去匹配供需，提高项目的质量和成功概率。"[9]全球基础设施基金是一个为期三年的试点项目，通过提供技术支持和部分融资支持，帮助各国政府吸引更多的商业投资。从国际层面讲，该项目只是国际交流中的一个部分，后续还将有更大规模的交流，其中包括基础设施发展机构Infradev的提议，拟在发展中国家建立一个公共市场，对各类基础设施项目投资的需求和供给进行匹配，[10] 还包括 2016 年 1 月落成的全球社会进步金融交易所（Global Finance Exchange for Social Advancement）等。

这当中的很多举措都是针对新兴市场的，而在发达国家中，也有人呼吁类似的合作与交流。2012 年，美国的加利福尼亚、俄勒冈及华盛顿等各州州长和财政负责人共同成立了西海岸基础设施交易所（West Coast Infrastructure Exchange），加拿大不列颠哥伦比亚省的省长将负责公共部门和私人部门之间的沟通工作，制定项目标准，与政府官员分享最佳实践经验，提供技术支持，并筹划后续的投资项目。而美国本土的投资人和决策者们也一直很有兴趣，在各地、各州或地区的层面上开展类似的交流与合作，对可投资项目进行筹划。在匹配供需方面，基础设施领域的创新金融绝对属于"看得见的手"，为我们带来了维护 21 世纪公共利益的投资资金。

注 释

1. In the developing world, evidence shows that one year of primary schooling boosts wages by 5–15 percent and that each year of secondary education increases wages by up to 15 percent. Nicholas Burnett and Desmond Bermingham, "Innovative Financing for Education" (working paper, No. 5, Open Society Institute, Education Support Program, New York, 2010). In the United States, investments in early childhood education for low-income children have an estimated return of $7 to $1. The net present value of one high school graduate yields a public benefit of $209,000. Henry Levin et al., *The Costs and Benefits of an Excellent Education for All of America's Children* (New York: Teachers College, Columbia University, 2006).

2. D. Capital Partners, "Impact Investing in Education: An Overview of the Current Landscape" (working paper, No. 59, Open Society Institute, Education Support Program, New York, 2013). See also Burnett and Bermingham, "Innovative Financing for Education"; and "Data Indicators," World Bank, http://data.worldbank.org/indicator.

3. Innovative Finance Foundation, "Innovative Financing for Global Education" (working paper, No. 58, Open Society Institute, Education Support Program, New York, 2013).

4. Martin Igoe, "Wanted: the 'Bill Gates for Education,'" Devex 23 June 2015. https://www.devex.com/news/wanted-the-bill-gates-for-education-86397.

5. Douglas Belkin, "More College Students Selling Stock in Themselves," *Wall Street Journal*, August 5, 2015, http://www.wsj.com/articles/more-college-students-selling-stockin-themselves-1438791977.

6. Rosabeth Moss Kanter, "Why Can't We Move?" *Harvard Magazine*, July–August 2015, 43; and *Move: Putting America's Infrastructure Back in the Lead* (New York: Norton, 2015).

7. Richard Dobbs at al., *Infrastructure Productivity: How to Save $1 Trillion a Year*(New York: McKinsey Global Institute, 2013).

8. See, for example, Tyler Duvall, Alastair Green, and Mike Kerlin, "Making the Most of a Wealth of Infrastructure Finance," McKinsey and Company, June 2015, http://www.mckinsey. com/insights/infrastructure/making_the_most_of_a_wealth_of_infrastructure_finance.

9. From text of Schwartz's presentation at the Rockefeller Foundation Conference, "Investor and Policy Lab on Private Finance for Development: Connecting Supply to Demand," May 2015.

10. Barbara Samuels, in text of a presentation: "Connecting Demand and Sup- ply: Building Local Infrastructure Marketplaces for Sustainable Development Results," Global Clearinghouse for Development Finance. Investor and Policy Lab on Private Finance for Development: Connecting Supply to Demand. Rockefeller Foundation, May 18, 2015.